이야기 폴란드사

이야기 폴란드사

| 화려했던 폴란드 역사를 재미있게 이야기로 풀어쓴 역사서! |

HISTORY OF POLAND

김용덕 지음

HUEBOOKs

폴란드 지도
Atlas ilustrowany. Historia Polski, Warszawa 2007, 250쪽.

폴란드 국기

폴란드 국가 문장

폴란드 영토 변경
Szkolny atlas historii Polski, Poznań 2008, 4쪽.

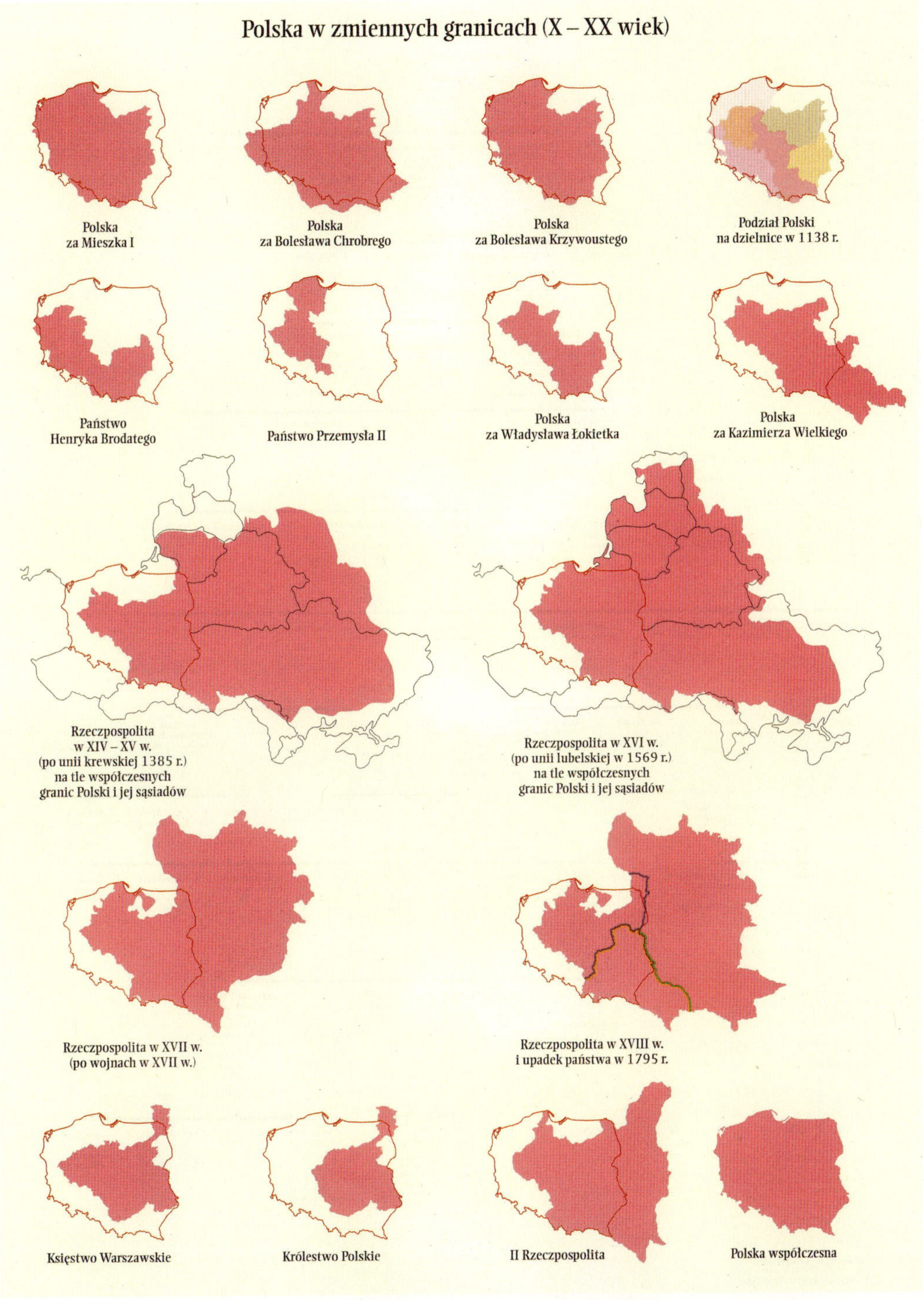

폴란드 영토 변경 10–20세기
Wielki atlas historyczny, Warszawa 2007, 188쪽.

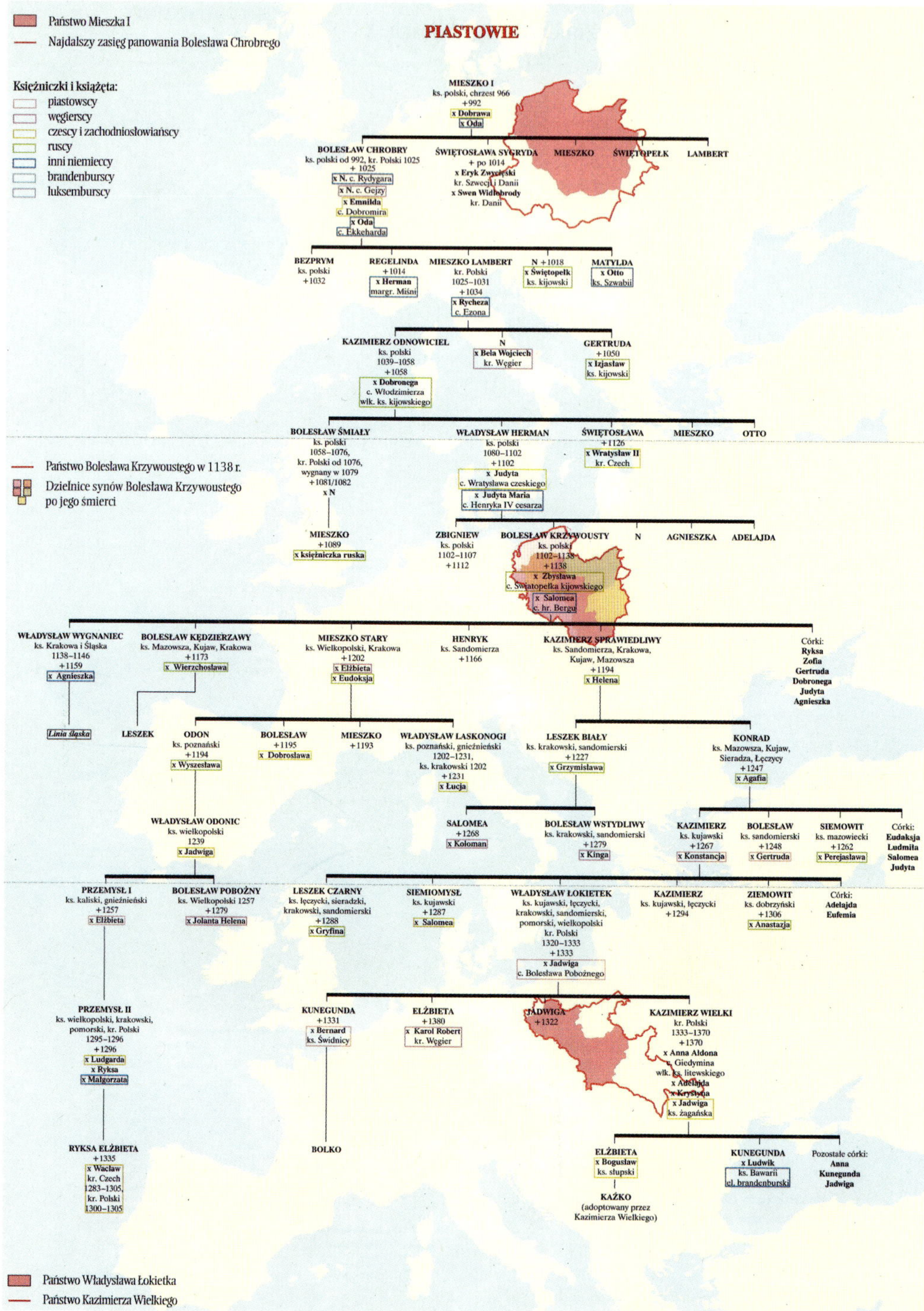

폴란드 영토 변경 – 왕조별
Wielki atlas historyczny, Warszawa 2007, 186쪽.

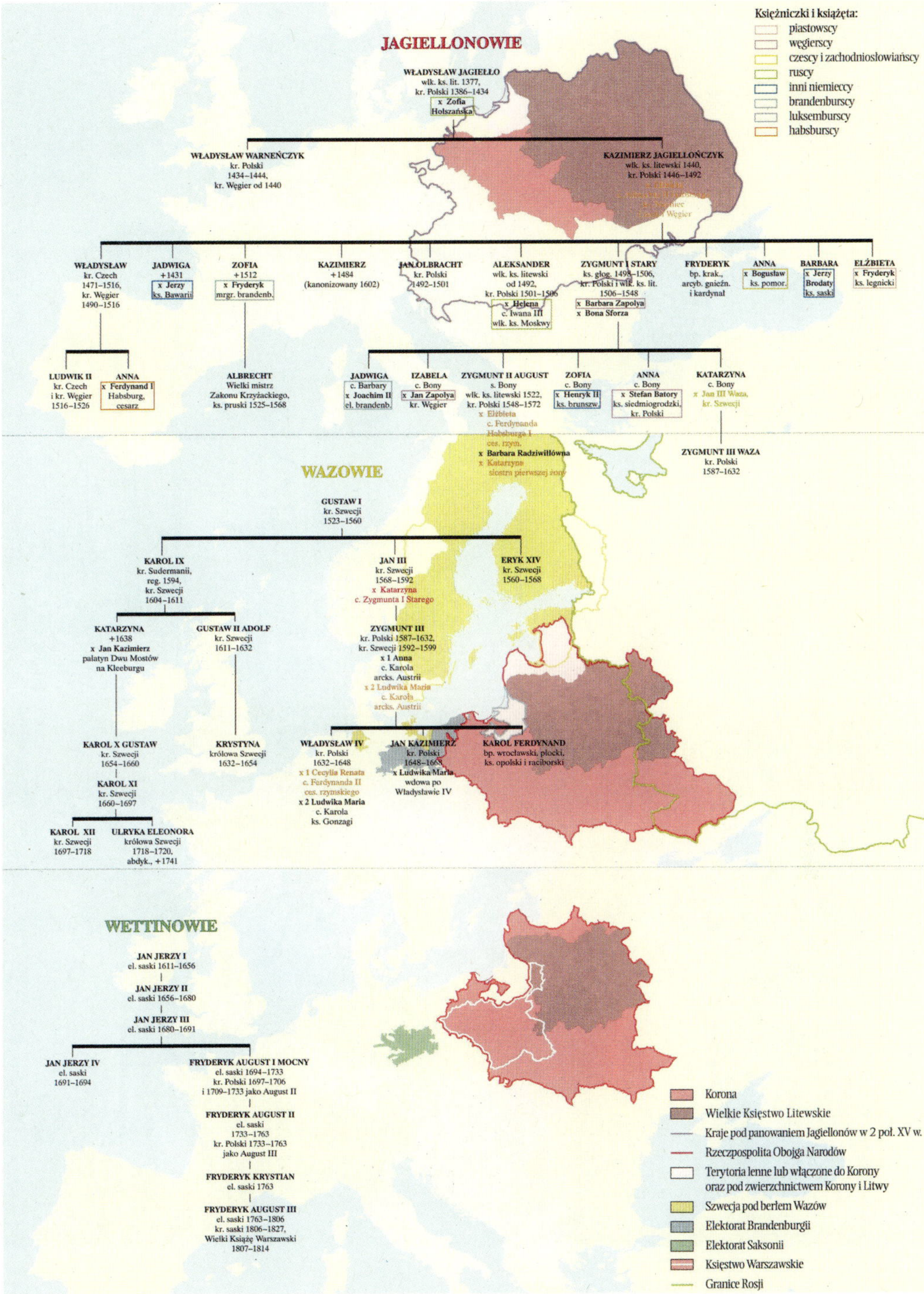

폴란드 영토 변경 – 왕조별
Wielki atlas historyczny, Warszawa 2007, 186쪽.

폴란드 통치자들 – Józef Swoboda

머리말

우리에게 폴란드는 지동설을 주장한 천문학자인 코페르니쿠스, 피아노의 시인이라 불리는 쇼팽, <쿠오바디스>의 작가인 시엔키에비츠, 교황 요한 바오로 2세 그리고 동유럽 민주화의 상징인 자유노조와 그 지도자인 바웬사의 나라로 알려졌습니다. 저자가 머나먼 이국에서 유학할 당시에 폴란드 역사책을 읽다보면 마치 우리나라의 지난 과거를 보는 듯한 적이 한두 번이 아니었습니다. 중국과 일본 사이에서 영광과 질곡의 세월을 보낸 우리의 과거가 독일과 러시아 사이에서 영예와 굴욕의 순간을 함께 간직한 폴란드 역사와 많은 부분에서 유사함을 느끼게 만든 것이지요. 폴란드를 조금이라도 알고 있는 사람들은 말합니다. 폴란드인들은 슬픈 역사를 가진 민족이라고. 하지만 이는 커다란 오산입니다. 한때 유럽의 강자로 모스크바를 점령하며 러시아를 위기에 몰아넣은 적도 있던 민족이 바로 폴란드인들인 것입니다. 마치 광활한 만주 벌판을 휘젓고 다니던 광개토왕과 수나라 대군을 물리치며 고구려의 기백을 떨쳤던 우리처럼 말입니다. 이 책을 쓴 목적은 폴란드 역사라는 거울을 통해 미처 깨닫지 못한 우리 자신을 되돌아보고 다시금 약진하는데 자그마한 도움이 됐으면 하는데 있습니다.

이 책은 폴란드를 모르는 사람도 이해하기 쉽도록 이야기 형식으로 저술되고 그림과 사진 그리고 지도 등을 많이 실었습니다. 이 책은 전적으로 폴란드

관점에서 쓰였습니다. 또한 인명이나 지명 등의 용어도 폴란드식으로 기술됐습니다. 이에 대한 비판과 반론은 전적으로 본 저자가 책임지고 풀어야할 몫입니다. 이 책은 2006년에 다른 출판사에서 나온 <재미있는 폴란드 역사 이야기>를 대폭 수정하고 보완한 것임을 밝혀둡니다.

무한한 관심과 함께 애정 어린 자극을 주고 격려해주신, 최성은 학과장님과 정병권, 김종석 교수님을 위시한 한국외국어대학교 폴란드어과의 여러 교수님들이 없었다면 이 책은 나오지 못했을 것입니다. 지금은 폴란드에서 열심히 살고 있는 제자이자 이 책의 공동 저자라 할 수 있는 조미라 양에게는 저번과 마찬가지로 아직도 고마움을 전하지 못하고 있습니다. 언제나 이 빚을 갚을 수 있을런지요.

귀한 아들이 폴란드를 만난 순간부터 늘 걱정 속에 사시는 부모님과 못난 남편 뒷바라지에 마음고생이 심한 사랑하는 아내에게 이 책을 바칩니다. 특히나 어머님께는 언젠가 크라쿠프에 있는 바벨성으로 모시고 가서 화려했던 폴란드 역사를 도란도란 들려드리고 싶은 마음뿐입니다.

2016년 9월
저자 김용덕

차례

제1장

옛날 아주 오랜 옛날 옛적 역사가 시작되기 이전의 폴란드

폴란드는 유럽 한가운데에 위치하고 있습니다. 카르파티(Karpaty)산맥과 수데티(Sudety)산맥이 폴란드의 남쪽으로 체코와 슬로바키아 국경선을 따라 뻗어있습니다. 폴란드의 북쪽 국경선은 발트 해안선입니다. 폴란드의 서쪽에는 독일이 있으며 동쪽에는 러시아, 리투아니아, 벨로루시 그리고 우크라이나가 위치하고 있습니다. 폴란드의 젖줄이자 수많은 지류를 갖고 있는 비스와(Wisła)강과 오드라(Odra)강은 모두 산에서 발원하여 발트 바다로 흘러들어갑니다.

쥬브르

옛날 아주 오랜 옛날 옛적에 폴란드 땅은 야생 동물이 사는 원시림으로 덮여있었습니다. 이런 숲 속에는 들소, 쥬브르(żubr, 현재까지 존재하는 폴란드 고유의 들소), 사슴, 노루, 멧돼지와 다양한 종류의 작은 야생 동물이 살았습니다. 곰, 늑대, 살쾡이, 여우, 담비와 같은 사나운 동물도 많았습니다. 강과 호수는 물고기로 가득하고 강가에는 물새

대지 _ Ferdynand Ruszczyc

가 서식하고 있었으며 비버가 굴을 짓고 살았습니다.

숲 한가운데 특히 강가에 가까운 숲속에는 경작지와 초원이 널리 펼쳐져 있었습니다. 이 땅에서 폴란드 민족의 선조들이 빵을 만드는데 쓰이는 곡물과 조, 완두콩, 무 등을 재배하고 기타 먹을거리를 대주는 작물과 옷감에 쓰이는 아마도 심었습니다. 이랑을 만드는 데에는 멍에를 씌운 소를 이용했습니다. 집에서 기르는 가축으로는 양, 소, 돼지, 염소, 말 등이 있었습니다. 또한 식량을 얻기 위해 숲에서 사냥을 하고 강과 호수에서 물고기를 낚았으며 야생 벌통으로부터 꿀을 채취하기도 했습니다.

식량을 구하는 것 외에 당시 사람들은 살아가는데 반드시 필요한 것을 만들기 위해 다양한 수공업 즉 직조, 도기 제조, 대장간일, 목공일, 피혁 무두질 등에도 종사했습니다.

폴란드 민족이 처음부터 통일된 하나의 나라를 가진 것은 아니었습니다. 수많은 다양한 종족이 현재 폴란드 지역에 살고 있었습니다. 비스와강 상류에는 비실라니에(Wiślanie) 종족이, 중류에는 마조프샤니에(Mazowszanie) 종족이 그리고 오드라강 상류에는 오폴라니에(Opolanie) 종족이, 중류에는 실렝자니에(Ślęzanie) 종족이 살았습니다. 바닷가에는 포모좌니에

(Pomorzanie) 종족이 정착하고 있었으며 폴란드 한가운데 바르타(Warta)강 유역은 강력한 폴라니에(Polanie) 종족이 장악하고 있었습니다. 시간이 흐르면서 이런 종족들이 폴라니에 종족의 패권 하에 하나의 폴란드 민족으로 합쳐졌고 바로 이 폴라니에 종족으로부터 폴스카(Polska) 즉 폴란드라는 이름이 유래합니다.

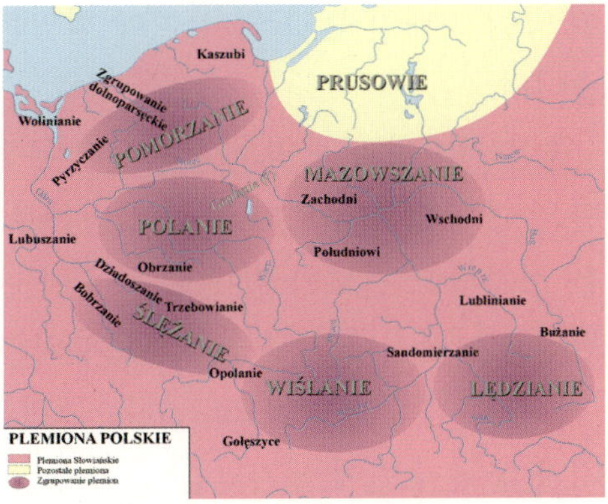

폴란드 종족

폴란드 사람은 슬라브 민족입니다. 폴란드인은 아주 오랜 옛날부터 피를 나눈 다른 슬라브 민족들과 이웃하고 살았습니다. 서쪽으로는 지금은 사라져버린 우쥐체 세르보비에(Łużyce Serbowie) 종족 그리고 비엘레치(Wieleci) 종족과, 남쪽으로는 체코와 슬로바키아와 그리고 동쪽으로는 후에 러시아가 되는 루스와 인접하고 있었습니다. 이 민족들은 폴란드어와 매우 흡사한 언어를 사용했으며 풍습 또한 폴란드와 비슷했습니다. 단지 폴란드 북동쪽으로만 슬라브 민족이 아닌 프루시(Prusy) 종족과 야치빙고비에(Jaćwingowie) 종족이 살고 있었습니다.

폴란드 사람들은 대부분 자그마한 시골에서 짚을 올린 나무로 된 오두막집에서 살았습니다. 종족의 우두머리인 공이 폴란드 종족을 다스렸습니다. 공은 높은 둑으로 둘러싸인 성채에서 살았습니다. 성채는 자연적으로 형성

성채 모형

된 방어 지대인 늪과 물 사이에 떠있는 섬이나 반도 또는 언덕위에 세워졌습니다.

공은 기마병과 보병으로 구성된 무장 전사단을 가지고 있었습니다. 전사단은 대개 활, 창, 도끼 그리고 방패로 무장했습니다. 전사들 중 일부는 검을 소지하고 철모와 갑옷도 착용했습니다. 공이 지휘하는 전사단은 무력 원정을 떠나거나 외부 침략으로부터 자신의 종족을 지켰습니다.

공이나 전사단이 필요로 하는 물건을 만들던 다양한 수공업자들의 거주지가 성채 주변에 생겨났습니다. 수공업자들은 마을 주민들에게도 물품을 제공했습니다. 상인들 또한 이곳에 정착했습니다. 이러한 거주지는 성채 아래마을 또는 성시라고 불렸습니다. 성채를 둘러싼 것과 비슷하게 방어 둑이 이런 마을의 대부분을 둘러치고 있었습니다. 후에 가서 이런 마을은 점차 도시로 변해갔습니다.

다른 슬라브 종족과 마찬가지로 폴란드 사람들도 처음에는 기독교인이 아니었습니다. 폴란드인은 다양한 우상을 숭배하며 숲이나 산속에서 자신들이 믿던 신에게 제물을 바쳤습니다. 폴란드 선조들이 가장 숭배한 것은 페룬(Perun)과 스바로쥐츠(Swarożyc)라 불리던 신들이었습니다. 포모좌니에 종족은 시비엥토비타(Świętowita), 야로비타(Jarowita), 트쥐그워바(Trzygłowa)라 불리던 신들을 숭배하며 이들을 모시는 신전도 세웠습니다. 폴란드 선조들은 또한 착한 귀신과 나쁜 귀신이 있다고 믿었습니다. 이런 귀신들은 여러 가지 물체에 특히 나무나 강 또는 시냇물에 존재한다고 생각했습니다. 그래서 이런 곳에 제물을 바치며 액운을 막고 귀신들로부터 호감을 사려고 애썼습니다.

제2장

폴란드 건국 신화 –
레흐와 체흐 그리고 루스 삼형제

옛날 아주 먼 옛날에 레흐(Lech)와 체흐(Czech) 그리고 루스(Rus)라 불리는 삼형제가 자신들만의 나라를 세울 곳을 찾아 세상을 떠돌아다녔습니다. 삼형제는 모두 말을 타고 전사단의 앞장에 섰으며 그 뒤로 신하들이 가축 떼를 몰고 여자와 아이들은 마차를 타고 뒤따랐습니다. 이들 모두는 기나긴 여행에 지쳤고 종족이 함께 머물 수 있는 곳을 간절히 원했습니다.

폴란드 연대기에 등장하는 레흐와 체흐

어느 날 저녁 무렵에 삼형제와 그 무리가 광야 사이에 나있는 넓은 들판에 도착했습니다. 들판에는 커다란 참나무 한 그루가 서있고 흰 독수리들이 큰 나뭇가지에 둥지를 틀고 있었습니다. 여태까지 그 어디에서도 보지 못하던 너무나 아름다운 이 장소가 레흐 마음에 꼭 들었습니다. 그래서 레흐는 이곳에 머물기로 결심했습니다. 레흐는 참나무 가까이로 다가가서 둥지로부터 독수리 새끼 한 마리를 꺼내오라고 명령했습니다. 그리고는 어린 흰 독수리를 자신의 팔에 앉힌 뒤 붉게 노을이 지는 저녁 하늘을 배경으로 바라보았습니다. 그런 후 레흐는 바로 이 광경을 자신과 종족의 상징으로 삼기로 결심했습니다. 그리하여 빨간 바탕에 흰 독수리가 오늘날 폴란드를 상징하는 국가 문장이 된 것입니다.

흰 독수리와 삼형제

하지만 체흐와 루스는 이곳에 머물지 않고 계속 방랑길에 나섰습니다. 레흐와 작별을 하고 떠난 체흐는 남쪽으로 그리고 루스는 동쪽으로 갔습니다.

레흐는 이곳에 성채를 세우고 독수리 둥지(gniezdo)에서 이름을 따와 그니에즈노(Gniezno)라고 명명했습니다. 이렇게 하여 그니에즈노가 폴란드의 첫 번째 수도가 됐습니다. 그리고 바로 이 레흐로부터 폴란드 사람들이 시작되고 중세 시대에 폴란드인을 가리키는

시대 변화에 따른 폴란드 국가 문장

11세기 그니에즈노 성채(좌)와 현재 그니에즈노(우)

레히치(Lechici)와 폴란드 국가를 부르는 레히아(Lechia)라는 용어도 탄생했습니다. 현재에도 레흐라는 이름은 슬라브권에서도 폴란드 사람들만이 사용하는 이름입니다. 가장 유명한 사람으로 동유럽 민주화 운동의 기수이자 자유노조 위원장 출신인 저 유명한 레흐 바웬사(Lech Wałęsa) 대통령을 들 수 있습니다.

체흐와 루스 또한 자신들 마음에 드는 곳을 찾아 정착했습니다. 이 두 형제로부터 폴란드와 이웃하는 두 민족이 즉 남쪽에는 체코 민족이, 동쪽에는 러시아 민족이 생겨났습니다.

폴란드 로갈린(Rogalin)에 있는 레흐, 체흐, 루스 삼형제 참나무

제3장

크라쿠프와 바벨성의 탄생 – 크락 공과 반다 공주

옛날 옛적 폴란드 남쪽 지방에 크락(Krak)이라는 이름을 가진 통치자가 살고 있었습니다. 크락 공은 검푸른 비스와 강변의 아름다운 바위 언덕위에 자신이 머물 성채를 세웠습니다. 이 성채가 바로 바벨(Wawel)성입니다. 공의 이름에서 따와 주변 지역은 크라쿠프(Kraków)라고 불렀습니다.

이때만 해도 바벨성은 매우 작았으며 성 주변의 마을도 아주 가난했습니다. 그래서 당시에는 그 누구도 훗날 바벨성이 위대한 왕들이 거처하는 화려하고 웅장한 왕궁이 될 것이라고는 상상도 하지 못했습니다. 또한 아무도 이 성의 기슭에서 장차 폴란드왕국의 수도가 될 아름다운 천년고도인 크라쿠프 도시가 탄생할 것이라고는 전혀 예상하지 못했습니다.

바벨왕궁

바벨성을 짓는 크락 _ Michał Stachowicz

연대기에 나오는 전설의 크락 공

크락 공은 훌륭한 통치자였습니다. 크락 공은 백성들이 피해를 입거나 가난한 사람들이 생겨나는 일이 없도록 통치를 잘했습니다. 그래서 모든 백성들이 크락 공을 따르고 존경했습니다.

그러던 어느 날 성 주변에 커다랗고 무시무시한 용이 나타났습니다. 용은 바벨 성벽 밑에 있는 동굴 속에 살면서 먹잇감을 사냥했습니다. 무서운 용은 소나 양들을 잡아 먹어치우고 심지어 사람들마저 희생되는 경우도 생겨났습니다. 그래서 용을 잡기위해 용감한 기사들이 손에 칼을 움켜쥐고 소굴 속으로 들어갔지만 살아 돌아온 사람은 아무도 없었습니다. 착한 크락 공은 백성을 구할 수 없다는 점을 알고 너무나 슬펐습니다.

그때 스쿱(Skub)이라는 가난한 구두 수선공이 크락 공을 찾아와 절을 하고는 자신이 용을 잡아서 괴물로부터 나라를 구하겠다고 말했습니다. 공은 하찮은 구두 수선공의 말을 믿지 않았지만 지푸라기라도 잡고 싶은 절박감에 용의 소굴 앞으로 스쿱을 데리고 갔습니다. 그러자 구두 수선공은 양을 몇 마리 하사해줄 것을 크락 공에게 간곡히 요청했습니다.

크라쿠프의 바벨성

바벨성 밑의 용 _ 무명화가 1544년 작품(좌)과 바벨성 밑의 용 동상(우)

양을 받은 스쿱은 집으로 몰고 와 죽인 뒤 가죽을 벗겼습니다. 그리고는 타르와 유황 그리고 벌겋게 타오르는 석탄을 양 가죽 속에 가득 채워 넣었습니다. 그런 뒤에 가죽을 다시 꿰맸습니다. 그러자 양은 꼭 살아있는 것처럼 보였습니다. 스쿱은 꿰맨 양을 용의 소굴 근처에 가져다놓고 자신은 나무 뒤에 숨었습니다.

얼마 후에 용이 소굴 밖으로 나와 먹이를 발견하고는 이게 웬 떡인가 싶어 얼른 잡아채어 꿀꺽 삼켰습니다. 그러자 용의 뱃속에서 석탄이 활활 타오르고 타르와 유황이 뒤섞이며 끓어오르기 시작했습니다. 고통을 이기지 못한 용은 크라쿠프 전체가 들썩일 만큼 크게 울부짖었습니다. 그리고는 뱃속의 불을 끄기 위해 비스와강으로 뛰어 들어가 정신없이 물을 삼켜댔습니다. 결국 물을 너무 많이 마신 용은 바벨 언덕이 흔들릴 만큼 커다란 굉음을 내면서 폭발하고 말았습니다. 구두 수선공 스쿱은 이렇게 크라쿠프를 구해냈습니다. 지금도 바벨성 밑에 가면 5분마다 불을 뿜는 용을 볼 수 있답니다. 크라쿠프로 수학여행 오는 폴란드의 모든 어린이들이 가장 보고 싶어 하는 용이기도 합니다.

반다 _ Tomasz Treter

세월이 흘러 크락 공도 어느덧 노인이 됐습니다. 공은 자신의 사후에 누구에게 통치권을 맡겨야할지 그리고 외적의 침입으로부터 누가 나라를 지킬 수 있을지 걱정이 됐습니다. 왜냐하면 크락 공에게는 반다(Wanda)라는 딸밖에 없었기 때문입니다. 반다는 아주 예쁘고 착했으며 모든 백성들로부터 사랑을 한 몸에 받았습니다. 그래서 크락 공은 반다가 자신의 뒤를 이어 크라쿠프를 다스리라고 말했습니다. 그러자마자 늙은 공은 세상을 떴습니다. 크락 공의 시신이 안치된 무덤위에 흙으로 된 높은 동산이 세워졌습니다. 이 동산은 훌륭하고 총명한 통치자를 오랫동안 기억하기위해 백성들이 스스로 만든 것입니다.

독일 공인 리트기에르가 비옥한 크라쿠프 영토를 통치하는 아름다운 공주에 대해 듣게 되고는 공주를 자신의 아내로 삼기로 마음먹었습니다. 리트기에르 공은 공주에게 청혼하기위해 크라쿠프로 사신을 보냈습니다. 그러나 반다 공주는 리트기에르 공의 청혼을 거절했습니다. 왜냐하면 자신이 독일 공과 결혼하게 되면 그것은 곧 폴란드 백성이 독일인의 통치를 받는 것을 뜻하기 때문입니다. 반다 공주는 폴란드 민족이 외세의 지배하에 놓이는 것을 원하지 않았습니다.

리트기에르 공은 무력을 사용해 공주를 아내로 삼기로 작정했습니다. 그런 후 리트기에르 공이 몸소 군대를 거느리고 크라쿠프 정복에 나섰습니다. 강력한 독일 군대에 맞서기에 크라쿠프는 너무나도 미약했고 그 결과는 불을 보듯 뻔했습니다. 자신 때문에 사랑하는 나라가 전란에 휩싸이리라 것을 알고 반다 공주는 너무나도 슬펐습니다. 절망한 반다 공주는 비스와 강변의 절벽으로 달려가 위기에 처한 나라를 구하기 위해 스스로 강물

비스와강에 투신하는 반다 공주

반다 공주의 죽음 _ Aleksander Lesser

속으로 몸을 던졌습니다. 공주가 죽었다는 소식을 듣게 된 리트기에르 공은 군대를 되돌려 돌아갔습니다.

폴란드 백성들이 눈물을 흘리며 조국을 구하기 위해 자기 몸을 헌신한 반다 공주의 시신을 강에서 건져 올렸습니다. 그리고는 부친인 크락 공과 마찬가지로 반다 공주의 묘위에도 커다란 동산을 만들었습니다. 이 두 동산은 오늘날에도 크라쿠프의 높은 곳에서 내려다보며 폴란드를 굳건히 지키고 있습니다.

제4장

쥐들이 삼켜버린 잔인한 포피엘 공

크루쉬비차의 쥐 탑

비옥한 땅 쿠야비(Kujawy) 지역의 고프워(Gopło) 호숫가에 크루쉬비차(Kruszwica)라는 자그마한 도시가 있습니다. 호수로 둘러싸인 크루쉬비차 반도에는 붉은 벽돌로 세워진 오래된 탑이 있습니다. 탑의 정상에 올라가면 호수 전체와 드넓은 주변 지역을 잘 볼 수 있습니다. 사람들은 이 탑을 쥐 탑이라고 부릅니다.

아주 먼 옛날에 포피엘(Popiel) 공이 크루쉬비차 지역을 다스리고 있었습니다. 포피엘 공은 자신이 다스리던 백성들에게 온갖 나쁜 짓을 저질렀습니다. 가난한 백성들에게 공물을 바칠 것을 강요하고 많은 사람들로부터 재산을 빼앗는 악행을 일삼았습니다. 게다가 죄 없는 사람들을 때리거나 지하 감옥에 가두라는 명령도 자주 내렸습니다. 포피엘 수하의 전사단도 악랄하기는 마찬가지였습니다. 자신들의 상관인 포피엘 공의 명령을 기꺼이 따르는 아주 폭력적이고 잔인한 사람들이었습니다.

포피엘 공

포피엘 공의 아내가 이러한 짓을 부추기지만 않았더라도 공이 그토록 많은 악행을 저지르지는 않았을지도 모릅니다. 포피엘 공에게는 두 아들이 있었는데 이들도 극악무도하기는 마찬가지였습니다. 백성들은 공을 미워하고 그 아내는 더 증오했습니다. 만약 무장한 전사단이 지키고 있지만 않았더라면 백성들은 포피엘 공의 일가족 모두를 나라로부터 내쫓았을 것입니다.

포피엘 공의 선친 형제인 세 삼촌들은 사려 깊고 행동이 바른 사람들이었습니다. 삼촌들은 조카인 포피엘 공에게 악행을 그만두고 인자한 통치자가 되라고 여러 차례에 걸쳐 타일렀습니다. 그러나 삼촌들의 따끔한 훈계는 포피엘 공 부부의 성질만 돋울 뿐이었습니다. 결국 삼촌들은 성에서 쫓겨났습니다.

어느 날 포피엘 공의 부인이 지금까지 저지른 그 어떤 악행보다 더 악랄한 짓을 꾸몄습니다. 아내의 말을 잘 듣던 포피엘 공이 삼촌들에게 사신을 보냈습니다. 그리고는 자신이 저지른 모든 행동을 후회하고 있으니 돌아와서 다시 친하게 지내자는 내용을 담은 편지를 전했습니다.

삼촌들은 포피엘 공의 말만 믿고 크루쉬비차 성으로 돌아왔습니다. 포피엘 공은 잔치를 베풀고 삼촌들에게 자신의 죄를 용서해달라고 빌었습니다. 또한 앞으로 착한 사람이 되겠다고 약속했습니다. 삼촌들은 조카의 변한 모습을 보고 매우 기뻤습니다. 포피엘 공의 아내가 삼촌들에게 오래된 귀한 술이라며 꿀로 만든 밀주를 따라 주었습니다. 하지만 사실은 포피엘 공과 아내가 몰래 탄 독이 든 술이었습니다. 삼촌들은 화합을 기원하며 축배를 들고 조카 부부를 위해 다시 건배했습니다. 그러자 독이 온몸에 퍼지게 되고 결국 삼촌들은 극심한 고통 속에 죽어갔습니다. 잔혹한 포피엘 공은 삼촌들의 시신을 성 밖 호숫가 갈대밭에 버리라고 명령했습니다.

쥐들에게 쫓기는 포피엘 공

그런 후 얼마 지나지 않아 독살된 삼촌들의 시신에서 쥐들이 부화하기 시작했습니다. 쥐들은 점점 늘어나고 새로운 쥐들이 계속 생겨났습니다. 회색빛깔의 강물처럼 쥐의 무리가 대문을 통해 성안으로 흘러들어가 포피엘 공과 아내 그리고 두 아들을 사정없이 물어뜯기 시작했습니다. 일가족 모두가 도망쳤지만 어디를 가든 쥐들로 가득했습니다. 결국 탑 속으로 숨어들어가 사다리를 타고 가장 높은 곳까지 기어 올라갔습니다. 그러나 쥐들은 그곳까지 따라와 포피엘 공과 가족 모두가 죽을 때까지 물어뜯었습니다. 잔혹한 지배자에게 하늘이 대신해서 벌을 내린 것입니다.

제5장

폴란드 왕가를 연 목수 피아스트

크루쉬비차 근처에 피아스트(Piast)라는 이름을 가진 수레바퀴 만드는 사람이 살고 있었습니다. 피아스트는 아내 줴피하(Rzepicha)와 함께 작은 오두막집에서 살면서 수레바퀴 만드는 사람들이 그렇듯이 마차 만드는 일로 생계를 이어갔습니다. 피아스트는 인근 마을과 먼 지역에까지 뛰어난 목수로써 유명할 뿐만 아니라 정직하고 총명하며 사려 깊은 사람으로 잘 알려져 있었습니다. 사람들은 여러 가지 일들로 피아스트의 조언과 도움을 받으러 찾아오곤 했습니다. 피아스트에게서 실망하고 돌아간 사람은 아무도 없었습니다.

피아스트와 줴피하 사이에 아들이 태어났을 때 부부는 이미 나이가 지긋한 노년이었습니다. 피아스트 부부는 아들의 이름을 시에모비트(Siemowit)라고 지었습니다. 아기가 세상에 나왔을 때 부부는 몹시 기뻤으나 동시에 아이가 앞을 보지 못하는 장님이라는 것을 알고 걱정이 태산 같았습니다. 하지만 시에모비트는 어머니 슬하에서 매우 총명하고 현명한 아이로 자라났습니다.

당시에는 아이가 7살이 되면 어머니 슬하로부터 아버지 밑으로 들어가는 풍습이 있었습니다. 이때 처음으로 아이의 머리카락을 자르고 커다란

피아스트를 방문하는 낯선 손님들 _ Korneli Szlegel

잔치를 벌였습니다. 이런 성인식은 단발식이라고 불렸습니다.

아들 시에모비트의 단발식에 피아스트가 손님들을 초대했습니다. 하지만 예상치 못하게 많은 사람들이 모여들었습니다. 그러자 손님 모두를 대접하기에는 음식과 마실 것이 모자란다고 줴피하가 걱정하기 시작했습니다.

피아스트가 아들의 머리카락을 막 자르려는 순간 지금까지 그 누구도 본 적이 없는 두 명의 낯선 손님들이 나타났습니다. 음식이 모자라기는 하지만 피아스트가 낯선 손님들을 잔칫상으로 안내했습니다. 그리고는 줴피하가 음식을 가지러 부엌으로 갔습니다. 부엌에 들어서자마자 줴피하는 깜짝 놀랐습니다. 음식이 거의 동났던 부엌이 맛난 음식과 마실 것으로 가득

피아스트와 방문자들 _ Zofia Stryjeńska

찼기 때문입니다.

마침내 피아스트가 아들 시에모비트에게 다가가서 아마 빛의 머리카락을 자르기 시작했습니다. 낯선 손님들도 소년에게 가까이 다가가서는 아이와 가족에게 축복을 했습니다. 그리고는 찬란한 미래가 피아스트 가문을 기다리고 있다고 예언했습니다. 그 순간 장님이던 시에모비트가 눈을 뜨고 보기 시작했습니다.

새로운 지배자로 선출되는 피아스트

피아스트 가족과 잔치에 모인 손님들은 몹시 놀라면서 무척 기뻤습니다. 피아스트와 쉐피하 부부가 낯선 손님들에게 감사를 드리려고 찾으나 이미 신비한 방문자들은 자취를 감춘 뒤였습니다. 단지 무언가모를 찬란함과 커다란 친절함만이 오랫동안 기억 속에 남게 될 뿐이었습니다.

이런 일이 있은 후 얼마 지나지 않아 잔인한 포피엘 공이 일가족과 함께 처참하게 죽었습니다. 마을 사람들이 새로운 통치자를 선출하기위해 집회에 모였습니다. 그리고는 모든 사람들이 수레바퀴 만드는 피아스트가 통치자가 돼야한다고 한목소리로 외쳤습니다.

이렇게 하여 피아스트가 새로운 공이 됐습니다. 바로 이 피아스트로부터 폴란드의 첫 번째 왕가인 피아스트 가문이 탄생한 것입니다. 이 피아스트 가문의 공과 왕들은 폴란드의 모든 종족을 처음으로 통합하고 이후 5백 년 동안 폴란드를 통치했습니다.

피아스트 초기 시대 폴란드 992–1138년

제6장

가장 오래된 폴란드의 통치자들

옛날 아주 오랜 옛날에 폴란드에서 가장 수가 많고 세력이 강한 종족은 폴라니에 종족이었습니다. 용감하고 현명한 폴라니에 공들은 다른 종족들을 통합하면서 나라를 넓혀갔습니다. 그렇게 폴라니에 나라가 자라나고 강대해졌습니다. 서서히 폴란드가 태어나고 있던 것입니다.

폴라니에 나라의 가장 오래된 수도는 피아스트 가문의 옛 공들이 살던 그니에즈노였습니다. 후에 더 크고 새로운 도시인 포즈나인(Poznań)으로 공들이 거처를 옮기고 난 뒤 이제 포즈나인이 폴란드의 두 번째 수도가 됐습니다.

그니에즈노 – 구시가지 모형

포즈나인 – Civitates Orbis Terrarum

폴라니에 나라의 첫 번째 통치자는 이미 알다시피 시에모비트 공입니다. 시에모비트의 후계자가 레쉑(Leszek)이고 레

시에모비트

레쉑

시에모미스우

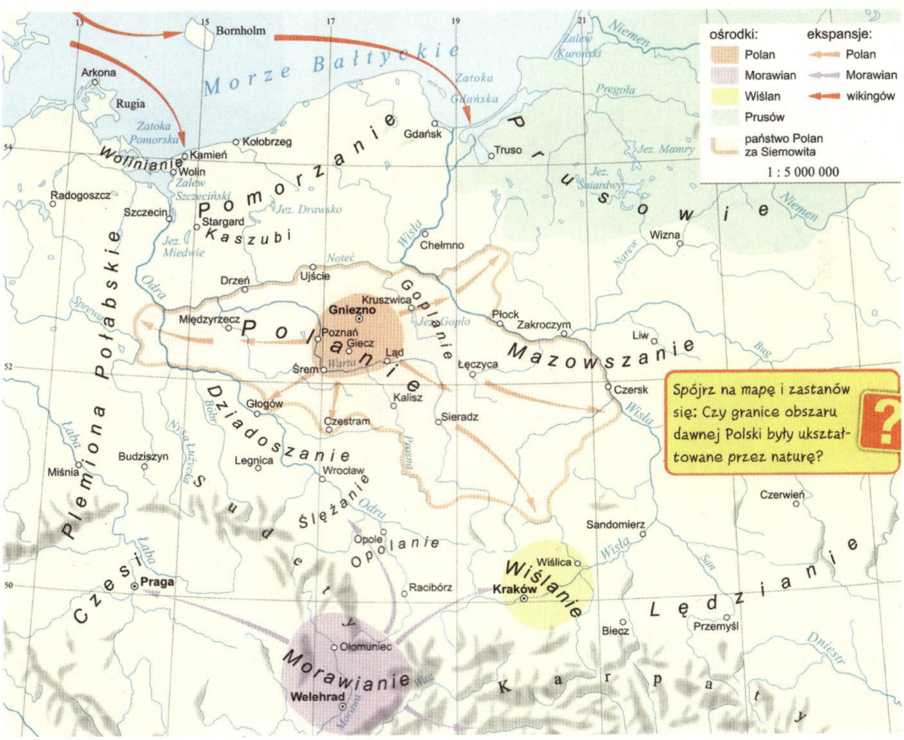

폴라니에 종족의 확장

쉐의 후계자는 시에모미스우(Siemomysł)입니다. 이 공들이 폴란드 종족들을 하나로 통합했으며 이중에는 크라쿠프를 수도로 삼고 있던 커다란 비실라니에 종족도 포함됐습니다.

신성로마제국의 대 슬라브 진출

폴란드가 자라나 강대해지던 초기 피아스트 가문의 통치시기에 독일이 폴란드 서쪽에 살던 슬라브 종족들을 차례차례 정복하기 시작했습니다. 격렬한 전투 끝에 독일이 우쥐체 세르보비에 종족을 굴복시켰습니다. 그런 후 이 지역에 견고한 성들을 세우고 독일 기사들을 정착시켰습니다. 또 다른 비엘레치와 오보드쥐체(Obodrzyce) 종족 그리고 독일 사이에 치열한 전투가 시작됐습니다. 양 종족 모두가 독일의 무력에 굴복하기까지에는 수백 년의 세월이 흘러야했습니다.

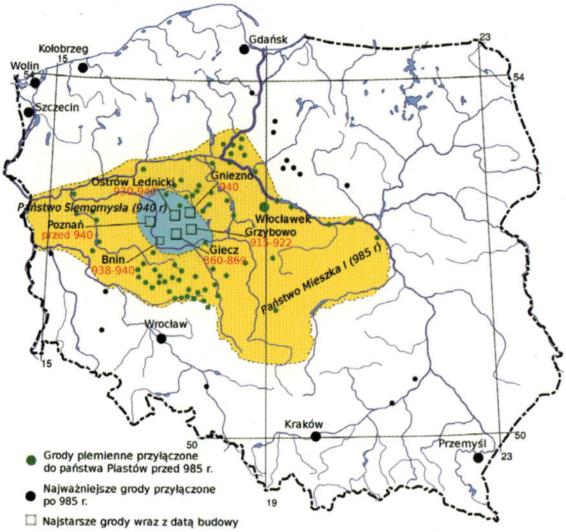

미에쉬코 1세 통치 시기의 성채들

이런 식으로 독일이 폴란드에 가까이 접근하고 결국에 가서 양국은 국경을 맞대게 됐습니다. 이제 폴란드가 독일이라는 강국의 침공위기에 직면하게 된 것입니다. 이런 상황에서 시에모미스우 공의 아들인 미에쉬코 1세가 폴란드의 새로운 통치자로 등극했습니다.

제7장

폴란드 건국의 아버지 – 미에쉬코 1세

피아스트 가문의 미에쉬코 1세(Mieszko I, 960년경-992년)는 용맹하고 현명한 통치자였습니다. 미에쉬코 1세는 모든 폴란드 종족의 통합이라는 대업을 이루고 강한 국가를 세웠습니다. 하지만 폴란드는 끊임없이 독일로부터 위협을 받았습니다. 독일의 막강한 통치자이던 비흐만이 미에쉬코 1세를 공격해 승리를 거두었습니다. 이 전투에서 미에쉬코 1세의 형제도 목숨을 잃었습니다. 몇 년 후 비흐만이 또다시 폴란드를 침략하나 이번에는 패배당하고 자신마저 전사하고 맙니다.

미에쉬코 1세 _ Jan Matejko

도브라바 _ Jan Matejko

독일 왕이던 오토 1세는 동시에 신성로마제국의 황제이기도 했습니다. 그래서 자신이 세계의 지배자라고 생각했습니다. 오토 황제는 슬라브 민족들을 자신의 통치하에 종속시

966년 폴란드의 기독교 도입 _ Jan Matejko

키기를 원했습니다. 슬라브인들은 이교도들이고 따라서 기독교로 개종시켜야 한다고 독일 황제가 공포했습니다. 오토 1세는 바로 이 점을 슬라브 민족에 대한 공격과 슬라브 지역의 정복을 정당화하는 이유로 내세웠습니다. 독일 주교들과 신부들도 이런 황제의 정책을 적극 지지했습니다. 그러나 미에쉬코 1세는 오토 1세의 계획을 저지할 수 있었습니다. 966년에 미에쉬코 1세는 체코 공주인 도브라바(Dobrawa)와 혼인을 맺으면서 이미 기독교를 수용한 체코로부터 가톨릭을 받아들였습니다. 바로 이해 966년이 폴란드가 세워지는 건국 연도가 됩니다. 가톨릭을 수용하면서 폴란드는 다른 서유럽 기독교 나라들과 가까워지고 로마 교황청과의 관계도 시작됐습니다. 이제 독일은 폴란드를 침략할 구실을 잃어버렸습니다. 미에쉬코 1세는 백

폴란드에서 최초로 세례식을 거행한 자리인 오스트루프 레드니츠키(Ostrów Lednicki)

미에쉬코 1세 통치 시대의 폴란드

성들을 기독교로 개종시키며 이교 신들의 우상을 파괴하고 신성시하던 나무들과 덤불숲을 베어내라고 명령했습니다. 커다란 도시에 성당을 짓는 한편 포즈나인에 폴란드 최초의 주교구를 세우며 대성당을 건립했습니다.

가톨릭을 도입하면서 폴란드는 많은 것을 얻었습니다. 가톨릭은 통치 지배자의 정책을 적극 지지했습니다. 신부들은 성당 산하에 부속학교를 세우며 폴란드에 교육이 보급되는데 커다란 공헌을 했습니다.

가톨릭을 받아들였음에도 불구하고 972년에 독일의 변경백인 호도가 폴란드를 침공했습니다. 하지만 폴란드는 체디니아(Cedynia) 전투에서 호도로부터 승리를 거뒀습니다.

미에쉬코 1세는 끊임없이 폴란드를 튼튼하게 만들었습니다. 미에쉬코 1세가 강력한 군대인 무장이 잘된 3천명의 군대를 가졌던 사실은 오늘날까지 전해 내려옵니다. 하지만 일부 영토 손실은 피할 수 없었습니다. 루스를 지배하던 야로슬라브 현명공(Yaroslav the Wise)이 현재 우크라이나 지역에 해당하는 그로디 체르비에인스키에(Grody Czerwieńskie)라 불리는 변경 지대를 무력으로 차지했기 때문입니다.

제8장

폴란드의 광개토대왕 – 볼레스와프 1세 흐로브리

미에쉬코 1세의 후계자인 볼레스와프 1세(Bolesław I Chrobry, 992-1025년)는 흐로브리 즉 '용맹스런 사람'이라 불립니다. 볼레스와프 1세는 그 이름에 맞게 정말로 용감무쌍했습니다. 992년에 볼레스와프 1세는 부친으로부터 거대하고 강력해진 폴란드를 이어받았습니다. 하지만 볼레스와프1세는 폴란드를 더 크고 강하며 부유한 나라로 만들기 위해 끊임없이 노력했습니다.

볼레스와프 1세 흐로브리 _ Jan Matejko

통치 초기에 볼레스와프1세는 부친인 미에쉬코 1세가 이룩한 업적을 유지하기위해 애썼습니다. 무엇보다 폴란드가 유럽의 기독교 세계에서 걸맞은 위상을 차지하도록 하는 일에 중점을 두었습니다. 그래서 황

성 보이치에흐

제 그리고 교황과의 우호 관계를 돈독히 하는데 많은 노력을 기울였습니다.

기독교 통치자로서 볼레스와프 1세는 아직까지 가톨릭이 도입되지 않은 이교도의 나라에 종교가 퍼지기를 바랐습니다. 체코에서 온 슬라브닉(Slavník) 가문의 보이치에흐(Wojciech, 체코어 Vojtěch, 영어 Adalbert) 주교가 가톨릭 선교 임무를 맡기로 정해졌습니다. 997년에 볼레스와프1세가 선교 활동 채비를 갖춰주고 보이치에흐는 이교도 프루시 종족의 나라로 떠났습니다. 이교도의 나라로 가는 도중에 프루시인들이 모시는 신이 덤불속에 있는 줄 모르고 보이치에흐가 야외 미사를 드렸습니다. 바로 이것 때문에 프루시 사람들이 보이치에흐를 죽였습니다. 볼레스와프 1세는 금을 주고 보이치에흐의 시체를 산 뒤 그니에즈노에 안치하라고 명령했습니다. 이 일이 있은지 얼마 안 되어 보이치에흐가 기독교 순교자로 인정되고 교황에 의해 성인으로 시성됐습니다.

볼레스와프 1세와 친하던 신성로마제국의 황제인 오토 3세는 폴란드와 평화로운 관계를 맺기를 원했습니다. 그래서 1000년도에 오토 3세가 황실 신하들 그리고 기사단과 함께 보이치에흐 성인의 무덤으로 성지 순례를 왔습니다. 폴란드를 방문하는 황제를 맞으러 볼레스와프 1세가 몸소 국경까지 마중 나갔습니다. 그니에즈노에 이르자 오토 3세는 말에서 내려 성당까지 걸어 들어갔습니다.

그니에즈노 대성당 청동대문 – 12세기에 만들어진 것으로 보이치에흐 일생을 18개 장면으로 보여줌

그니에즈노 회동에서 황제인 오토 3세가 쓰고 있던 제관을 벗어 볼레스와프 1세의 머리에 씌워주며 자신과 동등한 지배자라고 말했습니다. 교황의 동의하에 황제와 볼레스와프 1세는 포즈나인 외에 세 곳 즉 크라쿠프, 브로츠와프(Wrocław), 코워브줴그(Kołobrzeg)에 주교구를 세우기로 정했습니다. 그리고 그니에즈노는 대주교구로 승격됐습니다. 이제 폴란드는 가톨릭에 관한한 오직 교황에게만 직속하게 됐습니다.

오토 3세의 사후에 폴란드에 적대적이던 하인리히 2세가 황제로 즉위했습니다. 이와 동시에 볼레스와프 1세가 폴란드 국경선을 확장시키기 시

볼레스와프 1세에게 황관을 씌워주는 오토 3세

볼레스와프 1세의 전쟁

작했습니다. 볼레스와프 1세는 이전에 독일이 정복한 슬라브 지역인 밀스코(Milsko, 와바(Łaba)강과 부브르(Bóbr)강 사이에 위치하는 지역으로 현재 독일-폴란드 사이에 있는 지대)와 우쥐체(Łużyce, 와바강과 니사(Nysa)강 사이에 위치하는 지역으로 루사티아로 불리는 현재 독일-체코-폴란드 사이의 국경 지대) 그리고 미시니아(Miśnia, 와바 강가에 위치하던 성채로 현재 독일의 마이센 Meißen)를 가장 먼저 장악했습니다. 이곳에 거주하던 우쥐체 세르보비에 사람들은 독일과의 전투에서 폴란드를 도왔습니다. 그런 다음 볼레스와프 1세는 독일을 지원하던 체코를 공격해 수도인 프라하를 정복했습니다. 하지만 얼마 지나지 않아 폴란드는 프라하로부터 철수해야만 했습니다.

발트 해안가의 볼레스와프 1세 군대 _ Michał Bylina

그로부터 1년이 지나고 나서야 비로소 황제인 하인리히 2세가 강력한 군대를 모아 폴란드 원정에 나설 수 있었습니다. 잔혹한 전쟁이 휴전을 거듭하며 14년 동안이나 계속됐습니다. 이 기간에 황제는 세 번에 걸쳐 폴란드를 공격했습니다. 폴란드는 성채 안에서 방어하면서 기습 공격으로 독일 군대를 괴롭혔습니다. 결국에 가서 독일의 폴란드 원정은 실패로 끝났습니다. 1018년에 부쥐쉰(Budziszyn, 현재 독일의 바우첸 Bautzen)에서 볼레스와프 1세와 하인리히 2세가 평화 협정을 맺었습니다. 폴란드는 독일로부터 밀스코와 우쥐체를,

키예프에 입성하는 볼레스와프 1세 _ Piotr Michałowski

체코로부터는 모라비아 지역을 얻게 됐습니다.

부쥐쉰 평화 협정 이후 볼레스와프 1세 흐로브리는 황제와 친하게 지내던 야로슬라브 현명공 통치하의 루스로 공격 방향을 돌렸습니다. 이 원정 와중인 1018년에 폴란드 군대가 루스의 수도인 키예프를 정복했습니다. 전하는바에 따르면 볼레스와프 1세가 키예프에 입성하면서 황금대문을 칼로 내려쳤다고 합니다. 이것은 이제 키예프가 폴란드 정복지가 됐으며 통치자라면 국경 너머에서도 자기 나라를 지켜야만 한다는 것을 알리기 위해서였다고 합니다. 내려친 결과 검은 톱니 모양이 생기며 손상(szczerbić)됐습니다. 그래서 쉬체르비에츠(Szczerbiec)라고 불리게 되는 이 검을 이후부터 폴란드 제관식 때 왕이 차게 됩니다.

키예프에 입성하는 볼레스와프 흐로부리 _ Piotr Michałowski

볼레스와프 1세는 키예프 권좌에 자신의 사위인 시비엥토페웈(Świętopełk)을 앉혔습니다. 하지만 폴란드가 철수하자 야로슬라브가 다시 권좌에 복귀했습니다. 키예프로부터 귀환하면서 볼레스와프 1세는 그로디 체르비에인스키에 지역을 다시 폴란드에 병합시켰습니다.

쉬체르비에츠

1025년 폴란드 최초의 제관식 _ Jan Matejko

볼레스와프 1세 통치 시대의 폴란드

폴란드 960-1025년

볼레스와프 1세는 생애 마지막 순간에 가장 영광스러운 순간을 맞이할 수 있었습니다. 즉 로마에서 교황이 볼레스와프 1세에게 왕관을 보낸 것입니다. 1025년에 그니에즈노 대성당에서 폴란드 최초의 왕 제관식이 거행됐습니다. 이제 폴란드가 유럽 기독교 세계로부터 진정한 주권국으로 인정받게 된 것입니다.

제9장

가난한 자의 동전 한 닢

보이치에흐 주교가 순교한 사실을 알게 된 볼레스와프 1세가 보이치에흐의 시신을 찾아 그니에즈노로 옮겨오기 위해 사절단을 프루시로 보냈습니다. 사절단이 프루시 종족의 나라에 도착해 보이치에흐 주교의 시신을 돌려줄 것을 요청했습니다. 그러나 프루시 사람들은 주교의 시신 무게에 해당하는 만큼 금을 지불할 것을 요구했습니다. 하지만 사신들은 그만한 금을 갖고 있지 않았고 그래서 그니에즈노에서 지불할 것을 약속했습니다.

그니에즈노에서 볼레스와프 1세는 중앙 광장에 커다란 저울을 갖다놓으라고 명령했습니다. 그리고는 저울의 한쪽 접시에 보이치에흐 주교의 시신을 올려놓고 다른 한쪽에는 금을 쌓으라고 지시했

미사를 드리는 성 보이치에흐 – 그니에즈노 대성당의 황동대문

순교하는 성 보이치에흐 – 그니에즈노 대성당의 황동대문

습니다. 하인들이 궁전으로부터 금으로 된 동전, 목걸이, 반지, 귀걸이와 다른 많은 보석들을 가져다 가득히 올려놓았습니다. 하지만 금을 얹은 저울 접시는 꿈쩍도 하지 않았습니다. 그래서 값비싼 귀금속을 계속 가져와 쌓았지만 접시는 조금도 흔들리지 않았습니다.

사방에서 수많은 사람들이 몰려들었습니다. 군중 속에는 늙고 가난한 과부 한 명이 있었습니다. 늙은 과부는 어려울 때를 대비해 꼭꼭 숨겨둔 동전 한 닢을 가지고 있었습니다. 이제 곧 볼레스와프 1세의 금이 바닥날 것을 본 과부는 저울로 다가와 고이 간직하던 동전 한 닢을 꺼내 접시에 올려놓았습니다. 그러자 사람들은 대경실색하고 말았습니다. 갑자기 시신을 얹은 저울의 접시가 위로 올라가고 금이 놓인 접시가 아래로 내려갔기 때문입니다.

이 모습을 지켜본 사람들은 진실한 마음에서 나온 가난한 자의 동전 한 닢이 부자의 전 재산보다 더 가치가 더 있다는 것을 깨달았습니다.

그니에즈노 대성당의 성 보이치에흐 유골함

제10장

미시니아 성의 비에트닉인들

아름다운 와바 강가 높은 언덕위에 미시니아(Miśnia) 성이 있습니다. 독일 변경백이 이 성을 거처로 삼아 정복한 슬라브 지역에 대한 지배와 통치를 펼쳤습니다.

독일 기사들이 주둔하며 미시니아 성을 지켰습니다. 독일 기사단의 수는 얼마 되지 않으나 변경백은 계속해서 무력 원정에 나섰습니다. 그래서 독일 변경백은 우쥐체 세르보비에 사람들에게 원정에 참여할 것을 강요했습니다. 독일인에게 복종하는 이런 슬라브 병사를 비에트닉(Wietnik)이라고 불렀습니다.

외국인 지배자를 섬기며 형제인 슬라브 종족에 맞서 싸워야하는 점이 비에트닉인들에게는 매우 고통스러운 일이었습니다. 그러던 와중에 폴란드인들의 강력한 통치자인 볼레스와프 1세가 전쟁을 치르며 독일 군대에 패배를 안겨주고 있다는 소식이 비에트닉인들에게 전해졌습니다. 심지어 독일 황제가 볼레스와프 1세를 이길만한 힘이 없다는 소문마저 비에트닉인들 사이에서 비밀리에 퍼져나갔습니다. 전쟁에 패하고 있다는 소식을 듣게 된 독일인들은 비에트닉인들을 못살게 굴며 이들에게 점점 더 커다란 모욕감을 안겨줬습니다.

어느 날 볼레스와프 1세가 직접 지휘하는 군대가 미시니아 성 근처까지 진군하고 있다는 소식이 전해졌습니다. 두려움에 휩싸인 독일인들이 방어 준비를 서둘렀습니다. 비에트닠인들에게는 성벽에 가까이 서서 지키라고 명령했습니다. 그러자 비에트닠인들이 비밀리에 모여 모의했습니다.

오래지않아 동쪽에서 거대한 먼지 소용돌이가 일어나기 시작했습니다. 폴란드 군대가 성 쪽으로 접근해오고 있었던 것입니다. 해가 지기 전에 이미 와바 강변의 초원 전체가 폴란드 기마대로 가득 차게 됐습니다. 금빛 투구를 쓰고 기품 있는 말에 올라탄 볼레스와프 1세가 번쩍이는 검을 휘두르며 군대에 명령을 내리는 것이 멀리에서도 잘 보였습니다.

마침내 폴란드 군사들이 성 쪽으로 진군했습니다. 독일 기사들도 전투태세에 돌입했습니다. 그런데 갑자기 늙은 비에트닠인들 중 한 명이 있는 힘을 다해 소리쳤습니다.

"성문으로 가자, 성문을 열어라!"

비에트닠인들이 떼를 지어 독일 기사들을 밀어내며 성문 쪽으로 돌진했습니다. 그리고는 성문과 연결되는 다리를 내리고 무거운 빗장이 쳐진 대문을 열어 제꼈습니다. 미시니아 성문이 볼레스와프 1세와 폴란드 군대 앞에서 활짝 열렸습니다. 이렇게 하여 볼레스와프 1세가 잃어버린 미시니아 지역을 다시금 되찾을 수 있었습니다.

미시니아 성

제11장

형제들과 싸운 미에쉬코 2세 람베르트

미에쉬코 2세 람베르트 _ Jan Matejko

볼레스와프 1세의 아들인 미에쉬코 2세(Mieszko II Lambert, 1025-1031년)는 총명하고 교양 있는 용감한 통치자였습니다. 황제 하인리히 2세와의 전쟁 기간에 이미 볼레스와프 1세는 여러 번에 걸쳐 아들인 미에쉬코 2세에게 군대 통솔권을 위임했습니다. 미에쉬코 2세는 부왕의 기대를 저버리지 않고 여러 차례에 걸쳐 커다란 승리를 거두곤 했습니다. 볼레스와프 1세의 사후 1025년에 미에쉬코 2세가 왕위에 올랐습니다.

미에쉬코 2세의 통치 초기에는 만사가 순조로웠고 폴란드는 여전히 강력한 국가였습니다. 당시 황제인 콘라트 2세가 폴란드를 공격하려 했지만 미에쉬코 2세가 선공을 가해 밀스코와 우쥐체 서쪽에 있는 지역을 두 차례에 걸쳐 공략하기까지 했습니다.

미에쉬코 2세의 형제들인 베스프림(Besprym)과 오토(Otto)가 통치 분할을 요구하면서 폴란드가 심각한 위기에 빠지게 됐습니다. 그러자 미에쉬코 2세가 형제들을 나라로부터 추방했습니다. 쫓겨난 형제들은 독일 황제와 루스 공에게 달려가 도움을 요청했습니다. 그래서 독일과 루스 군대가 동시에 폴란드로 쳐들어오게 됐습니다. 미에쉬코 2세는 이들에 맞서 막아내려 애썼지만 결국에 가서 패배하고 말았습니다. 그런 후 미에쉬코 2세는 체코로 도망가 숨어야만 했습니다. 폴란드는 볼레스와프 1세가 획득한 모든 땅을 잃게 됐습니다.

그 후 베스프림이 정권을 잡았으나 얼마 지나지 않아 살해당하고 맙니다. 미에쉬코 2세가 다시 고국에 돌아오나 이제 독일과 루스에 맞서 전쟁을 벌일만한 힘이 폴란드에는 없었습니다. 게다가 미에쉬코 2세는 독일 황제에게 충성을 맹세해야만 했습니다. 미에쉬코 2세는 다시 재위에 오르자마자 곧바로 국가 재건을 시도했지만 뜻을 이루지 못했습니다. 왜냐하면 너무 이른 나이에 세상을 뜨고 말았기 때문입니다.

제12장

폴란드 재건왕 –
카지미에쉬 1세 오드노비치엘

카지미에쉬 1세 오드노비치엘 _ Jan Matejko

미에쉬코 2세의 사후인 1034년에 어린 아들인 카지미에쉬 1세(Kazimierz I Odnowiciel, 1039-1058년) 왕자가 통치권을 넘겨받았습니다. 통치를 시작한 지 얼마 되지 않은 1037년에 폴란드 전국에서 폭동과 봉기가 일어났습니다. 통치자와 가톨릭에 반대해 백성들이 반란을 일으킨 것입니다. 그리고는 폴란드 사람들이 기독교를 버리고 예전의 슬라브 민간 신앙으로 되돌아갔습니다. 엄청난 혼란이 폴란드 전국을 뒤덮었습니다. 이 와중에 많은 귀족과 신부들이 살해됐습니다.

카지미에쉬 1세는 폴란드로부터 도망쳐야만 했습니다. 카지미에쉬 1세는 어머니와 함께 독일로 피신했습니다. 폴란드 전국에서 내란이 끊이질 않았습니다. 이 와중에 수많은 성과 성당들이 파괴됐습니다. 마조프쉐

(Mazowsze) 지역에서는 미에츠와프(Miecław)가 정권을 잡은 뒤 스스로 공이라고 선언했습니다.

폴란드 정국이 불안한 때를 틈타 체코의 브제티슬라프(Břetislav) 공이 대군을 이끌고 폴란드로 약탈 원정을 왔습니다. 체코인들은 전투도 치르지 않고 그니에즈노와 포즈나인에 입성했습니다. 그리고는 왕실과 성당의 보물을 약탈하기 시작했습니다. 그니에즈노 대성당에 안치된 보이치에흐 성인의 시신도 체코로 훔쳐갔습니다. 그 외에도 닥치는 대로 약탈하고 가져갈 수 없는 것들은 모두 파괴했습니다. 게다가 많은 사람을 노예로 끌고 갔습니다.

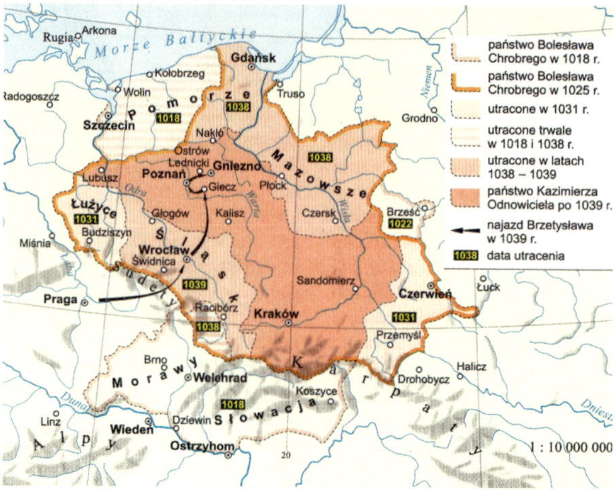

체코 브제티슬라프 침공

그로부터 2년 후에 카지미에쉬 1세가 고국으로 돌아왔습니다. 독일 황제가 군대를 보내주며 카지미에쉬 1세가 정권을 다시 장악하는데 도움을 줬습니다. 황제 군대의 도움으로 카지미에쉬 1세는 비엘코폴스카(Wielkopolska, 이전 폴라니에 나라)와 마오폴스카(Małopolska, 이전 비실라니에 나라) 지역을 장악할 수 있었습니다. 하지만 실롱스크(Śląsk) 지역에는 체코 군대가 주둔하고 있고 마조프쉐 지역에서는 미에츠와프가 계속해서 통치하고 있었습니다.

카지미에쉬 1세는 마조프쉐를 탈환하기위해 수년간 전투를 치러야만 했습니다. 루스의 야로슬라브 공이 지원병을 보내 카지미에쉬 1세를 도왔습니다. 마조프쉐를 되찾고 난 후 마침내 1050년에 카지미에쉬 1세가 강력한 군대를 모은 뒤 선두에 서서 실롱스크 지역으로부터 체코 군대를 몰아냈습니다.

카지미에쉬 1세는 오드노비치엘 즉 '원상으로 되돌려놓은 사람' 또는 '부활시킨 사람'이라고 불립니다. 왜냐하면 대혼란 속에 파괴된 폴란드를 재건했기 때문입니다. 피아스트 왕조 초기 시대와 비교하면 부활한 폴란

폴란드로 돌아오는 카지미에쉬 1세

드에서는 많은 것이 변했습니다. 무엇보다 카지미에쉬 1세는 수도를 포즈나인에서 폭동과 봉기 와중에 덜 파괴된 비옥한 크라쿠프로 옮겼습니다.

또한 카지미에쉬 1세는 야로슬라브 공의 딸과 혼인하면서 루스와도 우호 관계를 맺었습니다. 이제 마오폴스카가 폴란드에서 가장 중요한 지역이 됐습니다.

카지미에쉬 1세는 자신을 섬기는 병사들에게 토지를 나누어준 최초의 통치자이기도합니다. 훗날 이런 병사들이 자기 가문을 세우며 기사 계층을 형성하게 됩니다.

카지미에쉬 1세의 통치 말기에 폴란드가 재통일됐습니다. 단지 포모줴(Pomorze) 지역만이 폴란드로부터 떨어져나가 가톨릭을 버리고 슬라브 민간 신앙으로 되돌아갔을 뿐입니다.

카지미에쉬 1세 통치 시대의 폴란드

제13장

통이 큰 통치자인가, 잔인한 지배자인가 – 볼레스와프 2세 쉬초드리 또는 시미아위

볼레스와프 2세 시미아위 _ Jan Matejko

1058년에 카지미에쉬 1세의 장남인 볼레스와프 2세(Bolesław II Szczodry, Śmiały, 1058-1079년)가 부왕의 뒤를 이어 권좌에 올랐습니다. 볼레스와프 2세는 선왕과 마찬가지로 국력을 키우기 위해 끊임없이 힘을 쏟아 부었습니다. 볼레스와프 2세는 대단한 용기와 정력을 가진 통치자로 유명했습니다. 무엇보다 볼레스와프 2세는 폴란드 전역에 성당과 수도원을 대대적으로 세운 사실로 유명합니다. 그래서 볼레스와프 2세는 쉬초드리 즉 '인색하지 않고 통이 큰 사람'으로 불립니다.

볼레스와프 2세는 폴란드의 가장 커다란 위협은 독일로부터 온다고 생각했습니다. 그래서 독일의 세력을 약화시키려 애썼습니다.

헝가리 왕위를 둘러싼 권력 투쟁에서 독일은 자신들이 지지하는 후보자

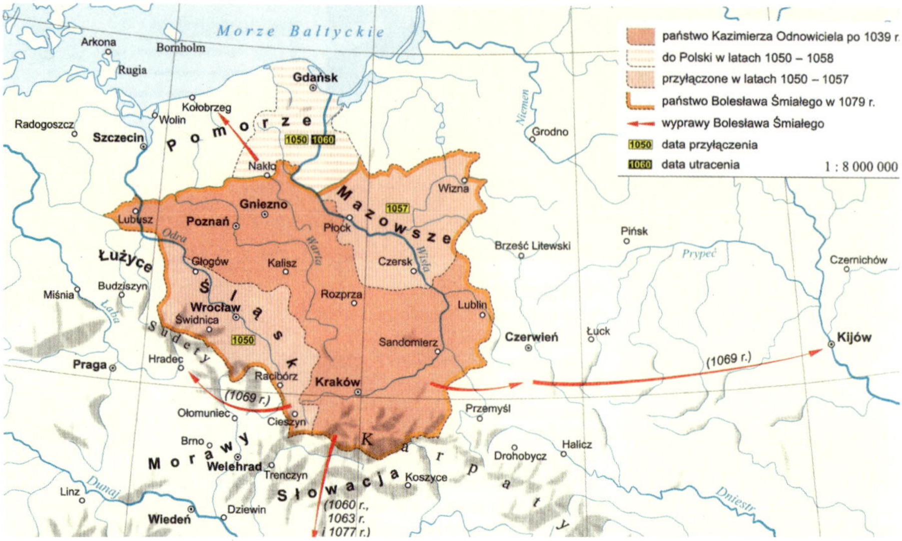

폴란드 1034–1079년

가 왕위에 오르길 원했습니다. 그 반면 볼레스와프 2세는 독일을 견제하고자 반대자를 지지했습니다. 결국 황제 후보의 반대자이던 벨라 1세(Bela I)가 헝가리의 왕위에 올랐습니다. 당시 체코는 독일 황제를 지지했고 이 때문에 체코 세력을 약화시키기 위해 볼레스와프 2세가 여러 차례에 걸쳐 체코와 전쟁을 치렀습니다.

독일에서 작센 지역이 하인리히 4세 황제에 대항해 반란을 일으키자 볼레스와프 2세가 이 봉기를 지원했습니다. 또한 볼레스와프 2세는 루스에서 벌어지는 일에 대해서도 관심을 기울였습니다. 자신의 친척인 이지아슬라브(Iziaslav)가 루스 권좌를 탈환하는 것을 돕기 위해 볼레스와프 2세가 두 번에 걸쳐 키예프 원정을 단행하기까지 했습니다.

그러는 동안 독일 황제와 교황 그레고리우스 7세 사이에서 주교와 고위 성직자 임명권을 놓고 격렬한 충돌이 벌어졌습니다. 결국에 가서 그레고리우스 7세가 승리를 거두고 마는 이 싸움에서 볼레스와프 2세는 교황 편에 섰습니다. 이 덕분에 볼레스와프 2세는 교황으로부터 왕위를 받게 되고 그래서 1076년에 그니에즈노에서 제관식을 치를 수 있었습니다.

폴란드 귀족들은 왕권이 강력해지는 것에 불만을 품고 볼레스와프 2세에 저항하기 시작했습니다. 왕은 자신에 반대하는 사람들을 가혹하게 처

주교 스타니스와프 살해

벌했습니다. 심지어 크라쿠프 주교인 스타니스와프(Stanisław)마저 죽이라고 명령했습니다. 스타니와프 주교는 잔인하게 사지가 절단되는 고통 속에 순교하고 말았습니다. 이 처사는 백성들 사이에서 분노를 일으키고 결국에 가서 전국적인 반란을 초래하고 말았습니다. 그 결과 1079년에 볼레스와프 2세가 가족들과 함께 폴란드를 떠나야만 했습니다. 볼레스와프 2세는 자신의 동맹자인 브와디스와프가 있는 헝가리 피신처에서 망명객으로 세상을 뜨고 맙니다.

훗날 스타니스와프 주교는 교황에 의해 성인으로 시성되고 폴란드의 국가 수호신으로 추앙됐습니다. 반면 볼레스와프 2세는 주교를 죽인 사실로 인해 후에 시미아위 즉 '물불을 가리지 않는 사람'으로 불리게 됩니다.

1088년에 유해가 바벨대성당에 안치되면서 스타니스와프 성인에 대한 숭배 전통이 시작됐습니다. 그로부터 얼마 뒤에는 주교를 살해하는 신성 모독에 대한 벌로 폴란드왕국이 작은 공국들로 분할될 것이라는 전설마저 생겨납니다. 마치 사지 절단된 주교의 시신처럼 폴란드왕국 또한 조각날 것이라는 것입니다. 하지만 이와 함께 스타니스와프 성인이 하느님에게 드리는 탄원과 중재 덕택에 폴란드왕국이 다시 통합된다는 기적도 동시에 예언됐습니다. 훗날 야기에우워는 1410년에 독일 기사단을 상대로 거

성 스타니스와프(좌)와 성 보이치에흐(우)

둔 승리를 스타니스와프 성인의 기도 덕으로 돌렸습니다. 또한 폴란드가 최전성기를 누리던 16세기의 통치자인 지그문트 스타리도 스타니스와프 성인을 자신의 수호신으로 삼았습니다.

바벨 대성당 내의 성 스타니스와프 은관

제14장

무기력한 지배자 –
브와디스와프 1세 헤르만

브와디스와프 1세 헤르만 _ Jan Matejko

볼레스와프 2세의 동생인 브와디스와프 1세 헤르만(Władysław I Herman, 1079-1102년)은 형이 폴란드에서 추방된 후 통치권을 넘겨받았습니다. 얼마 전에 왕에 반대해 반란을 일으킨 나라와 백성을 다스린다는 것은 쉬운 일이 아니었습니다. 그래서 브와디스와프 1세는 왕을 대신해 궁정을 다스리던 직책인 팔라틴(palatyn)에게 실권을 넘겨줬습니다. 이 당시 팔라틴 권력을 행사하던 시에치에흐(Sieciech)는 정력적이긴 하나 동시에 무자비한 사람이기도 했습니다.

독일 황제에 맞설 힘이 없던 브와디스와프 1세는 왕위를 포기하고 독일 그리고 체코와 동맹을 맺었습니다. 하지만 분리된 포모줴 지역을 폴란드에 합병시키려는 노력은 계속했습니다. 브와디스와프 1세가 포모줴 사람들과 전투를 벌이기는 하나 이 지역을 손에 넣는데 성공하지는 못했습니다.

시에치에흐의 통치는 매우 가혹했으며 그래서 대귀족과 기사들 사이에서 불만은 계속 커져갔습니다. 결국 기사들과 시에치에흐 지지자 사이에서 혈투가 벌어졌습니다. 브와디스와프 1세의 두 아들인 즈비그니에프(Zbigniew)와 볼레스와프(Bolesław) 왕자들은 반란군편에 섰습니다. 여기에 고무된 브와디와프 1세가 용기를 내어 시에치에흐를 폴란드로부터 추방시켰습니다. 그리고는 두 아들과 권력을 나눠가졌습니다. 즉 즈비그니에프에게는 비엘코폴스카 지역을, 볼레스와프에게는 실롱스크와 마오폴스카 지역을 넘겨주었습니다. 브와디스와프 1세 자신은 프워츠크(Płock)를 수도로 정한 뒤 마조프쉐 지역을 통치했습니다.

브와디스와프 1세의 통치하에서 폴란드는 예전에 가졌던 세력과 위상 대부분을 상실하고 말았습니다.

제15장

조국을 지켜낸 불패의 통치자 – 볼레스와프 3세 크쉬보우스티

폴란드 권좌에 오른 세 번째 볼레스와프 3세(Bolesław III Krzywousty, 1107-1138년)는 동일한 이름을 가진 이전 두 명의 볼레스와프 1세 흐로브리 그리고 볼레스와프 2세 시미아위와 같은 길을 걸어갔습니다. 이 세 번째 볼레스와프 공도 전 생애에 걸쳐 전쟁을 벌이고 전투를 치렀으며 대부분 승리를 거뒀습니다. 볼레스와프 3세는 영리하고 힘이 넘쳤으며 용감했습니다. 볼레스와프 3세는 크쉬보우스티 즉 '입비뚤이'라고 불립니다. 왜냐하면 태어날 때부터 턱이 약간 비뚤어졌기 때문입니다.

볼레스와프 3세 크쉬보우스티(Jan Matejko)(좌)와 즈비그니에프(우)

1102년에 브와디스와프 1세가 서거한 후 볼레스와프 3세는 분할된 폴란드를 통합하려고 마음먹었습니다. 왜냐하면 조각난 국가로는 강력한 독일에 맞서 저항할 수 없다고 생각했기 때문입니다. 젊고 재능 있는 볼레스와프 3세가 폴란드 전체의 지배자가 되길 바라던 백성들은 자신들이 믿던 통치자의 정책을 적극 지지했습니다. 한편 볼레스와프 3세의 형인 즈비그니에프도 지배자가 되길 원했습니다. 그래서 1106년부터 형제들 간에 왕위 쟁탈전이 벌어지나 결국 볼레스와프 3세가 승리하고 즈비그니에프는 추방됐습니다.

1109년의 프시에 폴레 전투

볼레스와프 3세는 세력이 강한 독일에 맞서 싸우기 위해 루스 그리고 헝가리와 동맹을 맺었습니다. 그런 후 독일이 헝가리로 쳐들어가자 볼레스와프 3세가 독일의 동맹국인 체코를 공격했습니다. 그러자 이번에는 황제인 하인리히 5세가 대군을 이끌고 폴란드로 진격해왔습니다.

공격을 물리칠 만반의 준비를 끝낸 폴란드는 적군에 강력히 대항했습니다. 볼레스와프 3세는 불시에 기습을 가하며 침공한 소규모 부대를 섬멸

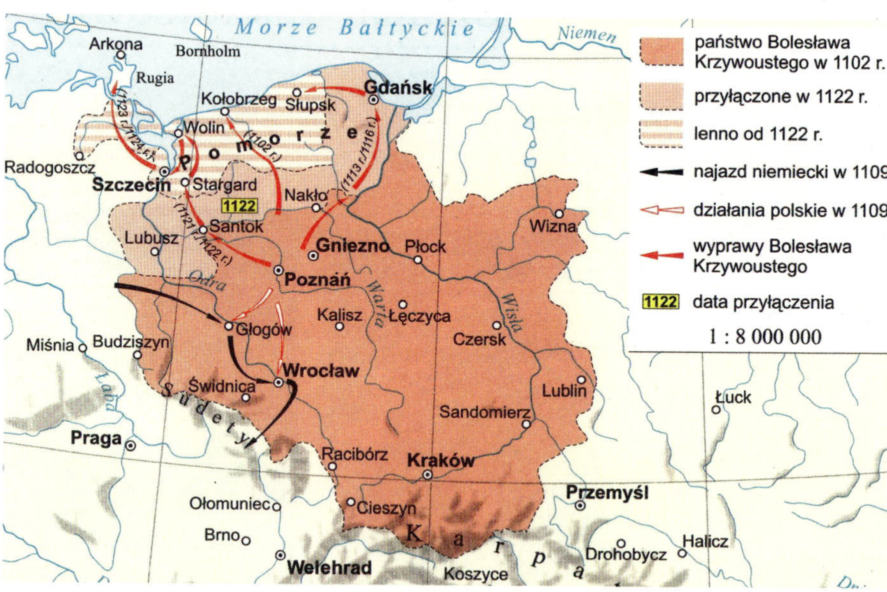

볼레스와프 3세가 벌인 전쟁

하곤 했습니다. 그러던 어느 날 독일 군대가 그워구프(Głogów) 성을 포위하게 됐습니다. 그워구프 성의 백성들은 볼레스와프 3세가 지휘하는 기사단이 구원하러올 때까지 용감히 싸웠습니다. 폴란드 군대가 다가온다는 소식을 들은 독일 군대가 마침내 포위를 풀고 브로츠와프로 공격 방향을 바꾸었습니다. 하지만 브로츠와프 또한 정복하지 못하고 오히려 볼레스와프 3세로부터 패배를 당했습니다. 이때가 1109년이었습니다. 이 전투지는 프시에 폴레(Psie Pole)라고 불립니다.

볼레스와프 3세 통치 시대의 폴란드

독일 공격을 물리친 후 볼레스와프 3세가 포모줴 지역 수복에 나섰습니다. 포모줴 사람들과의 전쟁은 20년 이상 계속됐습니다. 결국 포모줴 사람들이 항복하고 가톨릭을 받아들였습니다. 그 결과 그다인스크(Gdańsk, 독일어 Danzig)를 포함한 포모줴 동쪽 지역이 폴란드에 합병되고 나머지 서쪽 지방도 폴란드에 봉신으로 종속됐습니다.

볼레스와프 3세는 장차 미래에 후손들이 자신처럼 폴란드 통치권을 놓고 서로 싸우는 것을 원하지 않았습니다. 그래서 네 아들에게 영토를 나눠준다는 유언장을 남겼습니다. 네 아들인 브와디스와프(Władysław), 볼레스와프(Bolesław), 미에쉬코(Mieszko), 헨릭(Henryk)이 각각 영토를 물려받았습니다. 막내아들 카지미에쉬(Kazimierz)만이 영토를 물려받지 못했습니다. 볼레스와프 3세는 브와디스와프에게 수도인 크라쿠프 지역을 넘겨주면서 형제들 사이에서의 우위권을 장남에게 줬습니다. 하지만 이 유언으로도 형제간의 싸움을 막아내지는 못했습니다. 1138년부터 시작된 폴란드 지역 분할은 이후 거의 2백 년 동안 계속됐습니다.

제16장

자식들과 바꾼 그워구프 성 방어

그워구프의 어린이 희생자 기념비

오드라 강변에 위치한 그워구프에 한때 견고한 성이 있었습니다. 때는 바야흐로 1109년의 어느 날 그워구프 성 안에서 사람들이 분주히 움직이기 시작했습니다. 주민들이 성벽을 고치고 무기와 식량을 비축하느라 바쁘게 움직였습니다. 볼레스와프 3세가 다스리는 나라를 점령하기위해 독일 황제가 대군을 모으고 있다는 소식이 널리 퍼졌기 때문입니다.

그러던 어느 날 볼레스와프 3세의 사신이 그워구프 성에 와서는 독일 황제 군대가 쳐들어오고 있다고 전하면서 구원대가 올 때까지 성을 사수하라는 명령을 전했습니다. 주민들은 성벽 보수 작업을 서둘러 마무리하고

중세 시대의 투석기

재건된 그워구프 투석기

파수병을 두 배로 늘렸습니다. 그리고는 침략자가 도착하기 전에 주변 마을 사람들을 모두 성안으로 대피시켰습니다.

그로부터 며칠이 지나고 난 뒤 마침내 독일 군대가 성 밑에 도착했습니다. 독일 군대는 막사를 세우고 성을 함락시키기 위해 투석기를 세우기 시작했습니다. 본격적인 공격에 앞서 침략자들이 지른 불로 인해 주변 마을과 집들은 모두 화염에 휩싸인 뒤였습니다.

마침내 독일 병사들이 성을 공격하기 시작하고 그워구프 주민들은 이에 맞서 필사적으로 싸웠습니다. 성벽을 사이에 두고 격렬한 전투가 계속됐습니다. 엄청난 수적 우세에도 불구하고 독일 군대는 성안으로 진입하는 데 실패했습니다.

며칠 동안 계속된 공격 후에 황제가 그워구프 성의 주민에게 항복하라고 권유했습니다. 만약 항복하지 않는다면 성을 완전히 초토화시켜버리겠다고 위협했습니다. 그워구프 주민들은 볼레스와프 3세가 자신들의 지배자이고 따라서 볼레스와프 3세의 명령에 따라야만 한다고 대답했습니다. 그리고는 볼레스와프 3세가 항복을 허락할지 물어보기 위해 사신을 보내야

하므로 며칠간 휴전하자고 요청했습니다. 황제는 동의하는 조건으로 그워구프 성의 원로들 아들을 인질로 보내라는 조건을 내세웠습니다. 그워구프 백성들에게 다른 길은 없었고 눈물을 머금은 채 사랑하는 자식들을 독일 군대에 인질로 보내야만 했습니다.

하지만 다음날 예기치 않게 약속을 깨고 황제가 투석기를 앞세워 또다시 공격을 퍼붓기 시작했습니다. 그런데 놀랍게도 독일 군대는 인질로 보낸 아이들을 투석기 앞에 매달았습니다. 이 모습을 성벽에서 바라본 아버지들은 가슴이 찢어지는 고통으로 몸부림쳤습니다. 그러나 만약 독일 군대가 성을 정복한다면 아무도 살아남지 못하리라는 점을 잘 알고 있었습니다. 그래서 사랑하는 자식들이 눈앞에서 죽어가는 데에도 불구하고 더 필사적으로 싸웠습니다.

오래지않아 공격이 멈췄습니다. 그리고는 갑자기 독일 군대가 막사를 걷어 물러났습니다. 볼레스와프 3세가 폴란드 기사단을 이끌고 가까이 오고 있었던 것입니다. 볼레스와프 3세가 도착하기 전에 독일 황제가 자신의 군대와 함께 도망치고 말았습니다.

제17장

폴란드 최초의 역사가들 – 연대기 작가

피아스트 왕조의 통치 시대에 폴란드의 학문과 교육은 가톨릭 수도원과 성당을 중심으로 이뤄졌습니다. 신부와 수도사들이 청소년을 위한 학교를 운영했습니다. 교육은 모두 라틴어로 진행됐습니다. 왜냐하면 당시 유럽 전 지역에서 성직자나 지식인들 사이에서 쓰이던 공용어가 라틴어였기 때문입니다.

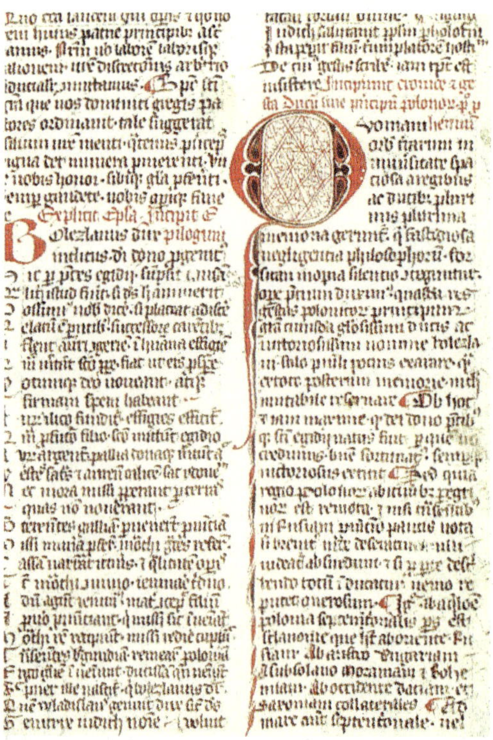
갈 아노님의 연대기

이 당시 서적들은 매우 비쌌습니다. 왜냐하면 당시만 해도 책은 양피지 즉 편편하게 무두질한 얇은 동물의 가죽에 직접 손으로 썼기 때문입니다. 수도

양피지를 만드는 모습

중세 시대의 연대기 작가

원에서 일부 수사들은 오직 책을 필사하는 일에만 종사했습니다. 이 일은 끈기를 요하는 매우 힘든 작업이었습니다. 책 한권을 옮겨 쓰는데 몇 년이 걸릴 수도 있기 때문입니다. 이런 책에는 그림이 그려지고 화려한 장식도 덧붙여졌는데 이것 역시 모두 수작업으로 이뤄졌습니다. 책은 튼튼하고 두꺼운 겉표지를 달았고 비싼 책들은 독서대나 책장에 쇠사슬로 묶어놓곤 했습니다.

가톨릭을 수용한 이후부터 폴란드 대성당이나 커다란 수도원에서 성직자들이 중요한 사건을 다룬 연대기를 편찬하기 시작했습니다. 오늘날 역사가들은 이런 연대기들로부터 아주 오랜 옛날 폴란드에 관한 귀중한 정보를 얻고 있습니다.

당시 유럽의 많은 나라에서 자신들 민족의 역사와 위인들에 관한 연대기가 작성됐습니다. 폴란드 최초의 연대기 작가는 볼레스와프 3세 시대에 살았습니다. 이 연대기 저술가는 외국인 수도사인데 어느 나라 출신인지는 아무도 모릅니다. 그래서 지금까지 그 누구도 이 저술가의 성을 알지 못하기 때문에 갈 아노님(Gall Anonim) 즉 갈 무명씨라고 부르고 있습니다.

갈 아노님의 연대기는 피아스트 왕조의 시작부터 볼레스와프 3세 시대까지의 폴란드 역사를 다루고 있습니다. 이 연대기에서 갈 아노님은 폴란드 사람들이 매우 용감하며 조국을 사랑한다고 칭찬했습니다. 갈 아노님은 폴란드 공과 왕들의 업적을 칭송하고 특히 독일과 맞서 싸운 볼레스와프 1세 흐로브리를 높게 평가했습니다. 또한 볼레스와프 3세 크쉬보우스티를 최고로 찬양하며 이 지배자가 승리를 거둔 수많은 전쟁과 전투에 대해 가장 많은 부분을 할애했습니다. 갈 아노님은 진심으로 볼레스와프 3세를 따랐고 폴란드를 자신의 모국과 같이 사랑한 것입니다.

제18장

폴란드의 불행 – 공국 분할 시대

브와디스와프 2세 비그나니에츠 _ Jan Matejko

볼레스와프 3세의 유언장으로도 후계자들 사이에서의 평화와 화합은 보장되지 않았습니다. 1138년에 볼레스와프 3세가 죽은 지 얼마 안 되어 아들들이 서로 싸우기 시작했습니다. 폴란드의 수도인 크라쿠프를 누가 장악할 것인가를 두고 벌어진 싸움인데 이는 크라쿠프를 장악하는 공이 나머지 공들에 대해 우월권을 가졌기 때문입니다. 몇 년이 지나지 않아 볼레스와프 3세의 큰 아들인 브와디스와프 2세(Władysław II Wygnaniec, 1138-1146년)가 폴란드에서 쫓겨났습니다. 그래서 브와디스와프 2세는 비그나니에츠 즉 '쫓겨난 사람' 또는 '망명객'으로 불립니다.

분할 지역을 통치하던 공들은 계속해서 자신이 다스리던 공국을 아들들

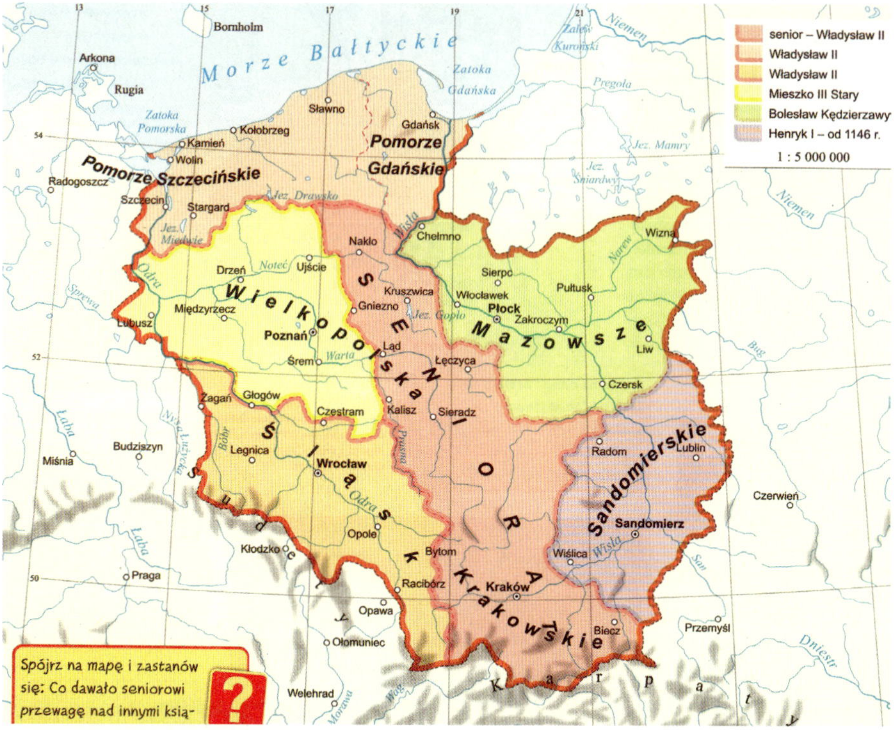

볼레스와프 3세의 유언과 폴란드 분할

에게 나눠주곤 했습니다. 이로 인해 분할 공국들은 점점 더 작아지고 약해지며 그 수도 계속 늘어났습니다. 독일 그리고 체코와 같은 이웃 나라들에 맞서기에는 분할된 폴란드 공국들은 너무나 미약했습니다. 그래서 이 두 이웃 나라가 점점 더 자주 폴란드의 내정에 관여하기 시작했습니다. 이 당시 루스는 덜 위협적이었는데 왜냐하면 이 나라 또한 폴란드와 마찬가지로 수많은 소규모 공국들로 나뉘어져있었기 때문입니다.

폴란드가 지역 공국으로 분할된 시기(1138-1320년)에 오드라강과 와바강 사이에 살던 이교도 슬라브 종족인 비엘레치와 오보드취체를 독일이 최종적으로 정복했습니다. 독일은 점령한 이 지역에 브란덴부르크변경백을 세웠습니다. 폴란드와 국경을 직접 맞대며 소규모의 폴란드 공국들에게 매우 위협적인 새로운 독일 나라가 생겨난 것입니다. 이 신생 국가는 곧 폴란드 영토를 정복하며 국경을 서서히 넓혀갔습니다.

이 당시 두 번에 걸친 역사적 사건이 분할된 폴란드를 강타했습니다. 이

공국 분할 시대 12세기

공국 분할 시대 13세기

역사적 사건은 이후 수백 년간에 걸쳐 폴란드가 커다란 희생을 치러야하는 위협이 됐습니다. 첫 번째가 튜턴기사단의 도입이고 두 번째는 타타르족의 침략입니다.

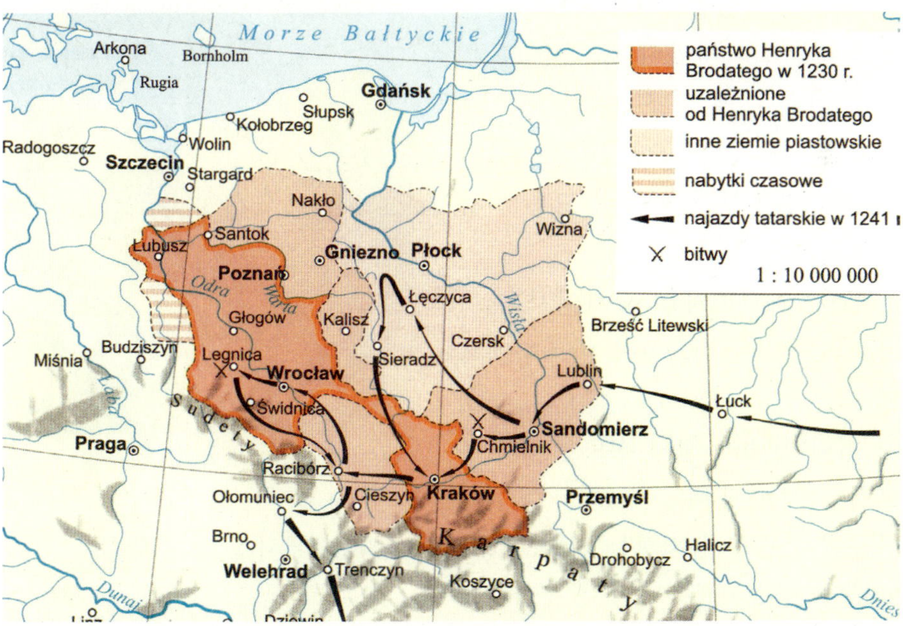

헨릭 브로다티 시절 폴란드와 몽골 침공

제19장

7백년에 걸친 폴란드 고난의 시작 – 튜턴기사단의 도입

콘라드 1세 마조비에츠키 _ Jan Matejko

언제부터인가 마조프쉐 북쪽과 포모쉐 동쪽에는 이교도인 프루시 종족이 살고 있었습니다. 자그마한 종족으로 나뉘어져있던 프루시인들은 여러 번에 걸쳐 마조프쉐 지역으로 약탈 원정을 왔습니다. 이것으로 인해 많은 폴란드 사람들이 고통을 겪어야만 했습니다.

볼레스와프 3세의 손자이자 마조프쉐의 공인 콘라드 1세 마조비에츠키(Konrad I Mazowiecki, 1241-1243년)가 여러 차례에 걸쳐 수도인 크라쿠프를 장악하기위해 애썼습니다. 왜냐하면 수도를 차지하는 자가 폴란드 공들 사이에서 최고 수위를 가졌기 때문입니다.

콘라드는 골칫거리인 프루시 종족과의 싸움을 쉽사리 해결하길 원했습

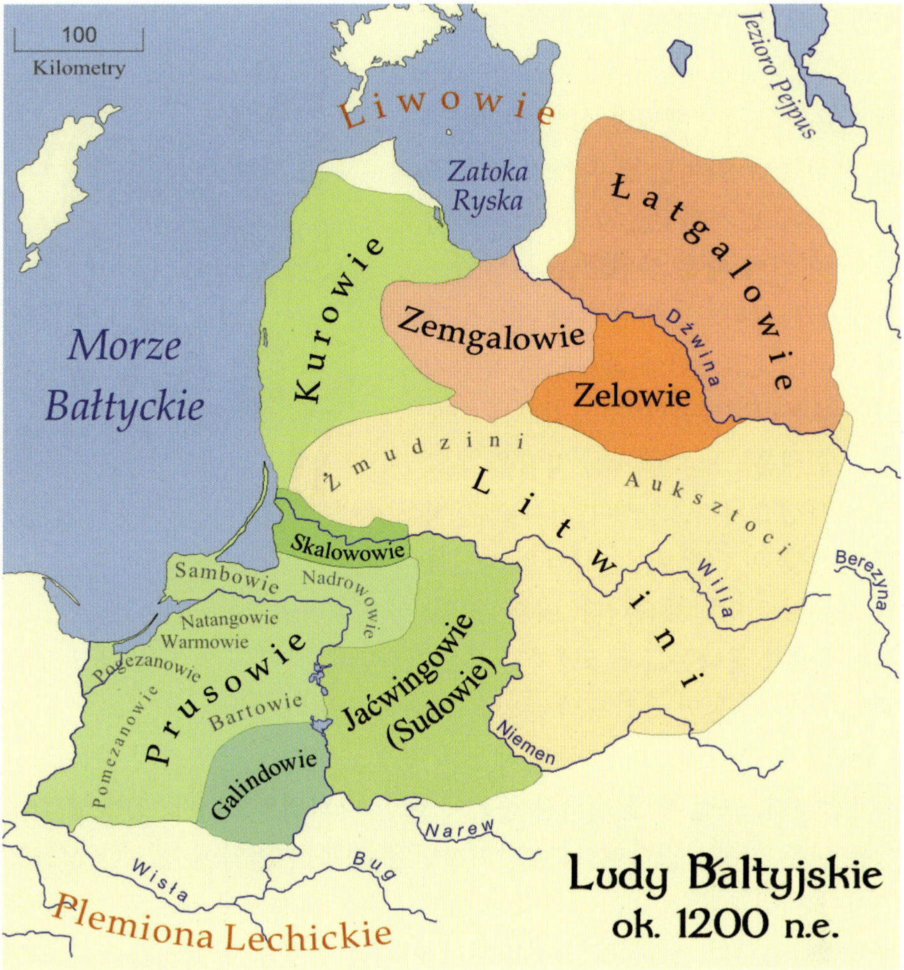

1200년경의 발트 종족들

니다. 그래서 튜턴기사단을 폴란드로 불러들여 프루시 종족과의 싸움을 맡기기로 결정했습니다. 기사단의 도움으로 별 어려움 없이 프루시 지역 전체를 차지하기를 기대했던 것입니다.

튜턴기사단의 정식 명칭은 '예루살렘의 독일집 가장 성스런 동정녀 마리아 병원기사단'입니다. 이 기사단은 예수살렘 성지로 가는 기독교 순례자들을 이슬람 이교도로부터 보호하기위해 창단됐습니다. 오직 독일 국적의 기사들만이 이 기사단에 들어갈 수 있었습니다. 이 기사단은 왼쪽에 검은 십자가를 수놓은 흰 외투를 갑옷위에 걸쳤습니다. 그래서 폴란드에서는 이들을 십자기사단이라 불렀습니다.

튜턴기사단

튜턴기사단은 기독교를 수호하기위해 싸운다고 공언했지만 실상에 있어서는 자신들의 이익만을 따지기 일쑤였습니다. 튜턴기사단은 교활하고 약속을 잘 어기며 매우 잔인했습니다. 마조프쉐 공인 콘라드 1세가 이런 사실을 알지 못하고 1226년에 폴란드로 튜턴기사단을 불러들였습니다. 그리고는 기사단에게 헤움느노(Chełmno) 지역을 봉토로 하사했습니다. 그러나 기사단은 하사 문서를 위조한 뒤 이 지역을 자신들의 소유지로 강탈했습니다. 이후 제2차 세계대전이 끝나는 1945년까지 튜턴기사단은 북부에 자리를 잡고 무려 7백년이 넘는 동안 폴란드의 존망을 위협하게 됩니다.

튜턴기사단은 자그마한 성을 세우는 것으로 프루시 종족과의 싸움을 시작했습니다. 그런 후에 프루시 종족에 대한 파괴적인 원정을 감행해 결국에는 모두 항복시켰습니다. 튜턴기사단은 정복한 지역에 견고한 성들을 연이어 세워나갔습니다. 기사단은 독일로부터 계속해서 새로운 기사들을 공급받았습니다. 또한 독일 시민뿐만 아니라 농민들도 불러들여 정복한 땅에 정착시켰습니다. 성벽으로 둘러싸인 도시들도 세웠는데 그중 말보르크(Malbork, 독일어로 Marienburg)가 튜턴기사단의 수도가 됐습니다. 기사단은

튜턴기사단의 본거지인 말보르크 성

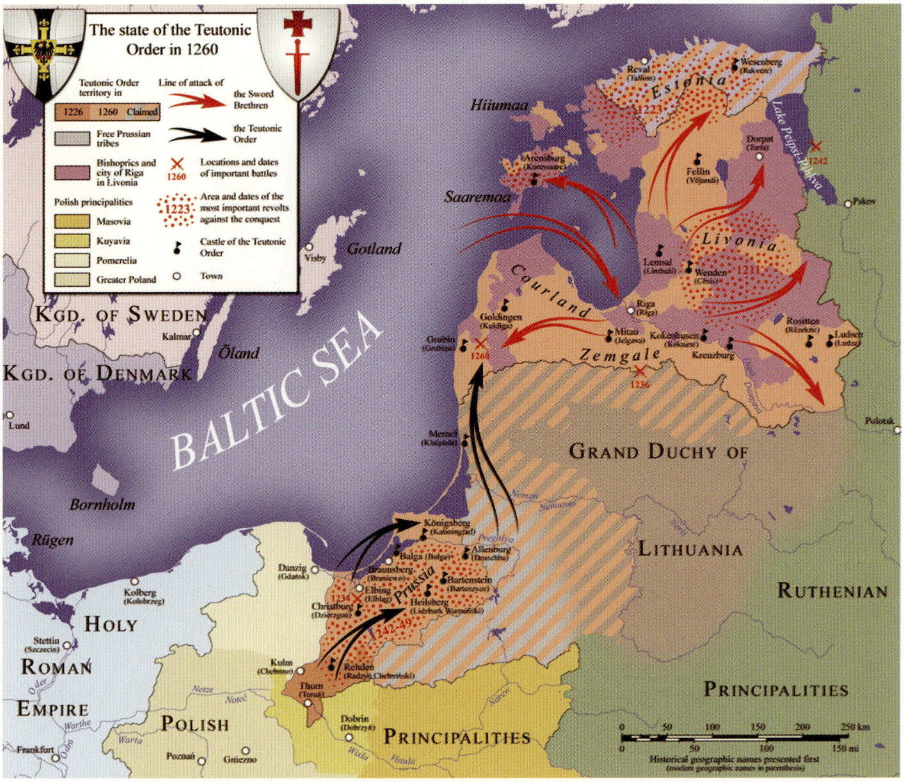

1260년경 튜턴기사단의 영토 정복

말보르크에 거대한 요새를 짓고 여기에 기사단장의 거처를 마련했습니다.

프루시에 대한 영토 정복은 50여 년간에 걸쳐 계속됐습니다. 이 기간 동안 정복된 지역에 강력한 튜턴기사단 국가가 탄생하고 이 국가는 이제 이웃 나라들 특히 분할된 폴란드에게 커다란 위협이 됐습니다. 이윽고 튜턴기사단은 폴란드의 지역 공국들에 대한 무력 원정을 시작했습니다. 튜턴기사단은 폴란드의 영토를 파괴하고 주민들을 살해하며 많은 사람을 노예로 끌고 갔습니다.

튜턴기사단의 영토 확장

제20장

유럽을 공포로 몰아넣은 지옥에서 온 군대 – 타타르족의 침입

옛날 아주 먼 옛날 중앙아시아의 광대한 초원에 몽골족이 살고 있었습니다. 몽골인은 이동식 천막에 살면서 양과 소 그리고 낙타 등을 방목하는 유목 민족이었습니다. 몽골 민족은 여러 부족들로 나뉘어져 있었고 그중 한 부족이 타타르족이었습니다. 타타르족 지배자 중의 하나인 칭기즈칸이 모든 몽골 부족을 통합한 뒤 거대한 군사력을 바탕으로 강력한 나라를 만들었

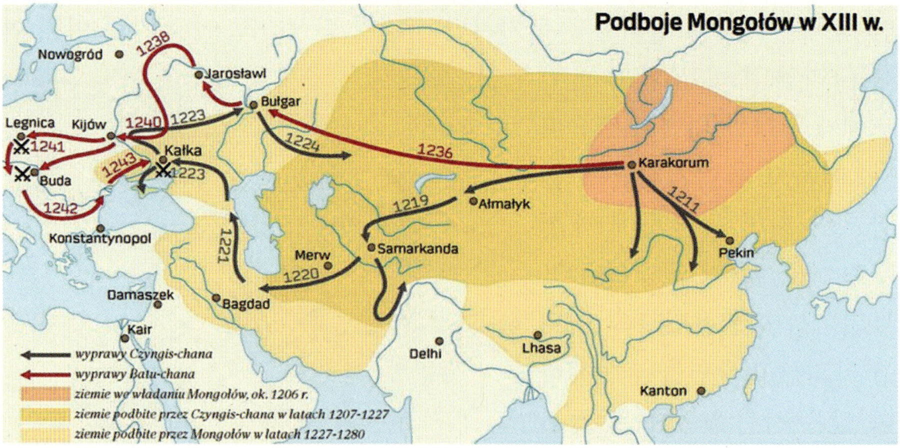

13세기 몽골의 원정

습니다. 칭기즈칸의 지휘 하에 타타르족은 아시아의 수많은 국가와 민족들을 차례차례 정복해나갔습니다. 이 와중에 몽골인은 그 누구라도 반항하는 자에게는 일말의 자비도 베풀지 않았습니다. 몽골 군대는 수많은 마을과 도시를 폐허로 만들고 반항하는 사람들은 모두 목을 베거나 아니면 노예로 삼았습니다.

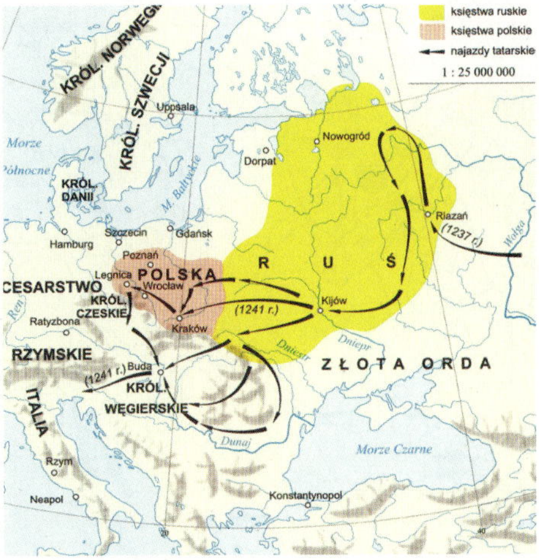

몽골의 유럽 침공

타타르 군대는 기마대로 이뤄졌습니다. 작고 튼튼한 말을 탄 타타르 병사들은 엄청난 거리를 달렸습니다. 가죽옷을 입은 타타르 병사들은 활과 휘어진 칼 그리고 올가미로 무장했습니다. 타타르 군대는 전투를 할 때 갑작스럽게 기습한 뒤 도망을 치면서 흩어졌다가 예상치 못하게 되돌아와 적을 에워싸는 전술을 구사하곤 했습니다.

타타르가 휩쓸고 간 후 슬퍼하는 폴란드인들

폴란드를 공격하는 타타르

타타르족이 유럽 동쪽에 나타났을 때는 이미 칭기즈칸이 사망한 후였습니다. 바투-한의 지휘아래 타타르족이 루스를 침략했습니다. 루스 공들이 저지하려 시도하나 타타르 군대는 커다란 전투 없이 쉽사리 루스를 정복했습니다. 타타르족은 루스 도시들을 점령하고 파괴했습니다. 수도인 키예프도 이를 피할 수는 없었습니다. 루스 공들은 바투-한 앞에 무릎을 꿇고

폴란드 연대기에 나타난 1241년의 레그니차 전투

레그니차 전투 1241년

충성을 맹세한 뒤 공물을 바쳐야만 했습니다.

1241년 봄에 타타르족이 마침내 폴란드로 쳐들어왔습니다. 침략자에 맞서기에는 분할된 폴란드의 지역 공들은 너무나 미약했습니다. 흐미엘느닉(Chmielnik)에서의 첫 번째 전투는 폴란드 기사단의 패배로 끝났습니다. 타타르족은 크라쿠프를 함락하고 불을 질렀습니다. '독실한 가톨릭 신자'라 불리는 헨릭 2세 포보즈니(Henryk II Pobożny, 1238-1241년) 공이 실롱스크에서 타타르족과 맞서 싸울 병사들을 모았습니다. 그런 후 폴란드 군대가 레그니차(Legnica)에서 타타르족의 길을 막아섰습니다. 하지만 폴란드 기사단은 또 다시 패배하고 헨릭 2세마저 전사했습니다. 그러나 타타르족 또한 이 전투에서 승리만 거둔 것은 아니었습니다. 왜냐하면 이 전투로 자신들의 힘도 상당히 소모됐기 때문입니다. 타타르족은 더 이상 서쪽으로 진군하지 않고 헝가리를 거쳐 유라시아의 동쪽 초원으로 돌아갔습니다.

그 후에도 타타르족이 여러 번에 걸쳐 폴란드를 침입하지만 첫 번째만큼 그렇게 위협적이지는 않았습니다.

레그니차 패전 _ Jan Matejko

제21장

분할된 폴란드의 재통합 시도

헨릭 4세 프라비(좌)와 레쉑 차르니(Jan Matejko, 우)

타타르족의 침입으로 황폐해지고 튜턴 기사단과 브란덴부르크로부터 위협을 받으며 폴란드는 심각한 위기에 처하게 됐습니다. 분할된 지역 공국의 공들은 서로를 적대시하고 심지어 자기들끼리 전쟁을 벌이는 경우마저 생겨났습니다. 게다가 여러 차례에 걸친 권력 투쟁에 외세를 끌어들이기까지 했습니다. 하지만 지역 공들 중에는 폴란드왕국을 다시 세우기 위해 애쓰던 사람들도 있었습니다. 이런 공들 중의 한 명이 바로 프라비(Prawy) 또는 프로부스(Probus) 즉 '정직한 사람'이라 불리는 브로츠와프의 헨릭 4세(Henryk IV, 1266-1290년) 공이었습니다. 폴란드를 재통합하는 계획을 신중하게 진전시키면서 헨릭 4세는 실롱스크 지역에 있는 대다수 공국들로부터 지지를 받았습니다. 크라쿠프를 통치하던 레쉑 차르니(Leszek Czarny, 1279-1288년) 즉 '검은 사람'이라 불리던 공이 죽자 헨릭 4세가 마오폴스카 전 지역을 장악했습니다. 이런 식으로 헨릭 4세는 폴란드의 대부분 지역을 통합했습니다. 당시 헨릭 4세는 원하기만 했더라면 교황으로부터 왕위를 받을 수도 있었습니다. 하지만 1290년에 너무 일찍 세상을 뜨는 바람에 헨릭 4세는 왕관을 머리에 써보지 못하고 죽었습니다.

프쉐미스우 2세(좌)와 바츨라프 2세(Jan Matejko, 우)

폴란드를 통합하기위해 애쓰던 또 다른 피아스트 왕족은 포즈나인 공인 프쉐미스우 2세(Przemysł II, 1290-1291, 1295-1296년)입니다. 프쉐미스우 2세는 삼촌이 죽은 뒤 칼리쉬(Kalisz) 공국을 물려받고 이렇게 하여 비엘코폴스카 전 지역을 통치하게 됐습니다. 헨릭 4세의 사후에는 크라쿠프와 마오폴스카까지 다스리게 됐습니다. 하지만 이때 체코 왕인 바츨라프 2세(Václav II)가 폴란드를 침공해 크라쿠프를 장악했습니다. 결국 프쉐미스우 2세는 크라쿠프를 포기해야만 했습니다. 그 대신 프쉐미스우 2세는 비엘

프쉐미스우 2세의 암살

프쉐미스우 2세의 암살 _ Wojciech Gerson

코폴스카 지역의 통치를 강화하고 브란덴부르크와 전투를 벌였습니다.

그다인스크 공인 므시치부이(Mściwój)가 자신의 영토를 프쉐미스우 2세에게 넘겨준다는 유언을 남겼습니다. 므시치부이의 사후 1295년에 프쉐미스우 2세가 그니에즈노에서 폴란드 왕으로 즉위했습니다. 그러나 겨우 9달밖에 통치하지 못했습니다. 왜냐하면 통일된 강력한 폴란드가 탄생할 것을 우려한 브란덴부르크 변경백들이 자객단을 보내 프쉐미스우 2세를 살해했기 때문입니다. 그래서 오늘날까지도 폴란드의 설화 속에 프쉐미스우 2세는 독일에 의해 잔인하게 살해된 비운의 주인공으로 전해집니다.

공국 분할 시대와 폴란드왕국 재생, 13–14세기

제22장

폴란드를 재통합하고 강국의 기틀을 놓은 브와디스와프 1세 워키에텍

브와디스와프 1세 워키에텍 _ Jan Matejko

웽치차(Łęczyca)와 쿠야비 지역을 다스리던 브와디스와프 1세(Władysław I Łokietek, 1306-1333년)는 폴란드의 대부분 지역을 다시 통합한 위대한 지배자입니다. 브와디스와프 1세는 작은 키로 인해 워키에텍 즉 다른 사람의 팔꿈치(폴란드어로 워키에치 łokieć)에 이르는 키를 가진 사람이란 뜻의 '팔꿈치 왕'이라 불렸습니다. 브와디스와프 1세는 폴란드를 통일하겠다는 목적을 달성하기위해 20년 이상이나 반대자들과 끊임없이 싸웠습니다.

프쉐미스우 2세의 사후에 비엘코폴스카 지역이 브와디스와프 1세의 통치 아래로 들어왔습니다. 하지만 체코 왕인 바츨라프 2세가 무력으로 비엘코폴스카 지역을 차지한 뒤 1300년에 폴란드 왕으로 등극했습니다. 이 당

브와디스와프 워키에텍의 영토 통합

시 폴란드의 거의 모든 지역은 체코 통치하에 놓였습니다. 결국 브와디스와프 1세는 다른 나라로 도망쳐야했습니다. 브와디스와프 1세는 로마로 가서 교황의 지지를 구하려 애썼습니다. 그런 다음 헝가리로 건너가 도움을 요청했습니다.

몇 년 후에 브와디스와프 1세가 헝가리 군대와 함께 폴란드로 돌아왔습니다. 체코의 통치가 매우 가혹했기 때문에 폴란드 백성들은 브와디스와프 1세 편에 섰습니다. 오랜 전쟁 끝에 마침내 브와디스와프 1세가 마오폴스카 지역을 탈환했습니다. 그런 후 얼마 뒤인 1035년에 바츨라프 2세가 사망하고 그 뒤를 이어 아들인 바츨라프 3세가 체코와 폴란드 왕위를 계승했습니다.

브와디스와프 1세는 포모줴 지역에 대한 정복에 나서 그다인스크와 다른 도시에 폴란드 군대를 주둔시켰습니다. 그러나 브와디스와프 1세가 떠나자마자 브란덴부르크가 다시 무력으로 포모줴를 정복했습니다. 그 후에

튜턴기사단과 협상하는 브와디스와프 워키에텍 _ Jan Matejko

튜턴기사단이 모략을 꾸며 이 지역을 차지하고 맙니다. 튜턴기사단은 그다인스크에 살던 폴란드 주민들을 잔혹하게 몰살했습니다.

크라쿠프에 살던 독일 사람들은 폴란드 공의 통치에 불만스러워했습니다. 그러던 와중에 결국 1311년에 독일계 주민들이 반란을 일으키나 브와디스와프 1세가 무력으로 진압한 뒤 주동자들을 응징했습니다. 마오폴스카 지역을 평정시킨 뒤에 비로소 브와디스와프 1세는 비엘코폴스카 지역으로 원정을 떠나 이 지역을 자신의 나라에 합칠 수 있었습니다.

하지만 실롱스크와 포모제 그리고 마조프쉐 지역은 여전히 폴란드의 통치밖에 남았습니다. 실롱스크 지방은 체코에 종속됐습니다. 포모제 동부 지역은 튜턴기사단이 장악하고 서부 지역은 이 지역의 공들이 통치했습니다. 마조프쉐 지역도 독자적이긴 했으나 피아스트 왕가 출신의 마조프쉐 공들은 폴란드 왕에게 호의적이었습니다.

마침내 1320년에 브와디스와프 1세가 크라쿠프에서 폴란드 왕으로 즉

1331년 프워프체 전투

위했습니다.

거의 2백년에 가까운 지역 분할 끝에 통일을 이룬 폴란드에 반대해 체코와 튜턴기사단이 동맹을 맺었습니다. 그리고는 체코와 튜턴기사단이 동시에 폴란드를 공격했습니다. 체코는 국경 지역의 폴란드 성들을 함락시키지 못한 채 진군을 멈추나 튜턴기사단은 비엘코폴스카 전 지역을 약탈하고 유린했습니다. 단지 포즈나인만이 튜턴기사단의 정복에서 벗어날 수 있었습니다. 1331년에 브와디스와프 1세가 원정에서 돌아온 후 프워프체(Płowce)에서 튜턴기사단에게 패배를 안겨줬습니다.

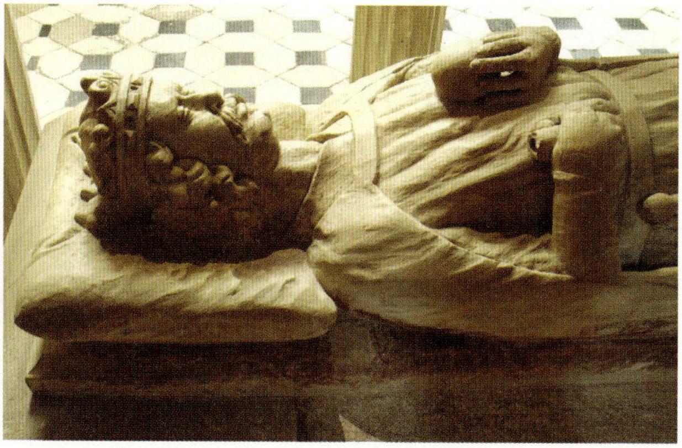

바벨왕궁의 브와디스와프 1세 워키에텍 석관

제23장

오이추프 동굴 속의 브와디스와프 워키에텍

크라쿠프 근교에 가면 비스와강으로 흘러들어가는 프롱드닉(Prądnik)강이 있습니다. 이 강이 흐르는 계곡은 매우 아름답습니다. 강 양쪽은 환상적인 형상의 석회암 바위들로 이루어져있습니다. 이런 암벽들 사이에 있는 갈라진 틈의 곳곳에 통로들이 가득하고 군데군데 동굴도 있습니다. 이런 동굴은 오이추프(Ojców) 지역에 가장 많습니다.

체코-폴란드 연합

언젠가 체코 왕인 바츨라프 2세가 브와디스와프 1세를 꺾고 폴란드 왕이 됐을 때 브와디스와프 1세가 프롱드닉 계곡에 잠시 숨어 지냈다는 이야기가 전해 내려옵니다. 당시 사람들이 모두 떠나버려 홀로 남은 브와디스와프 1세는 그 어디에도 숨을 데가 없는 외로운 신세였습니다. 게다가

오이추프 동굴 앞의 브와디스와프 1세

체코 병사들이 브와디스와프 1세를 잡기위해 폴란드 전역을 뒤지며 다니고 있었습니다.

브와디스와프 1세는 외진 길로만 도망 다니며 될 수 있는 한 사람들이 있는 곳을 피했습니다. 꼭 필요할 경우에는 체코 병사들에게 밀고하지 않을 순박한 사람들만 만났습니다. 브와디스와프 1세는 남쪽으로 발길을 돌려 친구로 지내는 헝가리 왕에게 가기로 마음먹었습니다. 어느 날 브와디스와프 1세가 프롱드닉 계곡으로 들어가게 됐습니다. 여독에 몹시 지친 브와디스와프 1세는 동굴을 발견하고 그곳에서 며칠간 숨어 지내며 휴식을 취하기로 했습니다. 브와디스와프 1세는 동굴 안으로 들어가 바닥에 외투를 벗어 펼치곤 그 위에 누워 잠들었습니다.

때는 바야흐로 따뜻하고 화창한 봄날이었습니다. 갈라진 바위틈에서 커다란 거미가 기어 나와 동굴 입구에 거미줄을 치기 시작했습니다. 그리고는 거미줄 한가운데 앉아 먹이를 기다렸습니다.

어느 순간 브와디스와프 1세는 사람들이 떠드는 시끄러운 소리 때문에 잠에서 깨어났습니다. 동굴 밖의 사람들은 체코어로 이야기하고 있었습니다. 바츨라프 2세 휘하의 체코 병사들이 동굴을 발견한 것입니다.

"어이, 여기 좀 봐. 동굴이 있네. 혹시 우리가 찾는 폴란드 사람이 저 안에 숨어있을지도 모르니 들어가 보세."

라고 체코 병사 한 명이 말했습니다.

"그럴 필요 없어. 저기 거미줄이 보이지. 만일 누군가 안으로 들어갔다면 분명 저 거미줄을 헤치고 들어가야 했을 거야."

다른 병사가 대답하고 그래서 체코 병사들은 딴 곳으로 발길을 돌렸습니다. 이렇게 하여 거미가 브와디스와프 1세의 목숨을 구하게 된 것입니다.

제24장

폴란드의 유일한 대왕 – 카지미에쉬 3세 대왕

카지미에쉬 3세 대왕 _ Jan Matejko

브와디스와프 워키에텍의 아들인 카지미에쉬 3세(Kazimierz III Wielki, 1333-1370년)는 선왕의 사후에 곧바로 크라쿠프의 바벨대성당에서 대관식을 치렀습니다. 1333년에 카지미에쉬 3세가 왕위에 오르기는 하나 약소하고 전쟁으로 황폐해진 폴란드를 물려받았을 뿐입니다. 그래서 카지미에쉬 3세는 쇠약해진 폴란드를 재건하고 번영시킬 수 있도록 나라의 안정을 공고히 다져야만 했습니다. 게다가 카지미에쉬 3세는 여전히 폴란드왕국밖에 남아있던 영토를 수복하려고 마음먹었습니다.

카지미에쉬 3세는 실롱스크 지역을 획득하는데 실패했습니다. 실롱스크 지역의 피아스트 왕가 출신 공들은 시간이 흐를수록 점점 더 체코에 종

루스 지역을 재정복하는 카지미에쉬 대왕

속돼갔습니다. 심지어 이따금 체코 왕들이 실롱스크의 전 지역을 자신의 나라에 합병하기도 했습니다. 카지미에쉬 3세는 튜턴기사단과 평화를 유지했습니다. 왜냐하면 아직은 폴란드가 튜턴기사단을 물리칠 만큼 강하지 못하다는 점을 잘 알고 있었기 때문입니다. 하지만 튜턴기사단이 폴란드 영토를 강탈하자 카지미에쉬 3세는 방관하지 않고 즉시 로마 교황청에 고소했습니다. 교황은 폴란드에 호의적인 판결을 내리고 튜턴기사단은 쿠야비와 도브쥐인(Dobrzyń) 지역을 반환해야했습니다. 하지만 포모줴 지역은 판결을 어겨가며 내놓지 않았습니다. 그래서 포모줴는 계속 튜턴기사단의 소유로 남게 됐습니다.

루스에서 할리츠(Halicz, 현재 우크라이나의 Halych) 지역을 지배하던 카지미에쉬 3세의 친척이자 마조프쉐 공인 볼레스와프 예쥐(Bolesław Jerzy)가 죽었습니다. 유서에서 볼레스와프는 할리츠공국을 카지미에쉬 3세에게 물려줬습니다. 폴란드 군대는 점진적으로 이 공국을 차지했습니다. 이때부터 이 지역은 적(赤)루스(Red Ruthenia)라 불렀습니다. 폴란드가 이 나라를 장악하는 것은 쉽지 않았습니다. 왜냐하면 헝가리와 리투아니아도 이 지역을 원했기 때문입니다.

카지미에쉬 대왕과 유대인 이주 _ Wojciech Gerson

게다가 대다수의 루스 귀족들 또한 폴란드의 지배를 원치 않았습니다. 그래서 적루스 장악은 치열한 전투 속에서 이뤄질 수밖에 없었습니다. 이 지역을 합병한 덕택에 폴란드는 훨씬 더 큰 국가가 되고 동쪽 나라들로 이어지는 무역로를 차지할 수 있었습니다. 그리고 이것은 폴란드에 부를 가져다줬습니다.

카지미에쉬 3세는 건설가로도 유명합니다. 카지미에쉬 3세에 대해 말하길 '나무로 된 목조 폴란드를 물려받아 돌로 된 석조 폴란드를 남겼다'라고 말합니다. 카지미에쉬 3세는 새로운 도시들도 많이 세웠습니다. 그 중에는 크라쿠프 근처에 있는 왕의 이름을 딴 카지미에쉬(Kazimierz)도 있습니다. 이 지역은 후에 유대인 지구로 유명해집니다. 그리고 카지미에쉬 3세는 많은 오래된 도시를 성벽으로 둘러쳤습니다.

카지미에쉬 3세는 국경 지역에 수십 개의 방어성을 쌓았습니다. 오늘날에도 여전히 이 당시에 세워진 성의 폐허를 많이 볼 수 있습니다. 카지미에쉬 3세 시대에는 아름다운 성당도 많이 세워졌습니다. 카지미에쉬 3세는 시민 복지에 중점을 두어 도시에 특권을 부여했으며 그 덕분에 도시들은 부유해질 수 있었습니다. 또한 분할 공국 시대부터 이미 폴란드 도시에 정착하기 시작한 유대인들에게도 많은 특권을 하사했습니다.

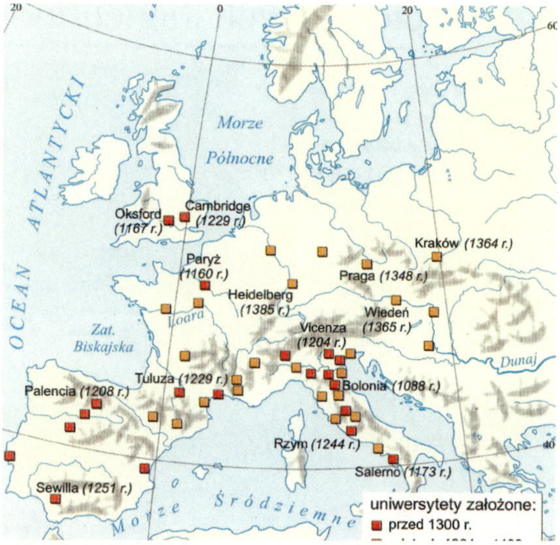

유럽의 대학교 설립

카지미에쉬 3세는 가난한 사람들의 보호자였습니다. 카지미에쉬 3세는 기사와 귀족들이 가난한 사람을 해치는 것을 용납하지 않았습니다. 카지미에쉬 3세는 직접 시골 농부들을 만나며 이들의 고충을 들어줬습니다. 그렇기 때문에 사람들이 카지미에쉬 3세를 '농부들의 왕'이라 불렀던 것입니다.

폴란드는 카지미에쉬 3세의 통치하에서 부유하고 강한 나라가 됐습니다. 하지만 카지미에쉬 3세는 이에 만족하지 않고 폴란드 사람들이 현명하고 교육받은 민족이 되는 것을 원했습니다. 그래서 1364년 크라쿠프에 폴란드 최초의 대학교(Akademia Krakowska)를 세웠습니다. 이제 폴란드 젊은이들이 학업 때문에 외국으로 나가지 않아도 됐습니다.

대학교를 바치는 카지미에쉬 대왕

카지미에쉬 3세 시대에 처음으로 폴란드 곳곳에서 사용되던

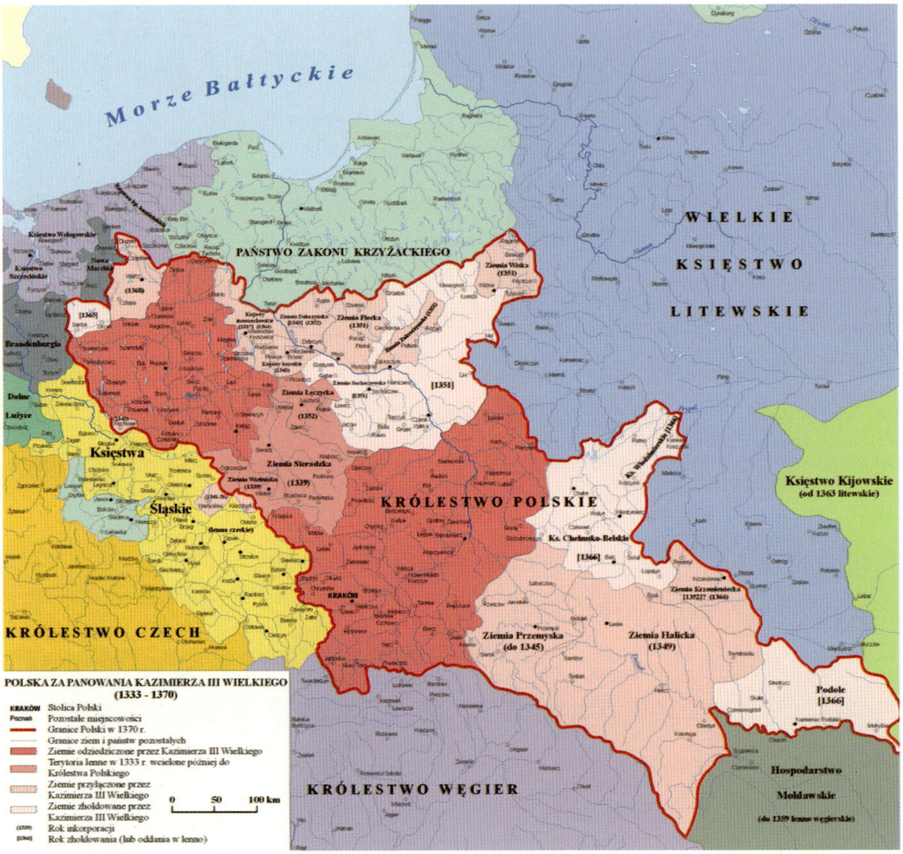

카지미에쉬 대왕 통치 시대의 폴란드

카지미에쉬 대왕 시대의 폴란드

여러 가지 법규가 하나로 모아지고 통일됐습니다. 그리고 이것을 토대로 모든 법정이 동일하게 재판하고 판결을 내릴 수 있게 됐습니다. 이 당시 폴란드에 새로운 동전인 은 그로쉬(grosz)도 유통됐습니다.

카지미에쉬 3세는 커다란 전쟁을 치르지도 않고 위대한 승리도 거두지 않았습니다. 하지만 폴란드가 강해지고 거대해지는 기초를 단단히 다졌습니다. 게다가 카지미에쉬 3세 시절에 폴란드 영토는 거의 3배 정도나 불어났습니다. 그래서 폴란드 통치자들 중에 유일하게 카지미에쉬를 '비엘키(Wielki)' 즉 '대왕'이라고 부르는 것입니다.

제25장

폴란드 시민의 힘 –
비에쥐넥 저택에서의 연회

비에쥐넥 연회

카지미에쉬 대왕의 통치 시대에 부유한 상인이자 금융업자인 미코와이 비에쥐넥(Mikołaj Wierzynek)이 크라쿠프에 살고 있었습니다. 카지미에쉬 대왕은 왕실 관리를 비에쥐넥에게 맡겼습니다. 비에쥐넥은 이 임무를 훌륭하게 완수하고 그래서 왕은 비에쥐넥을 전적으로 신뢰했습니다.

한번은 카지미에쉬 대왕이 자신과 가깝게 지내는 나라들의 군주를

비에쥐넥 연회 _ Bronisław Abramowicz

크라쿠프로 초청하기로 마음먹었습니다. 초대받은 유럽의 왕과 공들이 신하들 그리고 수많은 하인과 함께 말과 마차를 타고 올 것이 확실했습니다. 모든 손님을 지위에 맞추어 품위 있게 대접해야만 했습니다. 왕실 관리를 맡고 있던 비에쥐넥에게 이 막중한 임무가 떨어졌습니다.

1364년에 크라쿠프에서 열린 국제 회담은 대성공을 거뒀습니다. 황제와 세 명의 왕 그리고 여러 공국의 군주들이 크라쿠프에 도착했습니다. 바벨성에서 기사들의 마상 시합과 연회 그리고 파티가 연이어 벌어졌습니다.

손님 모두가 카지미에쉬 대왕이 베푸는 축하연에 만족할 때쯤 비에쥐넥이 자신의 저택으로 귀빈들을 초대했습니다. 참석한 모든 사람의 기억 속에 오랫동안 남게 될 정도로 비에쥐넥 저택에서의 연회는 대단히 훌륭했습니다. 식탁위에는 값비싼 그릇들이 놓이고 맛있는 음식과 마실 것이 넘쳐났습니다. 하인들 또한 능숙한 솜씨로 시중을 들었습니다. 외국에서 온 공과 왕들 그리고 황제 자신조차 크라쿠프의 일개 시민이 이토록 호화스럽고 극진한 접대를 하는데 놀라 쉽사리 자리를 뜨지 못했습니다. 게다가 식탁에 놓인 은 접시나 금잔을 초대받은 손님들이 가져가도된다고 집 주인이 발표하자 놀라움은 더욱 커져만 갔습니다.

Restauracja
Wierzynek
1364

크라쿠프 중앙광장 15번지 – 비에쥐넥 레스토랑

비에쥐넥 내부 모습

비에쥐넥 저택에서의 연회는 폴란드뿐만 아니라 다른 여러 나라에서 오랫동안 사람들의 입에 오르내렸습니다. 현재에도 이 비에쥐넥 저택은 폴란드 최고의 레스토랑으로 명성을 날리고 있습니다. 크라쿠프의 중앙광장 15번지에 가면 지금도 옛날 왕들처럼 우아한 식사를 즐길 수 있습니다.

제26장

농부의 손님이 된 왕

이곳은 폴란드왕국의 수도인 크라쿠프에서 멀리 떨어진 어느 시골 마을입니다. 이 한적한 마을로부터 다시 또 멀리 떨어진 숲가에 외딴 농가가 하나 있었습니다. 어둠이 내리고 바람은 매섭게 불며 비마저 내리기 시작한 어느 날이었습니다. 송진 조각으로 불을 밝힌 집안으로부터 피막으로 쳐진 작은 창문 사이로 빛이 새어나왔습니다.

고요한 한밤중에 갑자기 말발굽 소리가 들려왔습니다. 누군가 말을 타고 달려오고 있던 것입니다. 농가 근처에 이르자 말이 서서히 속도를 늦추더니 울타리 앞에 멈춰 섰습니다. 그리고는 키 큰 남자가 말에서 내려선 뒤 문을 두드렸습니다. 잠시 후에 거친 마포 옷을 걸친 농부가 문을 열고 나왔습니다. 농부는 찾아온 손님을 바라봤습니다. 비에 흠뻑 젖었으나 길고 검은 턱수염을 기른 잘생긴 얼굴에 호사스런 옷을 입은 것으로 보아 누군가 귀한 신분이라는 것을 알 수 있었습니다.

농부가 몸을 구부려 인사하자 손님이 말했습니다.

"착한 농부여, 듣거라! 네 집에서 옷을 말리고 쉬어가겠노라. 사냥을 하다가 길을 잃었는데 지금은 날이 어두워 도저히 길을 찾을 수가 없구나."

"들어오십시오. 나리. 다만 저희 집이 너무 누추한 것을 너그러이 용서해

바벨왕궁의 카지미에쉬 3세 대왕의 석관

주십시오."

라고 농부가 대답했습니다.

손님이 안으로 들어가 보니 정말로 오두막집에는 방이 하나밖에 없었습니다. 이 좁은 방에서 농부는 아내 그리고 여러 명의 아이들과 함께 옹기종기 살고 있었습니다. 농부의 아내는 침대에 누워있고 그 옆에서 갓난아기가 울고 있었습니다. 농부는 서둘러 집안에 있는 음식 중에서 가장 맛난 것을 골라 손님에게 대접했습니다. 하지만 가난한 농부가 대접할거라곤 단지 빵 한 조각과 우유 한 컵뿐이었습니다. 귀한 신분의 손님은 대충 요기를 한 뒤 농부에게 어떻게 살아가는지, 마을 관리가 너무 심하게 다스리고 있지는 않은지 물어봤습니다.

농부는 손님이 자기에게 호의를 가지고 있다는 것을 알아챘습니다. 그래서 용기를 내어 말했습니다.

"아주 특별한 날에 저희 집에 오시게 됐습니다. 나리! 오늘은 바로 제 아들이 태어난 일이기도 합니다. 나리께서는 제 아이를 처음으로 보는 분이십니다. 만약 나리께서 제 아이에게 세례를 해주신다면 저희로서는 커다란 영광으로 알고 평생 은혜를 잊지 않겠습니다."

낯선 손님은 흔쾌히 동의하고 이틀 후 정오에 다시 와서 갓난아이와 함께 성당에 갈 것을 약속했습니다. 신분 높은 귀족이 가난한 농부의 오두막집에서 하룻밤을 보냈습니다. 그리고는 이튿날 아침 일찍 일어나서 작별 인사를 하고 낯선 손님은 떠나갔습니다. 이틀 뒤에 농부가 이웃 사람들을 두루두루 초대하고 마을에 있는 성당 신부님에게는 정오에 세례를 할 수 있도록 당부해뒀습니다. 그리고는 안절부절못하며 이틀 전에 찾아왔던 손님을 애타게 기다렸습니다.

정오가 되자 갑자기 길가에 커다란 행렬이 나타났습니다. 화려하게 치장한 행렬이 멋진 말을 앞세우고 시골 마을에 등장한 것입니다. 그러더니 가난한 농부의 오두막집 앞에서 갑자기 행렬이 멈춰서고 농부가 이틀 전 밤에 맞았던 손님이 말에서 내렸습니다. 따르던 시종들이 이 손님을 폐하라고 부르는 것을 듣고 농부는 너무 놀라 기절초풍했습니다.

그렇습니다. 가난한 농부가 자신의 초라한 오두막집에 카지미에쉬 대왕을 손님으로 맞았던 것입니다. 게다가 대왕은 농부의 아들에게 세례를 내린 대부가 됐습니다.

제27장

헝가리에서 온 루드빅

루드빅 _ Jan Matejko

1370년에 카지미에쉬 대왕은 폴란드 왕위를 물려줄 아들을 남기지 못하고 세상을 떴습니다. 그러나 일찍이 대왕은 누이의 아들이자 헝가리 왕인 루드빅(Ludwik Węgierski, 1370-1382년, 헝가리어로 러요시 대제 I. Nagy Lajos)에게 폴란드 왕위를 물려주기로 약정을 맺었습니다. 반면 유서에는 양자로 들인 포모줴 공인 카직 수웁스키(Kazik Słupski)에게 왕권을 넘겨준다고 썼습니다.

폴란드 기사들 사이에

서 누구를 왕으로 뽑을 것인지를 두고 의견이 분분했습니다. 그러는 사이에 헝가리의 루드빅 왕이 크라쿠프로 달려와서는 서둘러 폴란드 왕으로 대관식을 치렀습니다. 루드빅은 자신을 달가워하지 않는 폴란드 기사들에게 많은 특혜 특히 세금을 면제시켜주면서 자기편으로 끌어들였습니다. 이때부터 폴란드에서 높은 과세를 부과하기 위해서는 기사 계층으로부터 동의를 구해야만 했습니다. 특권을 받은 후에야 비로소 기사 계층은 루드빅의 사후 딸 중 하나가 폴란드 왕으로 등극하는 것에도 동의했습니다. 루드빅 왕 또한 아들이 없었던 것입니다.

루드빅 당시 폴란드 – 헝가리 연합

루드빅 왕은 폴란드에 대해 별다른 관심을 두지 않았고 그래서 거의 폴란드를 방문하지 않았습니다. 대신에 브와디스와프 1세 워키에텍의 딸이자 루드빅 왕의 모친인 엘즈비에타(Elżbieta)가 왕의 이름으로 크라쿠프에서 섭정했습니다.

헝가리의 루드빅 왕 시대에 폴란드가 결국 실롱스크 지방을 최종적으로 상실했습니다. 왜냐하면 루드빅 왕이 이 지역을 체코에게 넘겨줬기 때문입니다. 또한 얼마 전에 카지미에쉬 대왕이 획득한 적루스에는 헝가리 총독을 파견해 통치를 맡겼습니다. 이런 식으로 폴란드로부터 적루스도 떨어져나갔습니다.

헝가리 왕인 루드빅의 폴란드 통치는 12년 동안 이어졌습니다. 이 기간에 폴란드는 카지미에쉬 대왕이 이룩한 국가 위상과 세력을 상당 부분 상실하고 말았습니다.

루드빅은 헝가리에서 대제로 불리는 몇 안 되는 뛰어난 통치자입니다.

루드빅의 통치 지역

특히나 헝가리의 대귀족과 일반 귀족을 동등하게 취급하는 법을 제정한 것으로 유명합니다. 또한 1367년에 헝가리 최초의 대학교인 페치대학교를 세우기도 했습니다. 하지만 루드빅은 폴란드에서 그리 큰 인기를 얻지 못했습니다. 그럼에도 불구하고 루드빅은 폴란드의 무역을 발전시키고 폴란드왕국이 무너지는 것을 방지한 지배자로 평가되고 있습니다.

제28장

결혼으로 시작된 폴란드와 리투아니아의 연합

리투아니아는 폴란드 북동쪽에 위치하고 있습니다. 카지미에쉬 대왕이 폴란드를 다스리고 있을 당시만 해도 리투아니아는 폴란드나 루스보다 발전이 뒤지고 토속 신앙을 고수하고 있었습니다.

리투아니아 민족은 비록 수는 적었지만 싸움을 아주 잘했습니다. 리투아니아 사람들은 자신들 공의 지휘아래 종종 이웃 나라로 약탈 원정을 했고 폴란드도 이런 나라들 중의 하나였습니다. 루스에 대한 원정은 리투아니아에게 많은 이득을 가져다줬습니다. 이 당시 수많은 공국으로 나뉘어있던 거대한 나라인 루스는 타타르의 지배하에 있었습니다. 리투아니아는 루스 대부분 지역으로부터 타타르 지배자를 몰아내고 키예프, 비텝스크

야드비가 안데가베인스카
_ Jan Matejko

브와디스와프 2세 야기에우워
_ Jan Matejko

(Vitebsk, 현재 벨로루시 지역), 스몰렌스크(Smolensk, 현재 러시아 지역) 등과 같은 많은 대도시를 정복했습니다. 그리고는 이 지역 전체를 리투아니아에 합병시켰습니다.

리투아니아는 동쪽에서는 강대한 세력이었지만 서쪽으로부터는 튜턴기사단이라는 심각한 위협에 직면하고 있었습니다. 이 기사단을 물리치기에 리투아니아 공들의 힘은 미약했습니다. 튜턴기사단은 가톨릭을 전파하기위해 리투아니아와 싸운다고 세상에 떠들어댔습니다. 이것으로 인해 서유럽의 많은 기사들이 리투아니아 원정에 참여하기 위해 튜턴기사단의 나라로 계속 왔습니다.

13-15세기 리투아니아의 영토 팽창

1260-1410년 튜턴기사단의 영토 확장

튜턴기사단은 폴란드로서도 국가의 존망을 위태롭게 하는 위협적인 존재이기는 마찬가지였습니다. 그래서 나라의 미래를 걱정하던 폴란드 귀족들 중의 일부가 튜턴기사단의 세력을 분쇄하는 동시에 폴란드에 대한 리투아니아의 침략에 종지부를 찍을 목적으로 리투아니아와 폴란드를 하나의 나라로 합치는 가능성에 대해 고려하기 시작했습니다.

루드빅 왕이 서거한 1382년에 누구를 새로운 왕으로 뽑을 것인가를 두고 폴란드 내에서 열띤 토론이 벌어졌습니다. 마조프쉐의 시에모비트

(Siemowit) 공이 많은 지지자를 얻지만 결국에 가서 헝가리 루드빅 왕의 딸 중 하나가 왕위에 오르기로 결정됐습니다. 그래서 앙주 가문 출신의 11살 난 야드비가(Jadwiga Andegaweńska, 1384-1399년)가 폴란드 왕으로 선택됐습니다. 1384년에 마침내 야드비가가 크라쿠프에 도착해 대관식을 치렀습니다.

같은 시간 크라쿠프로부터 리투아니아 수도인 빌뉴스(Vilnius, 폴란드어로 빌느노 Wilno)로 폴란드 사절단이 떠났습니다. 사절단은 빌뉴스에서 리투아니아의 대공인 야기에우워(Jagiełło)와 협정을 체결했습니다. 그 결과 리투아니아가 가톨릭을 받아들이고 야기에우워 대공이 야드비가와 혼례를 치른 후 폴란드 왕위를 계승하기로 약조가 맺어졌습니다. 이런 방식으로 폴란드가 리투아니아가 하나의 나라로 합쳐졌습니다. 이때가 1385년입니다.

이듬해에 야기에우워가 크라쿠프에 도착했습니다. 야기에우워는 바벨성의 대성당에서 세례를 받고 브와디스와프(Władysław)라는 이름을 받았습니다. 그런 후 야드비가와의 혼례식과 함께 브와디스와프 2세 야기에우워(Władysław II Jagiełło, 1386-1434년)의 대관식이 거행됐습니다.

그 다음해에 이제 폴란드 왕이 된 야기에우워가 리투아니아로 갔습니다. 야기에우워의 명령으로 리투아니아의 모든 백성들이 가톨릭 세례를 받았습니다. 야기에우워는 빌뉴스에 최초로 리투아니아 주교구를 세웠습니다.

리투아니아의 기독교 도입 _ Jan Matejko

1386–1434년 사이 폴란드-리투아니아 연합

그런 후 머지않아 폴란드 기사단이 적루스로 원정을 떠났습니다. 야드비가 왕비도 이 원정에 참여했습니다. 적루스로부터 헝가리 세력이 격퇴되고 다시 폴란드에 합병됐습니다.

야기에우워는 제관식을 치른 후 계속해서 폴란드에 머물렀습니다. 리투아니아 정권은 자신의 사촌 형제인 비톨드(Witold) 공에게 위임했습니다. 하나의 왕이 통치하는 연합으로 합쳐진 폴란드와 리투아니아는 이제 강력한 세력이 됐습니다.

야기에우워가 통치하던 시기에 기사 계층은 새로운 특권들을 얻었습니다. 이런 특권들 중에 가장 유명한 것이 '법원의 판결 없이는 그 어떤 기사도 감금할 수 없다(neminem captivabimus)'는 것입니다.

제29장

인자하고 어진 야드비가 왕비

1384년에 고국을 떠나 폴란드로 왔을 때에 야드비가는 11살에 불과한 어린 소녀였습니다. 헝가리에서 태어나 자란 야드비가에게 폴란드라는 나라는 생소하기만 했습니다. 하지만 야드비가는 새로이 모국이 된 나라를 다스리고 백성들을 보살펴야한다는 점은 잘 알고 있었습니다.

크라쿠프에 도착하고 나서 야드비가는 많은 폴란드 사람들이 자신이 리투아니아 대공과 혼례를 치르기를 바란다는 사실을 알게 됐습니다. 하지만 폴란드로 떠나오기 전 아직 헝가리에 있을 때 이미 약혼을 맺은 합스부르크의 왕자를 야드비가는 사랑하고 있었습니다. 게다가 야드비가는 리투아니아 대공이 자신

야드비가 왕비

야드비가 왕비의 맹세 _ Józef Simmer

크라쿠프대학교의 재건과 야드비가 왕비 – 상단 왼쪽부터 카지미에쉬 대왕, 야드비가 왕비, 야기에우워 왕 _ Jan Matejko

크라쿠프대학교에 특권을 하사하는 브와디스와프 야기에우워 _ Marcello Bacciarelli

보다 훨씬 나이가 많을 뿐만 아니라 가톨릭 신자도 아니라는 사실을 듣게 됐습니다. 그럼에도 불구하고 야드비가는 리투아니아 대공의 아내가 되기로 결심했습니다. 그것이 폴란드를 위해 이롭다는 사실을 잘 알고 있었기 때문입니다. 이때 야드비가는 겨우 12살에 불과한 어린 소녀였으며 야기에우워의 나이는 24살이었습니다.

왕비가 된 후에 야드비가는 남편에게 국가 통치를 맡기고 자신은 백성들을 돌봤습니다. 왕비는 가난하고 불쌍한 사람들의 보호자가 되어 곤궁에 놓인 백성들을 잘 보살폈습니다. 그리고 바로 이러한 이유로 야드비가가 폴란드 사람들의 기억 속에 인자하고 어진 왕비로 남게 된 것입니다.

한번은 야드비가 왕비가 자신이 기부하여 짓던 성당의 건축 현장을 방문하며 직접 공사 작업을 점검한 적이 있었습니다. 그러던 와중에 야드비가 왕비는 웬 석공 하나가 슬픈 표정을 짓고 있는 것을 보게 됐습니다. 궁금해진 왕비가 그 이유를 묻자 석공은 다음과 같이 사연을 털어놨습니다. 집에 두고 온 아내가 심한 병을 앓고 있는데 의원에게 데려갈 돈이 없어 목숨이 위태로운 지경에 이르렀다는 것입니다. 이제 얼마 뒤면 엄마 없이 자랄 어린 아이들 생각을 하니 걱정이 태산이라며 석공은 눈물을 흘렸습니

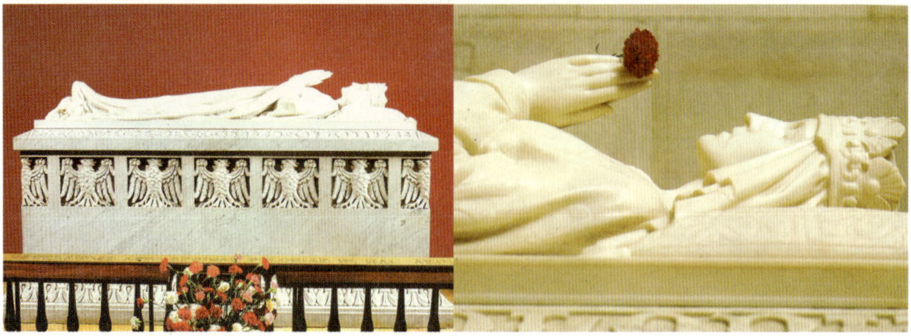

15세기 폴란드 대학교와 지식 사회 _ Jan Matejko

다. 사연을 들은 야드비가 왕비는 생각할 겨를도 없이 귀금속으로 장식된 신발 고리를 풀어 석공의 손에 쥐어줬습니다. 그리고는 어서 의원을 불러 아내의 병을 고치라고 말했습니다. 그런데 신발 고리를 풀려고 발을 올린 바위위에 석회석 반죽을 개어놓은 것을 야드비가 왕비가 미처 보지 못했습니다. 그래서 생각지도 않게 야드비가의 신발 바닥이 바위위에 새겨지게 됐습니다. 한편 왕비의 어질고 너그러운 마음씀씀이에 감동한 석공은 야드비가의 신발 바닥이 새겨진 부분을 쪼아내서는 성당의 외벽을 장식했습니다. 폴란드 크라쿠프의 중앙광장에서 멀지않은 카르멜리츠카 거리(ul.

15세기 폴란드 대학교와 지식 사회 _ Jan Matejko

Karmelicka) 19번지에 있는 성모마리아의 방문성당에 가면 지금도 이 전설을 말해주는 신발 바닥이 새겨진 돌을 볼 수 있습니다.

1399년에 야드비가 왕비가 26살의 젊은 나이로 세상을 뜨고 말았습니다. 왕비는 자신의 사후에 간직하던 보석을 모두 팔아 문을 닫은 크라쿠프대학교를 다시 재건하라는 유서를 남겼습니다. 야기에우워 왕이 왕비의 유언을 받들어 1400년에 크라쿠프대학교를 다시 열었습니다. 11명의 형제와 9명의 누이 사이에서 태어난 야기에우워는 글을 읽지도 쓸 줄도 모르는 문맹이었습니다. 그럼에도 불구하고 야기에우워 왕은 예술과 학문에 깊은 관심을 가지며 많은 지원과 후원을 아끼지 않았습니다. 그래서 크라쿠프에 있는 이 대학교가 야기에우워 왕의 이름을 따서 지금 야기에우워대학교(Uniwersytet Jagielloński)라 불리고 있는 것입니다.

제30장

튜턴기사단과의 그룬발드 대전 – 불패의 독일 기사단 드디어 폴란드에 무릎을 꿇다

폴란드와 리투아니아가 연합한 후에도 튜턴기사단은 양국에 대한 공격을 멈추지 않았습니다. 리투아니아 사람들은 단지 겉으로만 기독교를 수용했을 뿐이며 폴란드 사람들이 리투아니아 이교도와 동맹을 맺고 있다고 튜턴기사단이 세상에 떠들어댔습니다. 유럽 여러 나라들로부터 이교도와 싸우고 싶어 하는 기사들이 튜턴기사단에 입단하기위해 속속 도착했습니다.

상황이 점점 악화되더니 결국 튜턴기사단과 폴란드 양측 모두 전쟁 준비에 돌입했습니다.

1410년의 그룬발드 전투 _ Jan Matejko

외국 군대에 고용된 폴란드 기사들도 튜턴기사단의 공격으로부터 조국을 지키기 위해 돌아왔습니다. 이런 기사들 중에는 당시 유럽에서 명성을 날리던 자비샤 챠르니(Zawisza Czarny) 기사도 있었습니다. 야기에우워 왕은 군량을 모으기 위해 대대적인 사냥에 나서고 비스와강을 건널 수 있도록 이동 다리를 만들 것을 비밀리에 명령했습니다.

자비샤 차르니 – 앞 그림의 일부분

마침내 1410년 봄에 폴란드와 리투아니아가 군대를 모으기 시작했습니다. 폴란드 군대는 비스와강을 넘어 체르비인스크(Czerwińsk)에 집결했습니다. 폴란드 군대가 비스와강 건너에서 비톨드 대공이 이끄는 리투아니아 군대와 만났습니다. 폴란드 군대에는 체코 용병대가, 리투아니아 군대에는 러시아 용병과 심지어 타타르 증원 부대도 있었습니다. 지금까지 폴란드에서 한 번도 보지 못하던 거대한 군대가 모였습니다. 폴란드-리투아니아 연합군은 북쪽으로 진군해 튜턴기사단의 국경을 넘었습니다.

7월 15일에 마침내 폴란드와 리투아니아 연합군이 그룬발드(Grunwald)에서 튜턴기사단과 대치했습니다. 튜턴기사단은 잘 조련된 말과 나무랄 데 없이 무장한 정예의 기사단을 가지고 있었습니다. 그래서 튜턴기사단은 늘 그렇듯이 자신들의 승리를 확신했습니다.

폴란드 기사들의 군사력은 튜턴기사단과 대등했습니다. 하지만 리투아니아와 러시아의 군사력은 이에 미치지 못했습니다.

1410년 그룬발드 전투

폴란드 군대와 튜턴기사단이 대치한 날은 햇볕이 내리쬐는 무더운 한여름이었습니다. 튜턴기사단은 언덕에,

그룬발드 전투 _ Wojciech Kossak

폴란드와 리투아니아 군대는 숲 가장자리에 주둔하고 있었습니다. 야기에우워 왕은 전투 전에 승리를 기원하는 미사를 올리도록 명령하고 그런 후에 다시 한 번 더 미사를 드릴 것을 지시했습니다. 이러는 동안 철로 된 갑옷을 입은 튜턴기사단의 군대는 햇볕 아래에서 불같은 더위를 참아내야만 했습니다. 기다리다 지쳐 참을 수 없게 된 튜턴기사단의 단장이 전령을 보내 야기에우워에게 2개의 검을 전했습니다. 기사단 단장은 전령에게 '검을 두 개씩이나 준 것은 이제 검도 있으니 더 이상 비겁하게 싸움을 피하지 말라'고 야기에우워 왕과 비톨드 공에게 전하도록 지시했습니다. 하지만 야기에우워 왕은 침착하게 이런 모욕을 잘 참아냈습니다.

전투에 나가기 전에 기도하는 야기에우워와 비톨드

튜턴기사단이 먼저 전투지로 이동했습니다. 동시에 폴란드 군대도 오래전부터 내려오는 노래인 보구로쥐차(Bogurodzica, 성모마리아)를 부르면서 진

그룬발드 전투 _ Tadeusz Popiel & Zygmunt Rozwadowski

군했습니다. 마쉬코비체(Maszkowice) 출신의 진드람(Zyndram)이 폴란드 군대를, 비톨드 대공이 리투아니아 군대를 이끌고 전투를 지휘했습니다. 소수의 호위병들과 함께 야기에우워 왕은 말을 타고 언덕위에서 전투를 이끌었습니다.

드디어 양 군대 사이에서 접전이 벌어졌습니다. 처음에는 어느 쪽도 우세를 보이지 않으나 얼마 안 있어 리투아니아와 타타르 군대가 튜턴기사단의 공격을 견뎌내지 못하고 퇴각하기 시작했습니다. 튜턴기사단의 일부가 이들을 쫓아 추격했습니다.

곧이어 폴란드 군대도 전투 대열을 유지할 수 없을 것처럼 보였습니다. 하지만 튜턴기사단이 서서히 무너지기 시작했습니다. 리투아니아 군대를 추격하던 튜턴기사단의 부대가 돌아와 측면으로부터 폴란드 군대를 공격하면서 상황은 다시 폴란드에 불리하게 바뀌었습니다. 폴란드 군대의 전열이 흔들렸으나 그리 오래가지는 않았습니다. 튜턴기사단이 다시 후퇴하기 시작했습니다.

그러자 기사단 단장이 마지막 부대를 전투지로 내보내고 자신도 전장에 뛰어들었습니다. 하지만 이것은 폴란드 군대의 공격을 잠시 제지했을 뿐입니다. 승리의 여신은 폴란드 쪽에 미소를 지었습니다. 후퇴했던 리투아니아 군대가 예기치 않게 돌아와 전투에 참여했습니다.

튜턴기사단은 완전히 대패했습니다. 기사단 단장인 울리흐 폰 융깅겐(Ulrich

그룬발드 전투 _ Stefan Garwatowski

von Jungingen)마저 전사할 정도였습니다. 기사단 중 단지 몇 명만이 이 전투에서 살아남을 수 있었습니다. 전사하지 않은 튜턴 기사들은 폴란드의 포로로 잡혔습니다. 이후 불패의 전설을 자랑하던 기사단의 세력이 완전히 꺾이게 됐습니다. 폴란드가 거둔 놀라운 승전 소식은 전 유럽으로 퍼져나갔습니다. 독일어로 제1차 타넨베르크(Tannenberg) 전투라 불리는 이 싸움은 독일인들에게는 숨기고 싶은 창피스런 과거이기도 합니다.

그룬발드 전투

크라쿠프에 있는 그룬발드 전승기념비

전투가 끝난 뒤 야기에우워 왕이 군대를 이끌고 말보르크로 진군해 기사단의 수도를 포위하기 시작했습니다. 그러나 이 공격은 지속적이지 못했습니다. 리투아니아 군대가 먼저 포위를 풀며 떠나고 그 후 폴란드 기사들도 집으로 돌아가기 시작했습니다. 결국 야기에우워 왕도 크라쿠프로 돌아와야만 했습니다.

폴란드는 이 커다란 승리를 이용하지 못하고 기사단에게 빼앗긴 영토도 되찾지 못했습니다. 포모줴 지역을 되찾기까지는 다시 반세기를 기다려야만 했습니다.

제31장

나이팅게일이 우는 소리를 야기에우워 왕이 들었을 때

노년의 야기에우워 초상화

이미 노년에 이른 야기에우워 왕이 루스로 떠나는 길에 현재 우크라이나의 도시인 르비우(Lviv, 폴란드어로 르부프 Lwów)에서 멀지 않은 그루덱(Gródek, 현재 우크라이나의 Horodok) 성에 머문 적이 있었습니다. 성은 작고 조용했으며 숲과 물고기들이 가득한 연못으로 둘러싸였습니다. 근처에는 베레쉬차(Wereszyca)강이 흐르고 있었습니다. 왕은 그루덱 성에서 시간 보내는 것을 좋아했습니다. 왜냐하면 숲으로 뒤덮인 이곳에서는 야기에우워 왕이 그토록 좋아하는 사냥을 마음대로 할 수 있고 게다가 73살의 나이에 필요한 안락함을 느낄 수 있기 때문입니다. 늙은 왕이 잠들지 못하던 어느 날 밤 창문 너머로 나이팅게일이 우는 소리가 들려왔습니다. 왕은 침대에서 일어나 외투를 걸치고 침실 밖으로 나갔습니다. 그리고는 정원에 있는 의자에 앉아 나이팅게일이 우는 소리에 귀를 기울였습니다. 나이팅게일이 우는 소리에 맞춰 두 번째 나이팅게일이, 세 번째 나이팅게일이, 계속해서 다른 나이팅게일이 따라 울기 시작했습니다.

미국 뉴욕 센트럴파크에 세워진 야기에우워 동상

늙은 왕은 나이팅게일이 우는 소리를 들으며 추억 속으로 빠져 들어갔습니다. 리투아니아에서 보낸 어린 시절, 사냥 나갔던 일들, 튜턴기사단과의 전투 등을 떠올렸습니다. 그 후 크라쿠프에서 정말 아름다웠던 소녀인 야드비가와 치른 성대한 혼례식도 생각났습니다. 얼마나 세월이 흘렀는지 세어봤습니다. 사랑하는 야드비가 왕비가 죽은지도 벌써 40여년이 지났습니다. 그리고는 계속되던 출정과 전투 등이 왕의 머릿속을 스쳐 지나갔습니다.

늙은 왕은 이미 자정이 지난 것도 알지 못했습니다. 하인들이 와서 추위에 얼어붙은 늙은 왕을 부축해 침실로 모셨습니다. 다음날 아침에 야기에

바벨왕궁의 브와디스와프 2세 야기에우워의 석관

우워 왕이 침대에서 일어나지 못했습니다. 감기에 걸려 고열이 몹시 심했던 것입니다. 의사들이 달려왔지만 손을 쓰기에는 이미 너무 늦었습니다. 야기에우워 왕이 세상을 뜨고 말았습니다. 이때가 1434년이었습니다.

세월이 흘러 그루덱은 이제 야기에우워의 그루덱(Gródek Jagielloński)이라고 불리고 있습니다.

제32장

바르나강에서 죽은 브와디스와프 3세 바르네인칙

브와디스와프 3세 바르네인칙 _ Jan Matejko

브와디스와프 2세 야기에우워 왕은 슬하에 두 아들을 두었습니다. 이 두 왕자는 10살짜리 브와디스와프 3세(Władysław III Warneńczyk, 1434-1444년)와 7살짜리 카지미에쉬(Kazimierz)였습니다. 야기에우워의 네 번째 부인인 조피아(Zofia) 왕비가 두 아들의 어머니였습니다. 1434년에 야기에우워가 서거한 후에 큰 아들인 브와디스와프 3세가 새로운 왕으로 등극했습니다. 하지만 나이가 너무 어려 폴란드 귀족들이 왕의 이름으로 대신 통치했습니다. 브와디스와프 3세가 16살이 되던 해인 1440년에 헝가리 사람들이 브와디스와프 3세를 자신들의 왕으로 선출했습니다. 어린 왕은 헝가리로 떠나 대관식을 치른 후에 계속 이곳에 머물렀습니다.

당시 신흥 세력으로 등장한 터키가 유럽 남동부에서 헝가리를 위협했습니다. 터키 사람들은 이슬람교도이고 따라서 기독교인들과 전쟁을 치르는 것을 종교 의무로 당연시했습니다. 터키는 세르비아와 불가리아를 정복하고 마침내 헝가리와 충돌하게 됐습니다.

헝가리가 낳은 위대한 장군인 후녀디 야노시(Hunyadi János)가 터키와의 전쟁에서 승리를 거뒀습니다. 그런 후 터키 술탄이 헝가리와 평화 협정을 맺었습니다.

브와디스와프 바르네인칙 시절 폴란드-헝가리 연합

불가리아 바르나 강변에 세워진 브와디스와프 바르네인칙 무덤

하지만 터키와 새로운 전쟁을 벌이자고 주변에서 젊은 브와디스와프 3세를 부추겼습니다. 그리하여 브와디스와프 3세가 헝가리-폴란드 연합 기사단의 선두에 서서 터키와의 전쟁에 나서게 됐습니다. 전쟁 초기에 브와디스와프 3세는 승리를 거두며 터키 내부 깊숙한 곳으로 진격해 마침내 흑해에까지 이르게 됐습니다. 헝가리와 폴란드 기사단은 흑해 연안의 바르나(Warna)강에서 터키의 주력 군대와 맞서게 됐습니다. 격렬한 혈전이 벌어지나 결국 기독교 군대가 패배하고 말았습니다. 겨우 20살의 젊은 나이로 결혼도 하지 않은 브와디

1444년의 바르나 전투 _ Stanisław Chlebowski

바벨왕궁의 브와디스와프 3세 바르네인칙 석관

스와프 3세도 전사하고 맙니다. 그래서 이때부터 브와디스와프 3세가 '바르나에서 숨진 사람'이라는 뜻인 바르네인칙(Warneńczyk)이라고 불립니다. 이때가 1444년이었습니다.

전투가 끝난 후에 브와디스와프 3세의 유해는 발견되지 않았습니다. 그래서 크라쿠프의 바벨왕궁에 있는 브와디스와프 3세의 석관은 텅 비어있습니다. 때문에 브와디스와프 3세는 폴란드 통치자들 중에서 유일하게 시신이 없는 왕으로 남아있습니다. 전하는바에 따르면 전투 중에 말에서 떨어진 브와디스와프 3세는 터키 병사에 의해 머리가 잘려지고 맙니다. 그리고는 이스탄불에 있는 술탄에게 브와디스와프 3세의 잘려진 머리가 전리품으로 보내졌다고 합니다. 터키 술탄은 브와디스와프 3세의 머리를 꿀에 담가 보관합니다. 그리고는 찾아오는 손님들에게 보여주며 오랫동안 자랑했다고 합니다. 한편 브와디스와프 3세의 한쪽 다리가 발가락이 여섯 개인 관계로 찾기가 무척 쉬웠을 텐데도 어쩐 일인지 왕의 시신을 찾을 수가 없었습니다. 이런 연유로 유럽 여기저기에서 이미 죽은 폴란드 왕을 보았다는 소문이 생겨나고 심지어 자신이 브와디스와프 3세라고 자처하는 사기꾼마저 나타나곤 했습니다. 한번은 베니스에서 이스탄불로 사신을 보내

술탄이 보관중인 브와디스와프 3세의 머리를 보여 달라고 한 적이 있습니다. 사신에 따르면 이때 본 왕의 머리카락이 금발의 곱슬머리라고 전하는데 실상에 있어 브와디스와프 3세의 머리카락은 까만색이었습니다. 그래서 바르나 전투에서 브와디스와프 3세가 기적적으로 목숨을 건져 어디엔가 살아있다는 이야기가 한동안 널리 퍼지기도 했습니다. 이런 이유로 브와디스와프 3세의 동생이 왕위에 오르기까지는 3년을 기다려야했습니다.

금문에서의 성 요아킴과 성 안나의 만남 – 뒤 배경의 브와디스와프 3세

한편 포르투갈에는 브와디스와프 3세의 죽음에 대해 다음과 같은 전설이 전해 내려오고 있습니다. 바르나 전투에서 살아남은 브와디스와프 3세가 비밀의 성지를 찾아 오랫동안 여행을 떠납니다. 마침내 브와디스와프 3세는 알렉산드리아의 카타리나 기사가 되어 마데이라 섬에 정착합니다. 이렇게 해서 포르투갈의 항해왕자 엔리케(또는 알폰소 5세)가 하사한 섬에서 브와디스와프3세는 여생을 보내게 됩니다. 브와디스와프 3세는 '독일인 하인리히'라는 뜻의 '알레망의 엔리케(Henrique Alemão)'라는 이름으로 결혼도 하고 아들도 낳습니다. 그런 후 브와디스와프 3세는 40대의 나이로 바다에서 사망하고 만다는 전설입니다. 한편 브와디스와프 3세가 마데이라 섬에 성당을 세웠다는 이야기도 전해집니다. 1471년에 세워진 실존하는 이 성당에는 16세기 초에 제작된 그림 하나가 있습니다. 금문에서 성 요아킴과 성 안나가 만나는 장면을 묘사한 이 그림의 뒤 배경에 브와디스와프 3세가 등장하고 있습니다.

제33장

튜턴기사단을 제압하고 폴란드의 위상을 떨친 카지미에쉬 4세 야기엘로인칙

카지미에쉬 4세 야기엘로인칙 _ Jan Matejko

브와디스와프 3세가 바르나강에서 후사가 없이 죽은 후 폴란드에는 왕이 없었습니다. 3년을 기다린 끝에 마침내 1447년에 폴란드 귀족들은 서거한 브와디스와프 3세의 동생인 카지미에쉬 4세(Kazimierz IV Jagiellończyk, 1447-1492년)를 새로운 지배자로 추대했습니다. 이와 함께 폴란드 귀족들은 카지미에쉬 4세가 기꺼이 왕위를 물려받을 것이고 새로운 왕이 자신들에게 또다시 많은 특혜를 주리라 기대했습니다. 한편 1440년에 불과 13살의 어린 나이로 리투아니아의 대공에 오른 카지미에쉬 4세는 폴란드 귀족들의 이와 같은 기대에 응할 마음이 없었습니다. 결국 3년간에 걸친 협상 끝에 카지미에쉬 4세는 폴란드와 리투아니아가 두 개의 동등한 국가체이며 따라서 향후 양국 귀족들의 권리가 동등해질 것과 리투아니아 영토의 불가침성을 인정할 것 등과 같은 자신의 요구를 관철시키고야맙니다. 그런 후 1447년에 카지미에쉬 4세가 크라쿠프의 바벨왕궁에서 제관식을 치렀습니다.

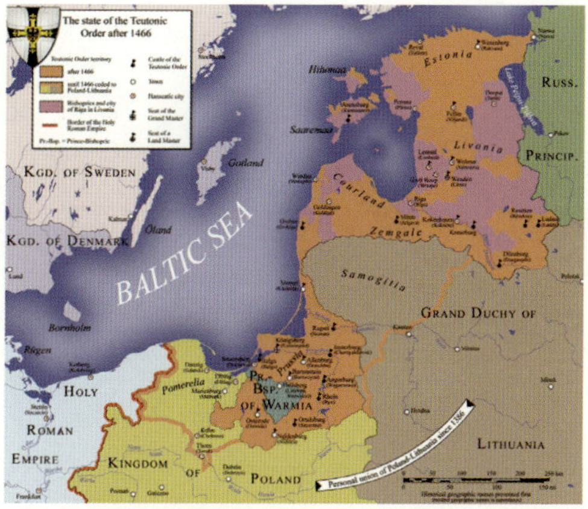

1466년의 튜턴기사단 국가

카지미에쉬 4세의 통치 시대에 폴란드와 튜턴기사단 사이에 새로운 마찰이 생겨났습니다. 튜턴기사단 지배하의 백성들은 시간이 흐를수록 기사단의 가혹한 통치와 압박에 불만스러워했습니다. 튜턴기사단 국가의 주민들은 관대한 통치하에서 자유스럽게 사는 폴란드 백성들을 부러운 시선으로 바라봤습니다. 그래서 1454년에 튜턴기사단의 주민들이 카지미에

13년전쟁 당시 폴란드 기사들

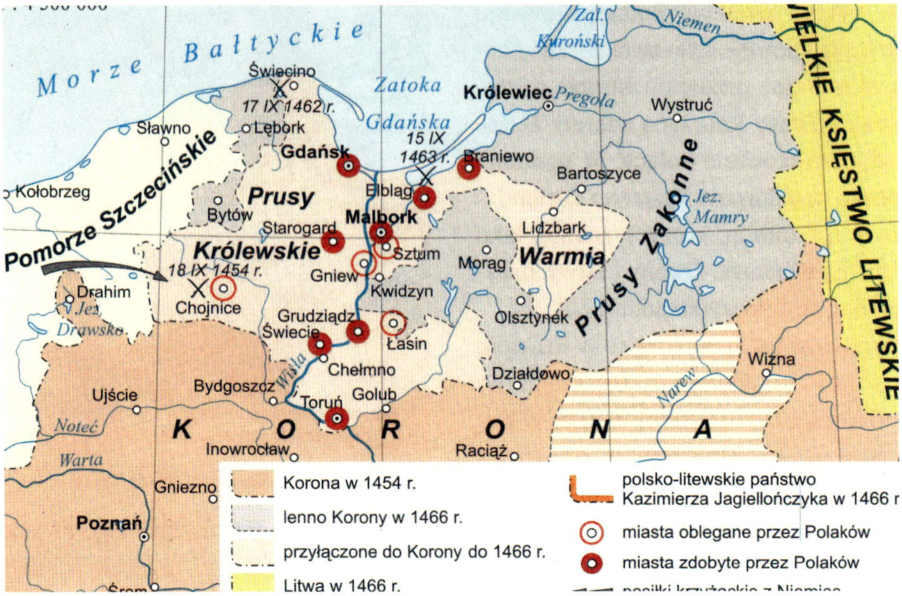

13년전쟁

쉬 4세에게 자신들을 폴란드 백성으로 삼아줄 것을 요청했습니다. 이와 동시에 튜턴기사단 내에서 기사단의 통치에 반대하는 봉기가 일어났습니다. 그러자 폴란드가 튜턴기사단에게 전쟁을 선포했습니다.

전쟁 초기에 카지미에쉬 4세는 전투에 나설 수 있는 모든 기사를 소집하는 총동원령을 내렸습니다. 하지만 전쟁에 나가기 전에 폴란드 기사들이 왕에게 새로운 특권을 요구했습니다. 즉 앞으로 왕이 총동원령을 내리고 새로운 법을 제정하는 경우 폴란드 기사들의 집회인 의회로부터 반드시 동의를 얻어야만 했습니다.

이후 벌어진 전쟁은 13년에 걸쳐 매우 치열하고도 오랫동안 치러졌습니

말보르크를 정복한 뒤 개선 행진하는 카지미에쉬 야기엘로인칙 _ Łukarz Evert

다. 그래서 이 전쟁은 13년전쟁(1454-1466년)이라고 불립니다. 전쟁 기간에 포모줴 지역의 대도시인 그다인스크, 토루인(Toruń), 엘브롱그(Elbrąg) 등이 폴란드 왕 편에 섰습니다. 기나긴 전쟁에서 튜턴기사단이 결국 패배하고 말았습니다. 전쟁의 결과로 그다인스크와 함께 포모줴 지역을 그리고 언젠가 마조프쉐 공 콘라드가 튜턴기사단에게 정착하도록 허락한 헤움느노 지역을 폴란드가 장장 150년 만에 되찾았습니다. 심지어 튜턴기사단은 수도인 말보르크마저 폴란드에 돌려줘야했습니다. 이때부터 크룰레비에츠(Królewiec, 한때 독일의 쾨니히베르크 Koenigsberg, 현재는 러시아령 칼리닌그라드 Kaliningrad)가 튜턴기사단의 새로운 수도가 됐으며 기사단장은 폴란드 왕에게 충성과 복종을 맹세할 수밖에 없었습니다.

1466년의 폴란드-리투아니아연합국

이제 폴란드가 바다로의 출구를 얻게 됐습니다. 그리하여 유럽 다른 나라들과 무역이 활발해지며 폴란드가 부유해졌습니다.

카지미에쉬 야기엘로인칙 시기 폴란드

15세기 야기에우워 가문이 통치하던 지역

바벨왕궁의 카지미에쉬 4세 야기엘로인칙 석관

튜턴기사단을 제압하면서 유럽에서 폴란드의 국가 위상이 매우 높아졌습니다. 1471년에 체코에서 이르지(Jiří z Poděbrad) 왕이 죽자 체코 사람들이 카지미에쉬 4세의 장남인 브와디스와프(Władysław)를 왕으로 선출했습니다. 또한 헝가리에서 마차시 1세(I. Mátyás) 왕이 서거하자 헝가리 사람들도 브와디스와프 왕자를 자신들의 왕으로 추대했습니다. 폴란드의 야기에우워 왕조가 세 나라를 통치하게 되며 유럽에서 강력한 세력이 됐습니다.

카지미에쉬 4세가 통치하던 시대에 터키는 폴란드에도 위협이 됐습니다. 당시 터키는 비잔틴제국의 수도인 콘스탄티노플을 정복하고 폴란드로 약탈 원정을 오던 타타르족마저 제압했습니다. 폴란드와 흑해 사이에 있던 몰도바공국도 터키의 정복으로부터 위협을 느끼고 폴란드 왕에게 보호를 요청하며 충성을 맹세했습니다.

제34장

네 명의 왕들을 가르친 위대한 스승 – 얀 드우고쉬

합스부르크 황실 가문의 엘즈비에타(Elżbieta Habsburżanka)가 카지미에쉬 4세의 왕비였습니다. 훗날 엘즈비에타는 '왕들의 어머니'라 불리게 되는데 이는 왕비가 낳은 아들 중에서 무려 4명의 왕들이 나왔기 때문입니다. 게다가 엘즈비에타의 딸들도 당시 유럽의 여러 왕가나 궁정으로 시집을 갔습니다. 카지미에쉬 4세 왕과 엘즈비에타 왕비는 슬하에 아들 여섯과 딸 일곱을 두었습니다. 왕자들이 자라나서 나라를 잘 통치하도록 왕과 왕비는 자식들에게 최고 수준의 교육을 시키기로 했습니다. 그래서 가톨릭 신부이자 학자이던 얀 드우고쉬(Jan Długosz)를 왕자들의 스승으로 선택했습니다. 그리고 오스트리아 황실 출신의 엘즈비에타 자신도 아이들의 교육을 위해 폴란드어를 배웠습니다. 남편인 카지미에쉬

왕들의 어머니 – 엘즈비에타 왕비

집필 중인 얀 드우고쉬

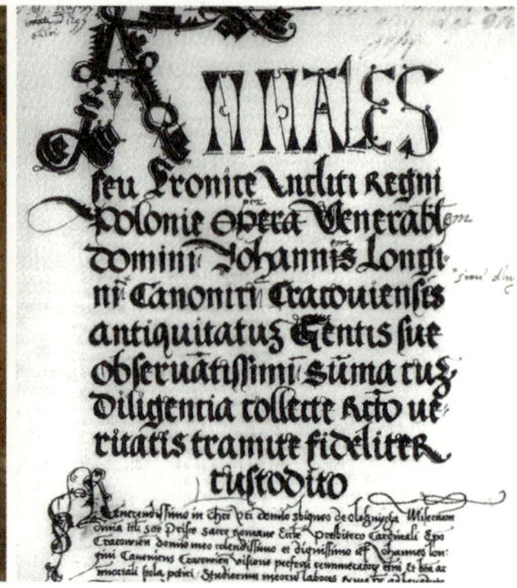

ANNALES
seu Cronice Incliti Regni
Polonie opera Venerabl
domini Johannis Longi
ni Canonici Cracouiensis
antiquitatus Gentis sue
obseruatissimi sūma cuz
Diligentia collecte Acto ue
ritatis tramite fideliter
custodito

드우고쉬 연대기

4세와 왕자들하고 말할 때 엘즈비에타 왕비는 오직 폴란드어만을 사용했습니다.

폴란드에서 드우고쉬는 역사가로 널리 알려져 있습니다. 드우고쉬는 오래된 문서를 연구하고 고대부터 당시까지의 폴란드와 다른 나라에 관한 연대기를 두루 읽었습니다. 이런 지식을 바탕으로 드우고쉬는 아주 오래 전부터 시작하는 폴란드 역사에 관한 광대한 연대기를 저술했습니다. 전부 12권으로 구성된 이 연대기는 당시 지식인들의 공용어이던 라틴어로 쓰였습니다.

드우고쉬는 왕자들을 엄격하게 가르쳤습니다. 드우고쉬는 왕자들에게 검소한 옷을 입히고 딱딱한 침대에서 재우며 아침 일찍 깨워 힘든 일을 많이 시켰습니다. 드우고쉬는 당시 유럽의 정치와 외교, 학문과 예술 그리고 사교계에서 사용하던 라틴어로 왕자들을 가르쳤습니다. 드우고쉬는 왕자들과 함께 책을 읽으며 유명한 작가들의 작품을 설명하곤 했습니다. 드우고쉬는 무엇보다 조국애와 언행일치 그리

카지미에쉬 왕자와 얀 드우고쉬

드우고쉬가 살던 집 – 크라쿠프 카노니차 거리 25번지(ul. Kanonicza 25)

고 좋은 습관들을 가르쳤습니다.

드우고쉬는 자신의 제자들을 아주 자랑스러워했습니다. 왜냐하면 장남인 브와디스와프는 체코와 헝가리의 왕이 되고 그다음 세 왕자들인 얀 올브라흐트(Jan Olbracht)와 알렉산데르(Aleksander) 그리고 지그문트(Zygmunt)도 차례대로 폴란드를 통치했기 때문입니다. 여섯 번째 아들이자 막내 왕자인 프리데릭(Fryderyk)은 그니에즈노 대주교가 되고 후에 추기경직에도 올랐습니다. 둘째 왕자인 카지미에쉬(Kazimierz)만이 어린 나이에 세상을 떴습니다. 하지만 카지미에쉬는 흔치 않은 경건한 신앙심과 고귀한 성품으로 인해 가톨릭 성인이 되고 청소년들의 수호신이 됐습니다. 그래서 리투아니아 사람들이 카지미에쉬를 국가 수호신으로 삼은 것입니다.

제35장

얀 1세 올브라흐트 그리고 참패로 끝난 몰도바 원정

얀 1세 올브라흐트 _ Jan Matejko

1492년에 카지미에쉬 4세가 서거한 후에 셋째 아들인 얀 1세 올브라흐트(Jan I Olbracht, 1492-1501년)가 왕위에 올랐습니다. 올브라흐트의 통치 기간은 9년밖에 되지 않지만 이 시기에 폴란드에 중요한 사건이 일어났습니다.

이 당시 터키의 세력이 점점 더 커져서 헝가리뿐만 아니라 폴란드 등 유럽 여러 나라들에게도 매우 위험한 존재가 됐습니다. 올브라흐트 왕은 혹시라도 모를 터키의 침공에 대비해 수도인 크라쿠프를 지켜낼 방어 요새를 지으라고 명령했습니다. 바르바칸(Barbakan)이라 불리는 이 요새는 지금도 크라쿠프 구시가지로 들어가는 남부 입구에서 그 독특한 모습을 자랑하고 있습니다. 올브라흐트 왕은 터키에 대항하는 대대적인 군사 원정을 단행해 흑해까지 나아가 항구를 장악하기로 마음먹었습니다. 1497년에 이러한 목적으로 몰도바 공국의 대공인 슈테판 첼 마레(Ștefan cel Mare)와 동맹을 맺었습니다. 그런 후에 폴란드 군대가 몰도바 나라를 거쳐 행군하기로 정해졌습니다. 그러나 폴란드 병사들이 몰도바에 도착했을 때 슈테판이 배신하고 터키 편으로 돌아섰습니다. 폴란드 군대가 몰도바공국의 수도인 수체아바(Suceava) 성을 포위하지만 함락시키지는 못했습니다. 결국에 가서 어쩔 수 없던 올브라흐트 왕은 후퇴를 명령했습니다. 폴란드 군대가 돌아가는 길에 몰도바 사람들이 숲속에 만들어놓은 함정에 빠지고 말았습니다. 이로 인해 폴란드 군대는 엄청난 피해를 입었습니다. '올브라흐트 왕 때 폴란드 귀족들의 씨가 말랐다'라는 속담

1497년의 수체아바 전투

바벨왕궁의 얀 1세 올브라흐트 석관

이 생겨날 정도로 이때 입은 피해는 매우 컸습니다. 이렇게 되자 올브라흐트 왕은 터키에 맞서 싸우는 것을 단념할 수밖에 없었습니다.

결혼도 하지 않은 얀 1세 올브라흐트가 1501년에 향년 42살의 나이로 생을 마감했습니다. 같은 해에 올브라흐트의 동생인 알렉산데르가 형의 뒤를 이어 왕위에 올랐습니다.

제36장

리투아니아에 남은 알렉산데르 야기엘로인칙

알렉산데르 야기엘로인칙 _ Jan Matejko

알렉산데르(Aleksander Jagiellończyk, 1501-1506년)는 폴란드 왕위에 오르기 전인 1492년부터 이미 리투아니아를 통치했습니다. 이 기간 동안에 타타르족에 종속된 많은 루스 공국 중의 하나인 모스크바대공국과 리투아니아 사이에 전쟁이 벌어졌습니다.

당시 폭군이라 불리던 이반 3세가 모스크바 대공으로 통치하고 있었습니다. 이반 3세는 타타르족으로부터 독립한 뒤에 다른 여러 루스 공국들을 자신의 나라에 병합시켜나갔습니다. 이 덕분에 이반 3세는 거대한 국가의 지배자가 될 수 있었습니다. 게다가 이반 3세는 리투아니아에 속해있던 루스 지역도 장악하길 원했습니다. 이러한 이유로 리투아니아와 모스크바 사이에 전쟁이 일어나게 된 것입니다.

16세기 초 폴란드_리투아니아

알렉산데르 왕과 상원

1506년부터 3년간 계속된 전쟁에서 리투아니아 군대가 패배하고 말았습니다. 이제 폴란드의 도움 없이 리투아니아 혼자서는 모스크바에 저항할 수 없다는 것이 밝혀졌습니다. 그래서 1501년에 폴란드 왕에 오르고 난 후에 알렉산데르는 폴란드와 리투아니아가 지금보다 좀 더 긴밀한 연합으로 뭉치도록 애썼습니다.

하지만 알렉산데르의 통치는 매우 짧았습니다. 겨우 5년만의 지배 끝에 알렉산데르 왕이 서거하고 말았습니다. 폴란드 왕으로는 유일하게 모스크바 공주를 왕비로 맞았지만 알렉산데르가 자식도 없이 45살의 나이로 생을 마감한 것입니다. 왕이 남긴 유언에도 불구하고 알렉산데르의 유해는 빌뉴스를 떠나지 않았습니다. 그래서 폴란드 왕으로서는 유일하게 리투아니아에 머문 통치자가 됐습니다.

리투아니아 빌뉴스 대성당의 알렉산데르 야기엘로인칙 석관

제37장

폴란드 역사의 최전성기인 16세기 황금기

야기에우워 왕조의 마지막 두 왕인 지그문트 스타리와 지그문트 아우구스트가 다스리던 시대를 폴란드의 황금기라고 부릅니다. 이 시기에 폴란드의 세력은 실로 막강했으며 내정은 매우 평화로웠습니다. 이 시기 폴란드는 경제가 발전하며 눈부신 번영을 구가했습니다. 또한 학문과 예술 그리고 문화도 대대적으로 발전했습니다. 당시 폴란드는 유럽에서 영토 면으로는 러시아 다음으로 가장 컸으며 세력 면으로도 가장 강성한 국가 중의 하나였습니다. 유럽에서 폴란드를 위협할 수 있는 세력은 그리 많지 않았습니다.

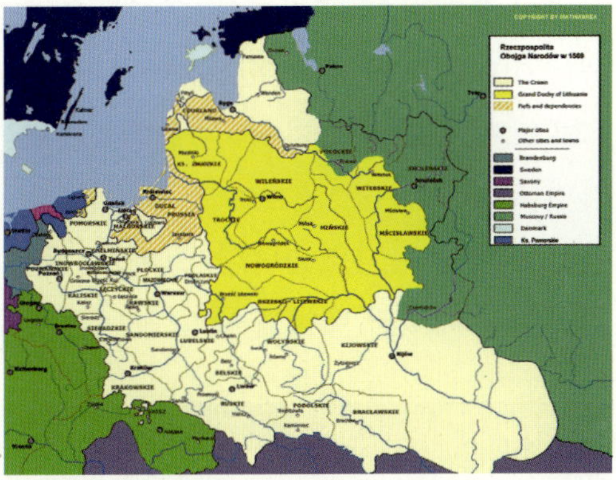

1569년의 폴란드_리투아니아공화국

발트해로 나가는 출구를 가진 폴란드는 서유럽 전체와 무역 거래를 했습니다. 광대한 대농장에서 경작된 밀과 다른 농작물이 비스와강을 통해 그

번성하는 그다인스크 _ Jan Kreig

다인스크로 운송되어져 이곳으로부터 다시 서유럽으로 수출됐습니다. 활발한 무역으로 폴란드 도시들이 부유해지고 수공업도 번창했습니다.

이 당시 크라쿠프대학교는 세계적으로 유명했습니다. 폴란드뿐만 아니라 다른 나라로부터 많은 학생들이 크라쿠프대학교로 공부하러왔습니다. 학구열에 불타는 폴란드 젊은이들은 또한 자주 외국으로 특히 당시 유명했던 이탈리아의 대학으로 유학을 떠나곤 했습니다.

이 당시 유명한 학자들이 대거 폴란드에서 활약했습니다. 위대한 천문학자인 코페르니쿠스(폴란드어로 미코와이 코페르닉 Mikołaj Kopernik)는 이들 중에 가장 뛰어난 학자였습니다. 코페르니쿠스는 당시까지 알려져 있던 것과는 정반대로 지구가 태양 주위를 돈다는 사실을 증명했습니다.

비스와강을 통한 운송

폴란드의 곡물과 목재 수출

코페르니쿠스, 신과의 대화 _ Jan Matejko

폴란드 성당의 코페르니쿠스 관

코페르니쿠스

코페르니쿠스가 사용한 기구

차르노라스의 코하노프스키와 자모이스키 재상 _ Karol Miller

미코와이 레이

얀 코하노프스키

훗날 코페르니쿠스에 대해 다음과 같이 말하고 있습니다. '태양을 휘어잡고 지구를 움직였다 - 폴란드 민족이 그를 낳았다.'

이 당시 폴란드에 궁전과 성 그리고 성당과 돌로 지은 시민 저택 등 아주 많은 건축물들이 세워졌습니다. 예술가들은 조각과 그림으로 이런 건축물을 화려하게 장식했습니다.

유명한 작가들도 폴란드에서 대대적인 활동을 펼쳤습니다. 이들 중에 가장 뛰어난 미코와이 레이(Mikołaj Rej)와 얀 코하노프스키(Jan Kochanowski)는 이제 라틴어가 아닌 폴란드어로 글을 썼습니다.

얀 코하노프스키(가운데), 미코와이 레이(오른쪽)

훗날 많은 시인들이 대단히 아름답고 예술적으로 뛰어난 얀 코하노프스키의 시를 흉내 냈습니다. 코하노프스키는 종종 '폴란드 시인들의 왕자'로 불립니다. 코하노프스키는 크라쿠프대학교에서 공부를 마친 뒤 이탈리아의 파도바로 유학을 떠났습니다. 그런 후 프랑스에도 머물렀습니다. 코하노프스키는 이탈리아어

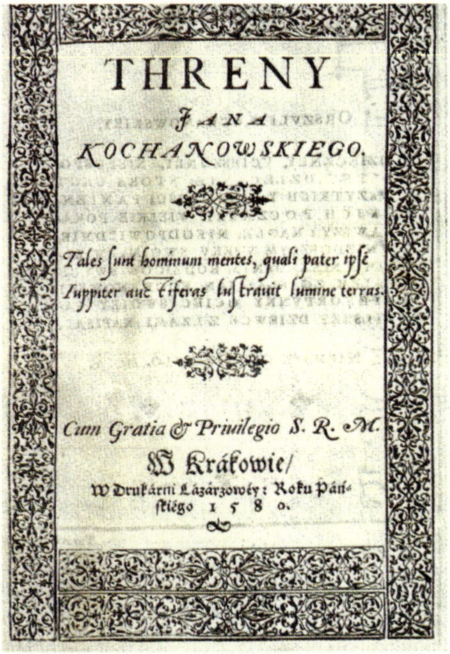
THRENY
IANA
KOCHANOWSKIEGO.
Tales sunt hominum mentes, quali pater ipse
Iuppiter auctiferas lustrauit lumine terras.
Cum Gratia & Priuilegio S. R. M.
W Krákowie/
W Drukárni Lázárzowéy: Roku Páń-
skiego 1 5 8 0.

Laments
Jan Kochanowski
A BILINGUAL EDITION
TRANSLATED FROM THE POLISH
BY Stanislaw Baranczak
AND Seamus Heaney

얀 코하노프스키의 작품 <트레니>

와 프랑스어로 쓴 시인들의 작품을 알게 됐습니다. 젊은 시절까지 코하노프스키는 라틴어로 글을 썼습니다. 폴란드로 돌아온 후에 코하노프스키는 한동안 지그문트 아우구스트 왕의 비서로 일했습니다. 코하노프스키는 결혼을 한 뒤 바르샤바에서 멀리 떨어진 차르노라스(Czarnolas)에 정착했습니다. 코하노프스키는 다양한 종류의 시 작품을 많이 썼습니다. 특히 성경의 시편을 재구성한 <다비드 시편(Psałterz Dawidów)>은 코하노프스키의 위대한 작품 중의 하나입니다. 사랑하는 딸 우르슐라(Urszula)가 어린 나이로 죽은 후에는 딸을 잃은 아버지의 슬픔을 잘 표현한 유명한 비가인 <트레니(Treny)>를 지었습니다.

딸의 죽음을 슬퍼하는 얀 코하노프스키

이 당시에는 손으로 책을 필사하는 것이 아니라 이제

인쇄술을 사용하면서 대량으로 책이 출판되기 시작했습니다. 크라쿠프에 폴란드 최초의 인쇄소가 세워지고 곧이어 다른 도시에도 인쇄소가 계속 생겨났습니다. 이제 책들은 값이 싸지고 더 쉽게 접할 수 있게 됐습니다.

이 당시에는 음악 또한 눈부신 발전을 했습니다. 솨모투위(Szamotuły) 출신의 바츠와프(Wacław)와 미코와이 고무우카(Mikołaj Gomółka)가 가장 유명한 작곡가들 중 하나입니다.

황금기 동안 폴란드에도 종교 개혁 운동이 퍼졌습니다. 종교 개혁은 서유럽에서 들어온 새로운 종교 견해를 가리킵니다. 자신들을 프로테스탄트라고 부르던 새로운 종교관의 추종자들이 지금까지와는 다르게 성경의 의미를 재해석하고 가톨릭으로부터 분리해나갔습니다. 이들은 또한 교황의 권위를 인정하지도 않았습니다. 프로테스탄트 신자들은 자신들 사이에서도 의견이 각기 달랐고 그 결과 다양한 교회들이 계속해서 생겨났습니다. 가장 중요한 프로테스탄트 종교는 독일의 마르틴 루터와 스위스의 장 칼뱅의 주장을 바탕으로 탄생했습니다. 유럽 일부 나라에서 다양한 신앙의 지지자들 간에 잔혹한 종교 전쟁이 벌어졌습니다. 하지만 폴란드에서는 이와 같은 종교 전쟁이 일어나지 않았습니다. 왜냐하면 모든 신앙은 존중받아야만 한다는 생각이 당시 폴란드에서 지배적이었기 때문입니다. 처음에 프로테스탄트 종교는 폴란드에서도 많은 신도를 가지나 시간이 흐르면서 그 위력이 점차 소멸됐습니다.

제38장

튜턴기사단을 굴복시킨 위대한 통치자 – 지그문트 1세 스타리

지그문트 1세 스타리 _ Jan Matejko 보나 왕비

카지미에쉬 4세 야기엘로인칙의 다섯 번째 아들인 지그문트(Zygmunt I Stary, 1506-1548)는 형인 알렉산데르 야기엘로인칙이 서거한 후에 왕위에 올랐습니다. 1506년에 시작된 지그문트 1세의 통치 시대에 루스 변경 지대를 둘러싸고 폴란드와 모스크바와 사이에 장기간에 걸치는 전쟁이 벌어졌습니다. 폴란드와 리투아니아 군대가 이 전쟁에 함께 참전했습니다. 1514년에 폴란드가 오르샤(Orsza, 현재 벨로루시의 Orsha) 전투에서 세 배나 많은 러시아 군대를 상대로 대승을 거두나 대도시인 스몰렌스크가 모스크바 수중에 떨어지는 것을 막을 수는 없었습니다.

1514년의 오르샤 전투 _ 무명화가

이 당시 튜턴기사단의 단장인 알브레히트 호엔촐레른이 폴란드 왕에 복종하기를 거부하고 충성 맹세도 거절했습니다. 호엔촐레른 단장은 심지어 폴란드를 공격할 계획마저 세우지만 폴란드가 선제공격을 가하며 튜턴기사단을 제압했습니다. 당시 폴란드는 튜턴기사단을 철저하게 파괴시킬 수 있을 만큼 충분한 힘을 갖고 있었습니다. 하지만 지그문트 1세는 교황과 황제의 요청으로 튜턴기사단 국가를 없애지는 않았습니다. 대신에 기사단 단장인 호엔촐레른이 튜턴기사단을 해산하고 루터교를 받아들였습니다. 그리고는 이제 튜턴기사단이 지금까지의 종교 국가에서 세속 공국으로 바뀐다고 선포했습니다. 그런 후 1525년에 호엔촐레른이 이제 기사단의 단장이 아닌 프로이센의 통치자 자격으로 크라쿠프에 와서 지그문트 1세에게 복종을 맹세했습니다. 지금도 크라쿠프에 있는 중앙광장에 가면 호엔촐레른 단장이 폴란드의 지그문트 1세에게 무릎을 꿇고 충성을 맹세한 자리를 볼 수 있습니다. 1410년의 그룬발드 전투 이후 폴란드가 독일을 굴복시킨 최절정의 화려한 순간이었습니다.

모스크바와 전쟁이 벌어진 틈을 타서 1531년에 몰도바공국의 군대가 폴란드로 쳐들어왔습니다. 하지만 헤트만(hetman)이라 불리는 폴란드 군대

1525년에 지그문트 왕에게 충성 맹세를 하는 호엔촐레른 _ Marcello Bacciarelli

1525년에 지그문트 왕에게 충성 맹세를 하는 호엔촐레른 - 아래 그림 일부분

의 총사령관인 얀 타르노프스키(Jan Tarnowski)가 오베르틴(Obertyn, 현재 우크라이나의 지역) 전투에서 몰도바 군대를 상대로 대승을 거뒀습니다. 4천5백여 명에 불과한 폴란드 기마대가 1만7천명에 달하는 몰도바 경기병을 상대로 50문에 달하는 대포를 모두 빼앗는 눈부신 승리를 거둔 것입니다.

프로이센 맹세 - Jan Matejko

바벨왕궁의 대성당 탑에 지그문트 종 매달기 _ Jan Matejko

폴란드는 이 전투에서 전리품으로 얻은 대포를 녹인 뒤 커다란 종을 만들어 바벨왕궁에 있는 대성당 탑에 걸었습니다. 왕의 이름을 따서 지그문트라 불리는 이 종은 지금도 폴란드에서 커다란 국가 행사가 열릴 때면 웅장한 종소리를 내며 힘차게 울리곤 합니다.

바벨왕궁의 지그문트 종

지그문트 1세의 통치 시대에 터키의 위협은 더욱 커져만 갔습니다. 1526년에 벌어진 모하치(Mohács) 전투에서 터키가 헝가리를 대패시킨 후 대부분의 영토를 장악했습니다. 또한 터키는 몰도바공국도 굴복시켰습니다. 이런 식으로 터키가 폴란드 국경에까지 이르게 됐습니다. 이러한 위협에도 불구하고 지그문트 1세는 터키와 평화롭게 지내려고 노력했습니다.

지그문트 1세는 이탈리아 스포르차 가문의 보나 공주를 왕비로 맞았습니다. 교양 있고 부유한 젊은 왕비는 이탈리아로부터 많은 궁정인과 예술가 그리고 수공업자를 데리고 왔습니다. 그래서 보나 왕비가 폴란드에 온 후에 왕궁과 대귀족들 사이에서 이탈리아 문화와 풍습이 유행하게 됐습니다. 이탈리아 예술가들은 회화와 조각 그리고 건축 부문에서 훌륭한 작품을 수없이 창작했습니다. 바벨 성내에 있는 왕궁도 재건되며 유럽에서 가장 아름다

보나 왕비

독살당하는 보나 왕비 _ Jan Matejko

운 르네상스 양식의 성들 중 하나가 됐습니다. 이 당시 지어진 바벨왕궁의 지그문트 예배당은 황금으로 장식된 화려한 지붕으로 인해 '알프스 산맥 너머 가장 아름다운 르네상스 진주'라고 불리고 있습니다. 또한 보나 왕비는 매우 알뜰해서 왕궁 재정도 잘 관리했습니다. 이후 그 어떤 폴란드 왕도 보나 왕비가 남긴 만큼의 재정을 가져본 적이 없을 정도였습니다.

게다가 왕비는 당시까지 폴란드에서 보지 못하던 토마토, 브로콜리, 아티초크, 강낭콩, 콜리플라워, 배추, 당근, 상추, 시금치와 같은 생소한 채소들도 대거 들여왔습니다. 그래서 폴란드에서는 지금도 여러 가지 야채를 모아놓은 것을 '이탈리아식 모듬 야채'라고 부르고 있습니다. 이외에도 보나 왕비는 폴란드에 마카로니

바벨왕궁의 지그문트 예배당

바벨왕궁의 지그문트 부자 석관

지그문트 스타리 - 왼쪽 사진 일부분

와 파스타 그리고 다양한 양념과 향신료를 소개했습니다. 폴란드 사람들이 와인을 본격적으로 마시기 시작한 것도 보나 왕비가 바벨왕궁에 도착한 이후부터입니다. 그러나 왕비는 폴란드 백성들로부터 사랑받지 못했습니다. 보나 왕비는 자신이 신뢰하는 사람들만 곁에 두고 폴란드 풍습을 존중하지도 않으며 거만하고 오만스럽다는 비난을 들었습니다. 하지만 실상은 보나 왕비가 정치에 적극적으로 개입하는 것을 당시 귀족들이 달갑게 여기지 않았기 때문입니다.

지그문트 1세는 외아들인 지그문트 아우구스트만 슬하에 두었습니다. 아버지와 아들의 이름이 지그문트로 똑같기 때문에 아버지 지그문트를 '스타리' 즉 '시니어' 또는 '연장자'라고 부르곤 합니다. 자신의 뒤를 이어 아들이 왕위에 오르는 것을 보장하기위해 지그문트 1세는 왕자가 아직 어린 나이임에도 불구하고 대관식을 치르도록 했습니다. 그리고는 지그문트 1세는 아들에게 나라 다스리는 법을 손수 가르쳤습니다. 심지어 폴란드왕국을 통치하는데 익숙해지도록 왕자로 하여금 리투아니아를 직접 다스리게 했습니다.

제39장

야기에우워 왕조의 마지막 통치자 – 지그문트 2세 아우구스트

지그문트 2세 아우구스트 _ Jan Matejko

1548년에 왕위에 오른 지그문트 2세 아우구스트(Zygmunt I August, 1548-1569)는 교양 있고 현명한 통치자였습니다. 게다가 매우 능란한 정치가이기도 했습니다.

리투아니아 북쪽의 발트 해안에는 인플란티(Inflanty, 현재 라트비아와 에스토니아 지역인 리보니아 Livonia)라 불리던 지역이 있었습니다. 이 나라는 도검기사단에 속해있었습니다. 이 독일 기사단은 튜턴기사단과 유사했지만 그 세력은 훨씬 약했습니다. 모스크바의 통치자인 이반 4세가 인플란티를 정복해 바다로 나가는 출구를 얻길 원했습니다. 당시 강력한 해상 국가이던 스웨덴 또한 인플란티를 넘봤습니다. 덴마크도 인플란티를 원하기는 마찬가지였습니다.

1557년에 이러한 위협으로 인해 도검기사단의 단장이 폴란드에 도움을 요청했습니다. 스웨덴과 모스크바 군대가 쳐들어오는 것을 막기 위해 폴란드 군대가 인플란티를 장악했습니다. 도검기사단은 해체되고 기사단장은 루터교를 받아들인 뒤 이제 세속적인 공으로 쿠르란디아(Kurlandia, 현재 라트비아 지역인 쿠를란트 Courland)라 불리는 인플란티의 일부 지역만을 통치하게 됐습니다. 하지만 모스크바의 차르인 이반 4세가 기사단 국가를 공격하면서 장기간에 걸치는 전쟁이 벌어지게 됐습니다. 1558년부터 1582년까지 계속된 전쟁의 결과 폴란드가 인플란티를 방어하는데 성공하지만 포워츠크(Połock, 현재 벨로루시의 Polotsk) 요새의 상실은 어쩔 수 없었습니다.

지그문트 2세는 왕위를 물려줄 아들이 없었습니다. 그래서 지그문트 2세는 야기에우워 왕조의 마지막 왕이 됐습니다. 지그문트 2세는 생전에 폴란드와 리투아니아의 연합을 지속시키기 위해 많은 노력을 기울였습니다. 왕은 두 민족 모두가 서로 간에 진실로 원할 때에만 이 연합이 계속될 것이라는 점을 잘 알고 있었습니다. 그래서 지그문트 2세는 신중하게 일을 추진하면서 폴란드 귀족이 누리던 특권들을 리투아니아 귀족에게도 똑같이 하사했습

16세기의 폴란드 보병

16세기 인플란티 정복과 루블린 연합

지그문트 아우구스트 왕의 서거 _ Jan Matejko

1569년의 루블린 연합 _ Jan Matejko

니다. 오랜 준비를 마치고 1569년에 루블린(Lublin)에서 폴란드와 리투아니아 간에 공동 의회가 소집됐습니다. 마침내 지금까지 하나의 왕이 통치하는 느슨한 형태의 폴란드-리투아니아 연합이 진정한 하나의 나라로 합쳐지는 안이 의회에서 결의됐습니다. 그리고는 폴란드-리투아니아연합국의 탄생이 장엄하게 선포됐습니다. 이때부터 1795년에 패망할 때까지 폴란드와 리투아니아 두 민족은 하나의 공화국으로 합쳐졌습니다. 공화국은 한 명의 왕에 의해 통치되고 하나의 의회를 가지며 공동으로 외교를 수행하기로 정했습니다. 반면에 행정과 재정 그리고 군대와 사법권은 각각 독립적으로 운영하기로 합의했습니다.

폴란드 – 리투아니아공화국

제40장

폴란드 귀족 민주주의의 시작 - 첫 번째 자유선거 그리고 야반도주하는 선거 왕 헨릭 발레지

헨릭 발레지 _ Jan Matejko

1572년에 지그문트 2세 아우구스트 왕이 서거한 후에 폴란드-리투아니아공화국은 새로운 지배자를 뽑아야만했습니다. 지그문트 2세가 후계자 없이 죽으면서 어떻게 그리고 누구를 새로운 통치자로 정할 것인지를 두고 의견이 분분했습니다. 오랜 회의 끝에 모든 귀족이 통치자인 왕을 선출하는 권리를 가진다는 결정이 내려졌습니다. 그래서 귀족 전체가 모두 참여하는 자유선거를 치르기로 정해졌습니다. 그리고는 폴란드-리투아니아공화국의 중심부에 위치한 바르샤바(Warszawa)가 새로운 왕을 뽑는 선거 장소로 선정됐습니다. 이때부터 폴란드 역사에서 선거왕제라 불리는 세 번째 시대가 열리게 됩니다.

폴란드의 귀족 민주주의 _ Roman Szwojnicki

유럽 많은 나라의 지배자와 공들이 폴란드의 왕 자리를 둘러싸고 치열한 경쟁을 벌였습니다. 선거에 나선 후보자들 모두가 바르샤바로 사절단을 보내 폴란드-리투아니아공화국 귀족들의 지지를 얻으려 애썼습니다. 1573년에 오랜 회의 끝에 마침내 프랑스 왕자인 앙리 3세가 폴란드-리투아니아공화국의 새로운 왕으로 선출됐습니다. 폴란드 최초의 선거 왕은 이제 헨릭 발레지(Henryk Walezy, 1573-1574년)라는 이름으로 불리게 됐습니다. 선거가 끝나고 새로운 왕을 모셔오기 위한 성대한 사절단이 파리로 보내졌습니다.

1573년에 바르샤바에서 열린 첫 번째 자유선거 _ Jan Matejko

헨릭 발레지는 폴란드에 도착해 바벨 왕궁에서 대관식을 치렀습니다. 하지만 안타깝게도 새 왕은 폴란드 백성들로부터 사랑받지 못했습니다. 프랑스에서의 유희적인 삶에 익숙한 헨릭 왕은 중대한 국정 사안에 대해 별다른 관심을 보이지 않았습니다. 게다가 폴란드 관습에 대해서도 알지 못하고 폴란드 말도 이해하지 못했습니다. 그래서 국정 회의에 참석한 헨릭 왕은 지루할 수밖에 없었습니다. 헨릭 왕은 연일 이어지는 파티로 밤을 꼬박 새고는 오후 늦게까지 늦잠자기가 일쑤였습니다. 심지어 아프다는 핑계로 2주일동안이나 침대에서 일어나지 않은 적도 있을 정도였습니다. 게다가 헨릭 왕은 카드 도박을 즐기며 폴란드의 국가 재정을 탕진했습니다.

파리에 입성하는 폴란드 사절단

바벨왕궁에 도착한 후에 헨릭 발레지와 프랑스에서부터 따라온 시종들은 폴란드인들의 과도한 음주 문화와 가난한 농촌 그리고 추운 날씨에 깜짝 놀랐습니다. 반면 폴란드인들은 왕과 프랑스 시종들이 여자들이나 입는 옷을 걸치며 보석과 같은 장신구들을 좋아하는 것을 보고 사내답지 못한 나약한 사람들이라고 우스워했습니다. 더군다나 남자들이 귀걸이를 하고 향수를 뿌리며 화장하는 모습을 보고는 경악을 금치 못했습니다. 흥미로운 점은 당시만 해도 프랑스보다는 폴란드의 문화가 훨씬 더 발전했다는 점입니다. 이런 점은 헨릭 왕이 폴란드의 바벨왕궁에서 대소변을 왕궁의 담 밖으로 버리는 변소라는 것을 처음 본 사실로도 증명됩니다. 나중에 고국인 프랑스로 돌아간 후에 헨릭 왕은 루브르궁전이나 다른 왕궁에 이와 유사한 시설을 설치하라고 지시했습니다. 하지만 그로부터도 세월이 한참이나 흐른 후에나 프랑스인들이 화장실을 사용하게 됩니다. 이런 점은 욕조 그리고 냉수와 온수가 따로 나오는 수도꼭지를 가진 욕실 또는 포크 사용에서도 마찬가지였습니다. 믿을 수 없겠지만 당시만 해도 프랑스인들은 이런 것이 있는지조차 몰랐습니다.

헨릭은 폴란드에서 단지 몇 달 동안만 통치했을 뿐입니다. 왜냐하면 자

폴란드에서 야반도주하는 헨릭 발레지 _ Artur Grottger

신의 형인 프랑스의 샤를 9세가 죽었다는 소식을 듣게 되자 야밤에 몰래 변장을 하고 왕궁을 빠져나와 파리로 도망갔기 때문입니다. 헨릭은 선거 왕으로 새로운 나라인 폴란드에 남기보다는 세습 왕으로 고국인 프랑스에 머물기를 더 원했던 것입니다. 하지만 프랑스로 돌아간 헨릭 발레지는 위그노전쟁이라고도 불리는 종교 전쟁의 와중에 암살당하고 맙니다.

제41장

러시아를 쥐락펴락한 헝가리에서 온 위대한 통치자 – 스테판 바토리

스테판 바토리 _ Jan Matejko

안느나 야기엘론카 _ Jan Matejko

1574년에 헨릭 발레지가 프랑스로 돌아간 후 폴란드-리투아니아공화국은 왕 없이 2년을 보내야했습니다. 그런 후 1575년에 다시 새로운 왕을 뽑기 위한 선거가 열렸습니다. 많은 후보자 중에서 헝가리 트란실바니아공국의 스테판 바토리(Stefan Batory, 1576-1586년, 헝가리어로 바토리 이슈트반 Báthory István)가 폴란드-리투아니아공화국의 새로운 왕으로 선출됐습니다. 지그문트 2세 아우구스트의 여동생인 안느나 야기엘론카(Anna Jagiellonka)가 스테판 공의 남편이란 사실이 선거에 많은 영향을 미쳤습니다. 첫 번째 자유선거와 달리 이번 선거는 대성공이었습니다. 왜냐하면 교양 있고 현명하며 힘이 넘치던 새 왕은 자신을 선택한 폴란드-리투아니아공화국이 번영

스테판 바토리와 안느나 야기엘론카 부부

스테판 바토리
_ Marcin Kober

안느나 야기엘론카

하도록 통치를 아주 잘했기 때문입니다.

43살의 스테판 바토리가 폴란드 왕위에 오르기 위해서는 자신보다 10살이나 많은 53살의 안느나 야기엘론카와 혼례를 치러야했습니다. 스테판 바토리는 결혼 후 3일간의 초야만 왕비와 지냈을 뿐 그 후에는 안느나 야기엘론카를 피해 다녔습니다. 나이가 너무 많아 근엄하기까지 하던 왕비는 짜증도 잘 내며 미모도 변변치 못했기 때문입니다. 어쩌다가 스테판 바토리 왕과 한 지붕 밑에 같이 있게 되는 경우에는 안느나 왕비가 밤새 문 앞에서 찾아오지 않는 남편을 기다리는 경우도 있었습니다. 그래서인지 스테판 바토리 왕은 궁에 머물기보다는 자신이 즐기는 전투를 치르러 주

안느나 야기엘론카

바벨왕궁의 안느나 야기엘론카 석관

로 전장에서 대부분의 시간을 보냈습니다. 1596년에 73살의 나이로 바르샤바에서 안나 야기엘론카가 세상을 등지며 야기에우워 왕조가 마침내 그 화려한 막을 내리게 됩니다.

프스쿠프 전투

모스크바의 차르인 이반 4세가 인플란티를 정복하기위해 쳐들어오자 스테판 바토리 왕은 세심하고도 치밀하게 전쟁 준비를 했습니다. 군대를 늘리고 요새 포위 전문가를 외국에서 초빙하며 신식 병기들도 사들였습니다. 스테판 바토리 왕은 농부들을 모아 선발대라 불리는 보병대도 창설했습니다. 이 부대는 이후 벌어진 전투에서 혁혁한 전과를 올리게 됩니다. 이런 병사들 중에서 가장 용감한 사람에게 스테판 바토리 왕이 귀족 지위마저 하사했습니다.

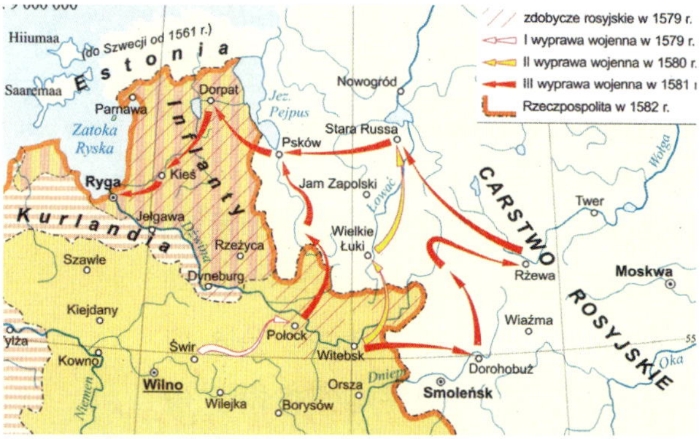

인플란티를 둘러싸고 벌어진 폴란드 – 러시아 전쟁

침공한 모스크바에 맞서 스테판 바토리 왕이 몸소 군대를 지휘했습니다. 폴란드 군대는 가장 먼저 포워츠크 요새를 정복하고 그 다음 비엘키에 우키(Wielkie Łuki, 현재 러시아의 Velikiye Luki)를 함락시킨 뒤 마침내 대도시인 프스쿠프(Psków, 현재 러시아의 Pskov)를 포위했습니다. 참패당할 것이 걱정된 러시아 차르가 교황에게 중재를 요청했습니다. 교황의 요청으로 스테판 바토

프스쿠프에서 러시아 차르로부터 충성 맹세를 받는 스테판 바토리 _ Jan Matejko

리 왕이 프스쿠프 포위를 풀었습니다. 하지만 폴란드-리투아니아공화국은 인플란티와 포워츠크를 되찾았습니다. 인플란티의 자그마한 일부 지역만이 스웨덴과 덴마크의 손에 넘어갔을 뿐입니다.

바벨왕궁의 스테판 바토리 예배당 내 석관

1582년에 얌 자폴스키(Jam Zapolski)에서 모스크바와 맺은 평화 협정 이후에 스테판 바토리 왕은 고국인 헝가리를 정복한 불구대천의 원수인 터키와 전쟁을 치를 준비를 시작했습니다. 스테판 바토리 왕은 몇몇 가톨릭 국가와 연합해 유럽으로부터 터키를 내몰고자 마음먹었습니다. 그러나 이 대업을 완수하지 못하고 스테판 바토리가 1586년에 눈을 감았습니다. 스테판 바토리 왕은 폴란드에서 겨우 10년간만 통치했을 뿐입니다. 하지만 이 시기에 폴란드-리투아니아공화국의 국제적 위상은 더욱 높아졌습니다.

얀 자모이스키

스테판 바토리 왕은 장군으로 뛰어났을 뿐만 아니라 학문과 교육에도 깊은 관심을 가지고 장려했습니다. 1579년에 폴란드의 두 번째 대학교를 리투아니아 빌뉴스에 세웠습니다. 스테판 바토리 왕은 리투아니아의 젊은이들 또한 조국에서 교육받을 수 있기를 원했던 것입니다. 스테판 바토리 왕은 폴란드가 자랑스러워하는 가장 위대한 통치자 중의 하나로 손꼽힙니다.

폴란드-리투아니아공화국의 수상이자 위대한 총사령관이던 얀 자모이스키(Jan Zamoyski)는 스테판 바토리 왕으로부터 두터운 신임을 얻던 측근이자 막역한 친구이기도 했습니다. 국가 사안에 대해 중대한 결정을 내려야할 때면 스테판 바토리 왕은 자모이스키에게 조언을 구하곤 했습니다. 얀 자모이스키는 폴란드 남동부에 자신의

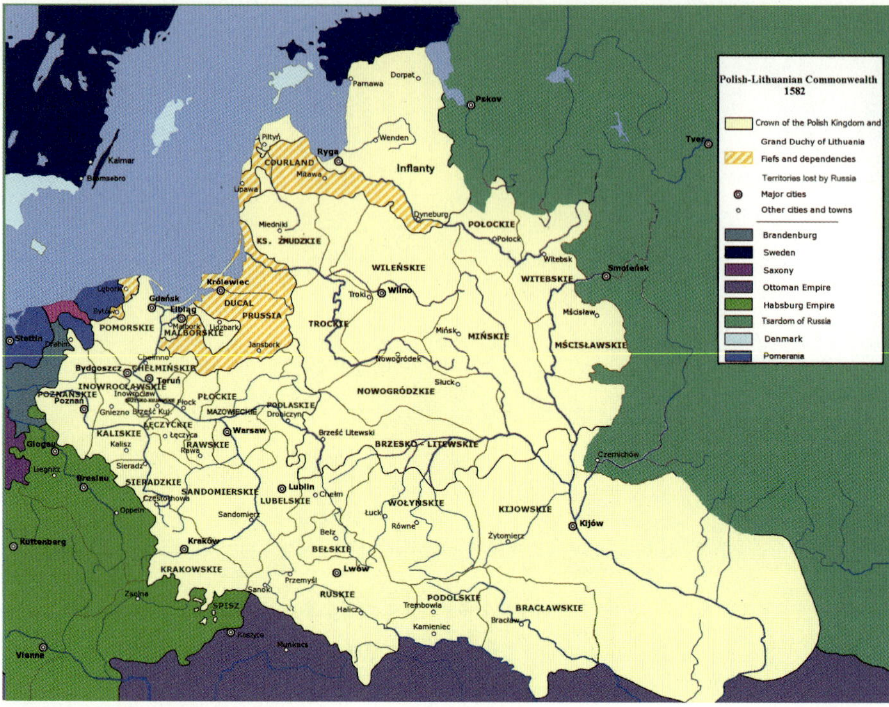

스테판 바토리 통치하의 폴란드 - 리투아니아공화국

이름을 딴 자모시치(Zamość)라는 커다란 도시도 세웠습니다. '르네상스의 진주'나 '회랑의 도시' 또는 '북쪽의 파도바'로 불리는 자모시치는 유네스코가 지정한 세계문화유산 목록에도 올라있는 매우 아름다운 도시입니다.

제42장

모스크바를 정복한 스웨덴 출신의 통치자 – 지그문트 3세 바자

지그문트 3세 바자 _ Jan Matejko

스테판 바토리 사후 1587년에 폴란드-리투아니아공화국의 귀족들이 스웨덴 바자(Waza) 가문의 지그문트 3세(Zygmunt III Waza, 1587-1632년)를 폴란드 왕으로 선출했습니다. 지그문트 1세 스타리와 보나 왕비에서 낳은 막내딸이자 안느나 야기엘론카 왕비의 여동생인 카타줘나 야기엘론카(Katarzyna Jagiellonka)가 지그문트 3세의 모친이란 점이 이번 선거에 지대한 영향을 끼쳤습니다. 무엇보다 스테판 바토리의 사후에 실권을 쥐고 있던 안느나 야기엘론카가 조카인 지그문트 3세를 무척이나 귀여워했습니다. 게다가 폴란드 귀족들도 야기에우워 가문의 외손자를 왕위에 앉히길 원했습니다.

오스트리아 합스부르크 황실의 대공인 막시밀리안 3세도 폴란드 왕이

자모이스키에게 항복하는 막시밀리안 대공

되고 싶어 했습니다. 막시밀리안 대공이 폴란드 왕위에 오르고자 대군을 이끌고 원정을 오나 실롱스크 지역에서 멈춰야만 했습니다. 비치나(Byczyna)에서 얀 자모이스키가 지휘하는 폴란드 군대가 막시밀리안 대공의 군대를 막아섰기 때문입니다. 양 군대 사이에서 치열한 전투가 시작됐습니다. 하지만 자신마저 포로로 잡히는 패배 끝에 막시밀리안 대공이 오스트리아로 돌아가야만 했습니다.

지그문트 3세는 폴란드 왕이 되고나서도 스웨덴 왕위를 포기하지 않았습니다. 그래서 부친인 스웨덴 왕이 서거한 후에 군대를 이끌고 고국으로 원정을 떠나 스웨덴 왕으로 대관식을 치렀습니다. 그러나 스웨덴 백성들은 지그문트 3세의 통치를 인정하지 않으며 왕위를 박탈했습니다. 게다가 폴란드 군대를 이끌고 온 원정에 대한 보복으로 인플란티 지역을 공격하며 영토 정복마저 꾀했습니다.

이리하여 1600년부터 발트해 주도권을 둘러싸고 폴란드와 스웨덴 사이에서 장기간에 걸친 전쟁이 발발했습니다. 1605년에 키르홀름

1605년의 키르홀름 전투 _ Wojciech Kossak

1605년의 키르홀름 전투 _ 무명화가

(Kircholm, 현재 라트비아의 살라스필스 Salaspils)에서 양국 간에 전쟁의 승패를 결정짓는 중대한 전투가 치러졌습니다. 이 전투에서 놀랍게도 카롤 호드키에비츠(Karol Chodkiewicz) 총사령관이 이끄는 3천7백 명의 폴란드 군대가 1만4천 명에 이르는 스웨덴 군대를 대패시켰습니다. 양 어깨위에 날개를 단 후사리아(husaria)라고 불리던 폴란드 기마대가 승리의 주역이었습니다. 폴란드 군대가 거둔 놀라운 승리 소식은 전 유럽으로 널리 퍼져나갔습니다.

지그문트 3세의 통치 시대에 폴란드는 모스크바와도 기나긴 전쟁을 치렀습니다. 모스크바 황제인 이반 4세의 아들이라고 자칭하던 가짜 드미트리를 폴란드 대귀족 몇 명이 지지한 것이 전쟁의 발단이었습니다. 이 가짜 드미트리는 자신을 지지하는 폴란드 대귀족들이 보내

카롤 호드키에비츠

스타니스와프 주우키에프스키

지그문트 3세 앞에서 러시아에 가톨릭을 도입할 것을 맹세하는 가짜 드미트리

스몰렌스크로 진격하는 폴란드 군대

준 군대의 도움으로 1605년에 모스크바를 장악한 뒤 러시아 황제로 등극했습니다. 하지만 얼마 안 되어 가짜 드미트리가 살해되고 폴란드 군대가 모스크바로부터 쫓겨났습니다. 하지만 모스크바왕국의 세력이 약해진 것을 본 지그문트 3세가 무력으로 러시아의 황제 자리를 차지하리라 마음먹었습니다. 그래서 지그문트 3세가 직접 군대를 이끌고 러시아 원정에 나서 스몰렌스크를 포위했습니다. 그러자 모스크바도 스몰렌스크를 구출하기위해 대군을 출발시켰습니다.

모스크바 군대에 맞서 폴란드의 총사령관인 스타니스와프 주우키에프스키(Stanisław Żółkiewski) 장군이 6천 명의 기마대를 이끌고 나갔습니다. 모스크바에서 멀지 않은 크우쉰(Kłuszyn, 현재 러시아의 클루시노 Klushino, 소련 우주비행사 유리 가가린의 출생지)에서 주우키에프스키 장군이 3만5천 명의 모스크바 대군과 전

모스크바 원정과 대 스웨덴 전쟁

투를 벌여 대승을 거뒀습니다. 이때가 1610년입니다.

1610년의 크우쉰 전투

크우쉰 전투가 끝난 후에 스타니스와프 주우키에프스키 장군이 모스크바를 정복하고 크렘린에 입성했습니다. 주우키에프스키 총사령관은 포로로 잡은 모스크바 차르인 바실리 4세와 두 형제를 바르샤바로 압송해왔습니다. 그런 후에 바르샤바왕궁에서 폴란드 왕인 지그문트 3세 앞에 이들을 무릎 꿇게 만들었습니다. 폴란드가 러시아를 완전 굴복시킨 전무후무한 역사적인 순간이었습니다. 스타니스와프 주우키에프스키 장군은 모스크바를 함락시킨 최초의 유럽인이자 크렘린을 정복한 유일한 유럽인이기도 합니다. 후에 폴란드 왕위에 올라 터키를 쥐락펴락하는 얀 소비에스키 장군이 바로 주우키에프스키 총사령관의 증손자입니다.

보야르 즉 모스크바의 대귀족들이 폴란드를 지배자로 받아들이며 지그

1611년에 지그문트 3세 앞에서 충성 맹세하는 러시아의 바실리 4세 _ Jan Matejko

1611년에 지그문트 3세 앞에서 충성 맹세하는 러시아의 바실리 4세 _ Jan Szwedkowski

문트 3세의 아들인 브와디스와프(Władysław) 왕자에게 러시아 황제 자리를 제의했습니다. 그러나 자신이 모스크바 황제가 되고 싶어 하던 지그문트 3세가 이 제의를 거절했습니다. 하지만 보야르 또한 강력한 지배자인 지그문트 3세를 원하지 않았습니다. 그로부터 2년 뒤인 1612년에 모스크바에서 폴란드 점령에 대항하는 반란이 일어나 미하일 1세가 러시아 황제로 선출됐습니다. 이때부터 로마노프 가문의 러시아 통치가 시작됐습니다. 크렘린에서 폴란드 점령군을 몰아낸 11월 7일은 2005년부터 러시아에서

1620년의 체초라 전투 _ Witold Piwnicki

스타니스와프 주우키에프스키 장군의 전사

민족화합의 날이라는 국경일로 기념되고 있습니다.

지그문트 3세 시대에 있은 세 번째 커다란 전쟁은 터키와의 사이에서 벌어졌습니다. 터키 대군은 몰도바공국을 거쳐 폴란드로 쳐들어왔습니다. 스타니스와프 주우키에프스키 총사령관이 몰도바공국의 도움을 기대하면서 소수의 병력을 이끌고 터키에 맞서 출전했습니다. 그러나 예상치 못하게 몰도바가 터키 진영으로 넘어갔습니다. 그래서 주우키에프스키 장군은 마차를 서로 연결시킨 방어 대형을 만들어 철수하라는 명령을 내렸습니다. 폴란

1621년의 호침 전투를 지휘하는 호드키에비츠 _ Józef Brandt

1621년 호침 전투에서 돌진하는 후사리아 _ Stanisław Kaczor Batowski

1627년의 올리바 해전 _ Alojzy Roman Kawecki

드 군대가 이 대형으로 방어하면서 국경 쪽으로 철수하기 시작했습니다. 하지만 체초라(Cecora, 현재 루마니아의 Țuțora)에서 폴란드 방어망은 터키 군대에 의해 돌파당하고 말았습니다. 결국 폴란드 군대가 패배하고 73살의 노구를 이끌고 전투를 진두지휘하던 위대한 장군인 주우키에프스키 총사령관마저 전사했습니다. 터키 군대는 주우키에프스키 장군의 머리를 자른 뒤에 창끝에 꽂아 술탄에게 보냈습니다. 이때가 1620년입니다.

체초라 전투 이후 심각해진 터키의 위협에 맞서 폴란드가 대규모 병력을 소집하고 무장을 갖추기 시작했습니다. 카롤 호드키에비츠 총사령관이 새로운 지휘관으로 임명됐습니다. 다음해에 터키 술탄은 더 강한 군대를 이끌고 폴란드로 쳐들어왔습니다. 호드키에비츠 장군이 호침(Chocim, 현재 우크라이나의 Khotyn)에서 방어 진영을 펼쳤습니다. 코사크의 지도자인 페트로 코나쉐비치-사하이다츠니(Petro Konashevych-Sahaidachny)가 병력을 이끌고 폴란드를 도우러왔습니다. 마침내 터키 군대가 폴란드 방어 진영을 포위하고 공격을 퍼붓기 시작했습니다. 폴란드 군대는 성안에서 방어하며 돌격대를 내보내는 기습 전술을 구사했습니다. 이 포위 공격의 와중에 폴란드가 낳은 위대한 장군 중의 하나인 호드키에비츠 총사령관이 전사하고 맙니

스타니스와프 코니에츠폴스키 장군

다. 하지만 전투에 지친 터키군은 이 사실을 알지 못한 채 먼저 휴전을 요청하고 후퇴했습니다. 이때가 1621년입니다.

폴란드가 터키와 전쟁하는 사이를 틈타 스웨덴이 다시 인플란티를 침공하고 그다인스크를 정복하려고 시도했습니다. 하지만 스타니스와프 코니에츠폴스키(Stanisław Koniecpolski) 총사령관이 육지에서 스웨덴 군대를 패배시키고 폴란드 해군은 올리바(Oliwa) 해전에서 스웨덴 함대를 침몰시켰습니다. 폴란드 해군이 처음으로 치룬 이 전투에서 놀랍게도 수적으로나 질적으로 뛰어난 해양 강국인 스웨덴을 격파한 것입니다. 이때가 1627년입니다. 올리바 전투에서 '폴란드의 늙은 제독'이라 불리는 네덜란드 출신의 아렌드 디크만(Arend Dickmann) 제독이 전사했습니다. 한편 같은 전투에서 부상을 입은 스웨덴 함대의 부제독도 결국 사망하고 맙니다. 이 두 제독의 시신은 지금 폴란드 그다인스크의 마리아대성당에 사이좋게 나란히 안장돼있습니다.

지그문트 3세의 통치 시대는 매우 불안정한 시기였습니다. 비록 폴란드가 여러 차례에 걸쳐 빛나는 승리를 거두기는 하나 여러 강대국들과 계속되는 전쟁을 치러야만 했습니다. 전란으로 경제 발전이 멈추고 나라가 빈곤해졌습니다. 이

폴란드의 대통령궁

바르샤바왕궁과 지그문트 기둥

기간에 폴란드는 위대한 정치인과 장군들을 많이 갖고 있었습니다. 이런 위인들 덕분에 폴란드-리투아니아공화국은 유럽에서 가장 강력한 국가들 중의 하나가 될 수 있었습니다. 특히나 말더듬이 증세가 있어 '말보다 주먹이 먼저 나오는 장군'으로 유명한 스타니스와프 코니에츠폴스키 총사령관은 17세기 폴란드가 낳은 장군들 중에서 가장 뛰어난 전술가이자 기마대 지휘관으로 유명합니다. 1646년에 코니에츠폴스키 장군이 서거했다는 소식을 들은 몰도바의 공 하나가 다음과 같이 말했다고 합니다. "당신들, 폴란드인들은 지금 얼마나 위대한 인물을 상실했는지조차 모르고 있다. 2년 길어야 채 3년이 안 되어 당신들뿐만이 아니라 전 기독교 세계는 이처럼 위대한 장군을 잃은 것을 슬퍼할 것이다." 그리고 놀랍게도 나중에 보듯이 이 예언은 적중했습니다. 무려 170개의 도시와 740개에 이르는 농촌을 소유하던 코니에츠폴스키는 우크라이나에서 왕에 버금가는 권세를 누렸습니다. 현재 폴란드 대통령궁으로 사용하고 있는 궁전도 코니에츠폴스키가 지은 것입니다.

지그문트 3세 시대인 1596년에 폴란드의 수도가 크라쿠프에서 바르샤바로 천도됐습니다. 마조프쉐공국의 오래된 성이 이제 폴란드-리투아니아공화국의 새로운 왕궁으로 화려하게 증축됐습니다. 후에 지그문트 3세의 아들인 브와디스와프 4세가 바르샤바왕궁 옆에 수도를 옮긴 선왕을 기리고자 높은 기둥을 세웠습니다. 이후 지그문트 기둥이라 불리게 되는 이 원주는 현재 바르샤바를 상징하는 기념비 중의 하나가 됐습니다. 지그문트 3

스테판 바토리와 지그문트 바자 시기 폴란드

세의 통치 시절에 다음과 같이 재미있는 일화가 하나있습니다. 1620년의 어느 날 왕과 가족이 대성당으로 미사를 드리러가는 길에 미치광이 귀족 하나가 지그문트 3세를 암살하려고 도끼를 휘둘렀습니다. 비록 부상을 입긴 하나 왕은 다행히 목숨을 건졌습니다. 폴란드 역사상 단 한명의 왕도 시해당한 적이 없다는 것을 자랑스럽게 생각하는 귀족들이 이 소식을 듣고 분노했습니다. 그래서 암살자는 공개 처형되고 바르샤바대성당과 왕궁을 연결하는 비밀 지하 통로가 이때 만들어졌습니다.

바르샤바대성당과 왕궁을 연결하는 통로

제43장

전쟁 그리고 전쟁 – 브와디스와프 4세 바자

1632년에 지그문트 3세의 아들인 유능하고 힘이 넘치는 브와디스와프 4세(Władysław Ⅳ Waza, 1632-1648년)가 통치를 시작할 때 폴란드는 모스크바와 터키 그리고 스웨덴과 전쟁을 치르고 있었습니다. 이런 상황이 젊은 왕에게는 힘든 일이지만 브와디스와프 4세는 곧 극복해나갔습니다.

권좌에 오른 후에 브와디스와프 4세는 스몰렌스크를 되찾으려는 모스

브와디스와프 4세 바자 _ Jan Matejko

브와디스와프 4세 – 체칠리아 왕비 – 동생 카지미에쉬

크바와 첫 번째 전쟁을 치렀습니다. 모스크바가 이 전쟁에서 패배했습니다. 브와디스와프 4세가 모스크바 황제 자리를 단념한다고 선포하나 스몰렌스크는 폴란드 영토로 남게 됐습니다. 마침내 두 나라 사이에 평화가 찾아왔습니다.

1634년에 브와디스와프 4세에게 항복하는 스몰렌스크

그로부터 얼마 후에 타타르족의 지원 하에 터키가 폴란드를 공격했습니다. 코니에츠폴스키 총사령관은 타타르족을 제압하고 그런 다음 터키를 물리쳤습니다. 폴란드는 터키와도 평화 협정을 맺었습니다.

브와디스와프 4세가 스웨덴 문제를 해결 짓겠다고 마음먹었습니다. 그래서 브와디스와프 4세는 폴란드 전함을 늘리고 헬(Hel) 반도에 전쟁을 치르기 위한 항구를 세웠습니다. 그리고 강한 군대를 모집했습니다. 그러나 스웨덴이 전쟁을 원하지 않아 폴란드와 휴전 협정을 맺는 바람에 전쟁은 일어나지 않았습니다.

1635년의 폴란드 – 리투아니아공화국

전쟁 없이 평화로운 세월이 10년 동안 흘렀습니다. 그러나 브와디스와프 4세가 허송세월을 보낸 것은 아닙니다. 왕은 터키에 맞서 대대적인 원정을 일으킬 야심을 품었습니다. 브와디스와프 4세는 같은 슬라브 민족인 불가리아와 세르비아를 이슬람 압제로부터 해방시키고 유럽으로부터 터키를 몰아내길 원했습니다. 그래서 브와디스와프 4세는 폴란드 군대를 더욱 강화시키며 무력을 증대시

보흐단 흐멜니츠키

커나갔습니다. 게다가 우크라이나의 코사크를 전쟁에 끌어들이려 시도했습니다.

그러나 전쟁 없이 편하게 살고 싶어 하는 폴란드 귀족들은 왕의 계획이 마음에 들지 않았습니다. 게다가 우크라이나 지역에 엄청난 영토를 소유하고 있던 대귀족들도 왕이 계획하는 대대적인 원정 대신에 평화를 바랐습니다. 이런 상황에서 브와디스와프 4세는 터키 원정을 포기할 수밖에 없었습니다. 우크라이나 지역에서 코사크의 세력이 강대해지며 전쟁을 치르고 싶어 안달이 났습니다. 예상하던 터키와의 전쟁이 벌어지지 않는다는 사실이 밝혀지자 1648년에 코사크가 타타르족과 동맹을 맺고 터

흐미엘니츠키 봉기 그리고 러시아와의 전쟁

키를 공격하는 대신 보흐단 흐멜니츠키(Bohdan Khmelnytsky)의 지휘 아래 폴란드로 쳐들어왔습니다. 폴란드 군대가 막아서지만 패배하고 말았습니다. 그러는 동안 브와디스와프 4세가 갑자기 숨을 거두고 말았습니다.

루벤스가 그린 브와디스와프 4세 초상화

브와디스와프 4세는 학문과 예술을 사랑하고 문화를 권장한 후원자이기도 했습니다. 브와디스와프 4세가 아직 왕자이던 1618년에 갈릴레오 갈릴레이가 자신의 발명품인 망원경을 보낸 적도 있습니다. 1645년에는 브와디스와프 4세가 가톨릭 학자들 외에 루터교와 칼빈교 전문가들을 폴란드로 초대하여 종교 회의를 열었습니다. 이때는 30년전쟁이라는 피비린내 나는 종교 전쟁이 유럽 전 대륙을 휩쓸고 있던 광풍의 시절입니다. 그런데 이런 시기에 이처럼 다양한 종교 이론가들이 한자리에 모여 평화롭게 종교 회의를 했다는 사실에 대해 유럽 전체가 놀라움을 금치 못했습니다. 이외에도 브와디스와프 4세는 폴란드 곳곳에 성당과 궁전을 세우고 외국 예술가들을 불러들여 아름답게 치장하고 장식했습니다. 브와디스와프 4세는 알프스 산맥 너머에 최초로 오페라를 소개한 사람이기도 합니다. 왕위에 오른 후에 브와디스와프 4세는 오페라가 정기적으로 열리는 상설 무대를 유럽에서는 최초로 바르샤바왕궁 내에 만들기도 했습니다.

제44장

우크라이나의 원조 – 자포로제 코사크

폴란드의 머나먼 남동 변경 지대 저 멀리에 드네프르강을 사이에 두고 양쪽으로 광활하게 펼쳐진 지역을 우크라이나라고 불렀습니다. 머나먼 '국경 지대(skraj)'에 자리 잡고 있다고 해서 '우크라이나(Ukraina)'라는 이름이 붙여진 것입니다. 이 땅은 비옥했지만 계속되는 타타르족의 침략으로

술탄에게 보낼 서신을 작성하는 코사크

황폐화되면서 사람들이 거의 살지 않았습니다. 그런데 언제부터인가 이곳으로 하나둘씩 사람들이 모여들며 정착하기 시작했습니다. 왜냐하면 많은 사람들을 만족시키기에 충분한 기름진 땅이 곳곳에 널려있었기 때문입니다.

스텝 지역의 코사크

우크라이나 남쪽에는 사람이 살지 않는 광활한 스텝 지역이 펼쳐져있고 그보다 더 멀리 흑해까지 이르는 지역에는 타타르족이 유목 생활을 하며 살고 있었습니다. 이 무인의 대초원으로 주변 나라들로부터 죄를 지은 사람들이 형벌을 피해 숨어들었습니다. 또한 모험을 즐기는 사람들도 이곳으로 모여들었습니다. 모여든 사람들은 정착한 뒤에 조직체를 형성하기 시작했습니다. 타타르족과 터키에 대한 약탈 원정이 이들의 주 수입원이었습니다. 이들을 가리켜 코사크라 불렀습니다.

진군하는 코사크 군대

이따금씩 코사크 부족들끼리 힘을 합쳐 커다란 군대를 만들기도 했습니다. 아타만(ataman)이라 불리는 지휘자가 코사크 군대의 선봉에 섰습니다. 코사크 전체는 아타만에게 복종하며 언제든 무력 원정에 나설 준비가 돼있었습니다.

우크라이나를 관통하는 드네프르강은 일곱 개의 포로히(porohy) 즉 급류를 가지고 있습니다. 드네프르 강가는 바위투성이고 강물은 소용돌이치며 급하게 흐릅니다. 급류를 지난 강 하류에는 많은 섬들이 있습니다. 이런 섬들 중 한 곳에 코사크들이 성벽을 두른 거주지를 세우고 시츠(Sicz)라 불렀습니다. 거주지가 급류 '너머(za)'에 위치하고 있었기 때문에 이곳에 살던

전통 의상을 입고 거리에서 연주하는 현시대의 코사크

코사크들을 가리켜 자포로제츠(Zaporozhets) 또는 자포로제 코사크라고 불렀습니다. 코사크 군대는 용맹스럽고 매우 호전적이었습니다. 이 군대는 여러 번에 걸쳐 폴란드를 도와 전쟁에도 참전했습니다.

코사크는 종종 터키로도 무력 원정에 나섰습니다. 원정에 나선 코사크들은 차이카(czajka)라 불리는 통나무배를 타고 드네프르강 어귀에 이른 후에 흑해를 건너 터키 해변까지 도달했습니다. 그리고는 터키 해안가 도시들을 침략하고 불태우며 노략질을 일삼았습니다. 심지어 터키 수도인 이스탄불 근교마저 공격당하는 경우도 있었습니다.

터키 술탄이 폴란드 왕에게 코사크를 진압하라고 수차례에 걸쳐 요구하지만 이들을 제압하는 것이 그리 쉬운 일만은 아니었습니다. 코사크들은 여러 번에 걸쳐 폴란드의 통치에 반대하는 반란을 일으켰습니다. 그때마다 폴란드 군대가 봉기를 진압했습니다.

제45장

폴란드 불운의 시작 – 얀 2세 카지미에쉬 바자

얀 2세 카지미에쉬 바자 _ Jan Matejko

1648년에 새로운 왕을 새로 뽑기 위해 폴란드 귀족들이 바르샤바에 모였을 때 우크라이나에서 코사크와의 사이에 전쟁이 일어났습니다. 브와디스와프 4세가 서거한 후에 이복동생인 얀 2세 카지미에쉬(Jan II Kazimierz Waza, 1648-1668년)가 왕으로 선출됐습니다.

이 당시 우크라이나와 다른 러시아 지역에 살던 농민들도 코사크 군대에 가담하기 시작했습니다. 시간이 갈수록 코사크의 아타만인 흐멜니츠키의 세력이 강해져갔습니다. 흐멜니츠키는 폴란드로부터 독립해서 코사크만의 국가를 세우길 원했습니다. 예레미 비시니오비에츠키(Jeremi Wiśniowiecki) 공이 이끄는 소수의 폴란드 군대가 즈바라즈(Zbaraż, 현재 우크라이나의 Zbarazh)에 방어 기지를 세웠습니다. 그로부터 얼마 뒤에 흐멜니츠

르비우에 도착한 흐멜니츠키

키의 군대가 이 기지를 포위했습니다. 아직 전쟁 준비도 마치지 않은 상태에서 얀 카지미에쉬 왕이 즈바라즈를 구하러 출발할 때는 이미 코사크의 포위 공격이 6주나 흐른 다음이었습니다.

즈보루프(Zborów, 현재 우크라이나의 Zboriv)에서 폴란드 군대가 코사크-타타르족의 연합 군대와 만났습니다. 그리고는 이곳에서 양측 사이에 동의가 이뤄졌습니다. 협상에 따라 얀 카지미에쉬 왕은 흐멜니츠키에게 귀족 작위를 하사하며 우크라이나 총사령관으로 인정하고 그 대신에 즈바라즈가 포위로부터 풀려났습니다.

하지만 1651년에 흐멜니츠키가 약속을 깨고 다시 코사크 군대를 일으켜 폴란드를 공격하기 시작했습니다. 이번에는 얀 카지미에쉬 왕이 몸소

17세기 폴란드가 치른 전쟁

지휘하는 폴란드 대군이 베레스테츠코(Beresteczko, 현재 우크라이나의 Berestechko)에서 코사크 군대와 맞붙었습니다. 전투는 3일 동안이나 계속됐습니다. 셋째 날에 마침내 폴란드 군대가 코사크에게 참패를 안겨줬습니다.

흐멜니츠키는 폴란드로부터 독립할 방법을 이리저리 찾았습니다. 궁리 끝에 결국 흐멜니츠키는 러시아 차르를 찾아가 우크라이나를 모스크바에 합병해달라고 요청했습니다. 그런 후 얼마 뒤에 흐멜니츠키와 차르 사이에 협약이 맺어졌습니다. 1654년에 모스크바 군대가 폴란드 국경을 넘어 쳐들어오며 또다시 전쟁이 벌어졌습니다.

프랑스 파리의 생제르맹데프레수도원에 안치된 얀 카지미에쉬 왕의 묘에 조각된 베레스테츠코 전투

진군하는 스웨덴 군대

스웨덴의 정복

1655년에는 스웨덴 군대도 침공해 들어오면서 폴란드는 또다시 패배를 맛봐야만했습니다. 스웨덴의 칼 구스타프 왕은 폴란드 전체를 정복한 후 왕위에 오를 야심을 품고 있었습니다. 스웨덴 군대는 별 어려움 없이 폴란드 영토 대부분을 차지할 수 있었습니다. 왜냐하면 러시아와 전쟁을 치르느라 폴란드 군대가 스웨덴의 침략에 전력을 집중할 수 없었기 때문입니다. 게다가 폴란드 대귀족들 중에는 침략자편에

스웨덴의 대홍수 당시 점령당한 폴란드 영토

스웨덴 대홍수 1655-1660년

선 배반자들이 많았습니다. 결국 얀 카지미에쉬는 바르샤바왕궁을 떠나 실롱스크의 그워구벡(Głogówek)으로 피난을 가야했습니다.

스웨덴 군대는 값나가는 것은 모두 약탈했습니다. 예술품과 귀한 책들을 스웨덴으로 훔쳐가고 폴란드 귀족과 도시들로 하여금 엄청난 공물을 바치라고 명령했습니다. 그 결과 폴란드는 점점 더 황폐해져갈 수밖에 없었습니다. 마치 스웨덴의 군대가 홍수처럼 폴란드를 휩쓸었다고 해서 이 시기를 일컬어 '스웨덴의 대홍수(potop) 시대'라고 부릅니다. 스웨덴의 대홍수가 폴란드에 끼친 결과는 엄청났습니다. 특히나 프로이센공국에 대한 폴란드의 패권은 이때 이후로 인플란티 지역 상실과 함께 영원히 종말을 고하고 맙니다. 그런 후 이제 브란덴부르크가 강력한 세력으로 자라나게 됩니다. 이외에도 폴란드가 입은 물질적, 문화적인 피해도 값을 매길 수 없을 정도입니다. 전투를 치르지 않고 항복함에도 불구하고 스웨덴 군대는 많은 도시나 성들을 철저히 파괴했습니다. 이 당시 파괴된 성은 이후 복구되지 못한 채 현재까지 폐허로 남아있는 것을 아직도 폴란드 곳곳에서 볼 수 있습니다. 폴란드가 스웨덴의 대홍수에서 입은 피해는 제2차 세계대전 당시 겪은 전란과 비교될 정도입니다.

쳉스토호바의 성모 마리아 성화

크라쿠프에서 북쪽으로 올라가면 쳉스토호바(Częstochowa)라 불리는 도시가 있습니다. 이 도시의 야스나 구라(Jasna Góra) 언덕에는 폴란드인들이 끔찍이도 숭배하는 블랙 마돈나라 불리는 성모 마리아 그림이 걸린 수도원이 있습니다. 가톨릭 신도들이 봉헌한 귀한 공물들로 가득 찬 커다란 보물고가 이 수도원에 있다는 사실을 스웨덴 군대가 알게 됐습니다.

야스나 구라 포위 공격 _ 무명화가

쳉스토호바 방어전

스테판 차르니에츠키 장군

그래서 스웨덴 왕이 수도원을 점령해 보물을 빼앗아오도록 정예 부대를 파견했습니다. 쳉스토호바 수도원에는 수사들과 수십 명의 기사 그리고 피난 온 귀족과 가족들만이 있었을 뿐입니다. 수도원장인 아우구스틴 코르데츠키(Augustyn Kordecki) 신부가 수도원에 있던 모든 사람들에게 외적의 공격에 맞서 방어에 나서도록 호소했습니다. 스웨덴 군대가 오랫동안 야스나 구라를 포위하고 공격하나 수도원을 정복하지는 못했습니다.

스웨덴 군대가 성스런 가톨릭 성지인 야스나 구라 수도원을 공격한다는 소문이 퍼지면서 폴란드인들이 분노하게 됐습니다. 농민과 귀족들로 구성된 부대가 속속 만들어지며 스웨덴 군대를 공격하기 시작했습니다. 마침내 폴란드인들이 위기에 처한 조국을 수호하기위한 전쟁에 나선 것입니다. 심지어 당시까지 스웨덴의 칼 구스타프를 지지하던 폴란드인들조차 얀 카지미에쉬 편으로 돌아섰습니다.

폴란드가 낳은 또 한 명의 용감한 장군인 스테판 차르니에츠키(Stefan Czarniecki)가 스웨덴을 몰아내는 조국 수호 전쟁을 진두지휘했습니다. 차르니에츠키는 스웨덴과 치른 전투에서 수차례에 걸쳐 승리를 거뒀습니다. 전세가 유리해지며 얀 카지미에쉬가 폴란드로 돌아왔습니다. 귀환하던 얀 카지미에쉬는 백성들로부터 열렬한 환영을 받았습니다. 1656년에 르비우에서 얀 카지미에쉬는 폴란드의 모든 영토가 스웨덴 침공으로부터 해방될 때까지 싸울 것이며 조국 수호에 나선 백성들에게 커다란 보상을 하겠

르비우에서 맹세하는 얀 카지미에쉬

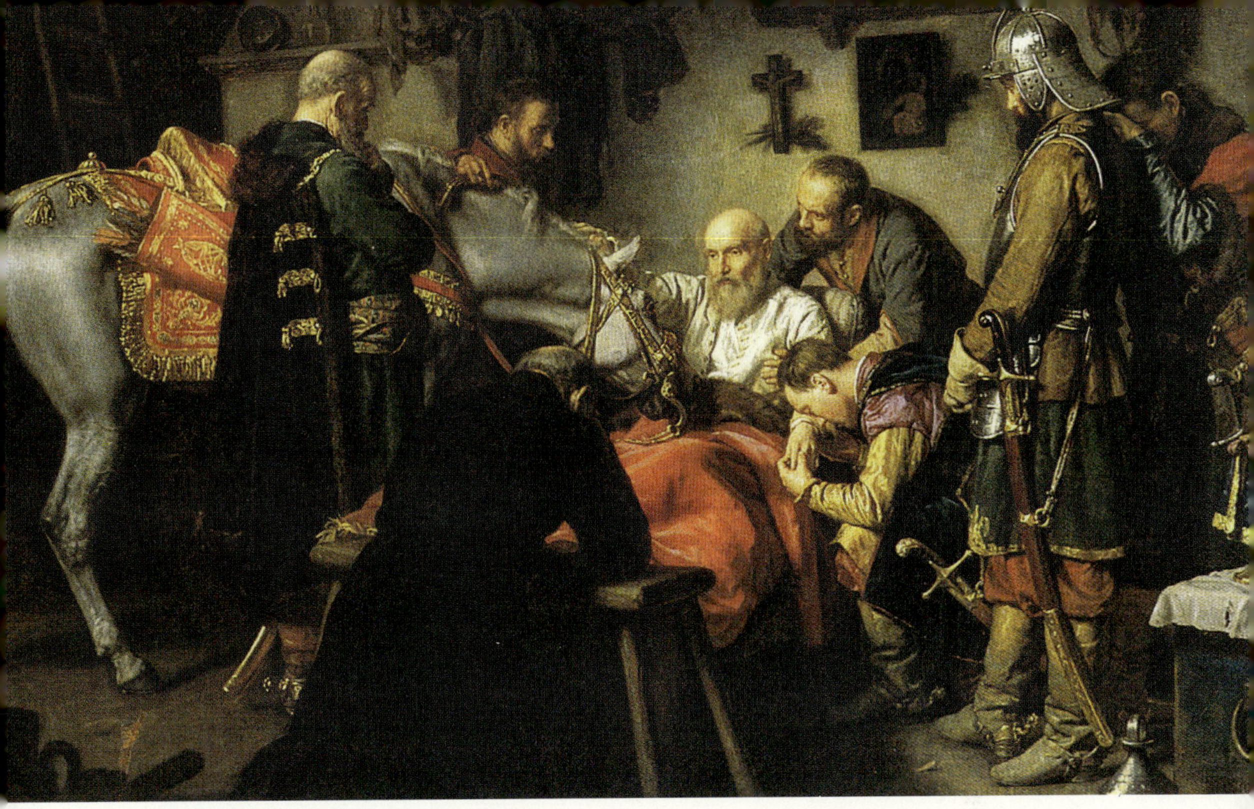

차르니에츠키 장군 서거 _ Leopold Loeffler

다고 엄숙히 맹세했습니다.

그로부터 얼마 안 되어 스웨덴 군대가 폴란드 영토로부터 퇴각하기 시작했습니다. 차르니에츠키 장군은 9천명의 군대를 지휘하며 덴마크왕국을 점령한 스웨덴 군대를 치러 원정에 나서기까지 했습니다.

폴란드가 스웨덴과 싸우고 있을 때인 1658년에 보흐단 흐멜니츠키의 사후에 코사크의 아타만이 된 이반 비호프스키(Ivan Vyhovsky)가 하쥐아츠(Hadziacz, 현재 우크라이나의 Hadiach)에서 폴란드와 협정을 맺었습니다. 이 협정에 따라 우크라이나가 폴란드-리투아니아공화국의 세 번째 나라로 가입하기로 결정됐습니다. 그러나 코사크 원로원의 일부가 거부하는 바람에 이 협정은 현실화되지 못했습니다.

하지만 이것으로 폴란드가 치러야했던 전쟁이 모두 끝난 것은 아닙니다. 1657년에 폴란드 영토의 일부를 넘보던 트란실바니아의 라코치 2세 죄르지(II. Rákóczi György)가 군대를 이끌고 폴란드로 쳐들어왔습니다. 그러나 라코치는 비참한 패배를 당하고 말았습니다.

이제 서쪽으로부터의 위협이 사라지게 되자 1660년에 폴란드 군대가 모스크바 원정에 나섰습니다. 여러 차례에 걸쳐 승리를 거둔 끝에 마침내

1667년의 폴란드 – 리투아니아공화국

폴란드가 빌뉴스를 되찾았습니다. 모스크바 군대가 리투아니아와 우크라이나 지역에서 철수하나 스몰렌스크와 키예프는 계속 러시아의 수중에 남게 됐습니다.

'얀 카지미에쉬 왕'을 라틴어로 옮기면 'Ioannes Casimirus Rex'가 되는데 폴란드에서는 그 첫 글자를 따서 'Initium Calamitatis Regni' 즉 '(폴란드) 왕국 불운의 시작'이라고 부릅니다. 80년에 걸친 스웨덴 바자 가문의 통치 끝에 폴란드-리투아니아공화국은 패망 직전에까지 이르렀습니다. 코사크와 스웨덴 그리고 트란실바니아와 모스크바 사이에서 계속되는 전쟁 끝에 폴란드는 몹시 피폐해져갔습니다. 수많은 도시와 귀족 저택들 그리고 성과 궁전들이 폐허가 되고 농촌은 몰락했습니다. 특히나 폴란드-리투아니아공화국 전역을 휩쓴 스웨덴의 대홍수로 경제가 심대한 타격을 입었습니다. 한때 유럽의 곡물 창고로 불리던 폴란드-리투아니아공화국의 농작물 생산이 바닥으로 내려앉으며 심지어 17세기 초에는 기아 현상마저 나타났습니다. 전쟁과 질병 그리고 굶주림으로 수많은 사람들이 목숨을 잃어 전체 인구의 30%에 가까운 6-7백만 명이 줄어들었습니다. 이런 와중에 귀족들도 가난에 내몰리며 폴란드-리투아니아공화국의 자랑이던 귀족 민주주의 체제도 사라져갔습니다. 이제 국가나 왕권 따위에는 아무런 관심도 없이 오직 자신의 이득을 챙기는데 급급한 대귀족들만이 번성해갔을 뿐입니다.

이런 힘든 시기에도 얀 카지미에쉬는 학문을 돌봐 1661년에 르비우에 대학교를 세웠습니다. 고통스런 역경의 20년에 걸친 통치 끝에 얀 카지미에쉬가 1668년에 왕위를 퇴위하고 프랑스로 떠나가 생을 마쳤습니다. 프랑스로 돌아간 얀 카지미에쉬는 자신의 성을 스놉코프스키(Snopkowski)로 바꾸었습니다. 얀 카지미에쉬의 원래 출신 가문인 바자(Vasa) 명칭은 스웨

프랑스 파리의 생제르맹데프레성당에 안치된 얀 카지미에쉬의 심장

덴어로 '짚단(vase)'에서 유래하고 이 말을 다시 폴란드어로 옮기면 '스노펙(snopek)'이 되기 때문입니다.

제46장

아버지의 뒤꿈치도 못 따라간 미하우 코리부트 비시니오비에츠키

미하우 코리부트 비시니오비에츠키
_ Jan Matejko

1669년에 폴란드 귀족들이 즈바라즈 방어전의 영웅인 예레미 비시니오비에츠키의 아들인 미하우 코리부트 비시니오비에츠키(Michał Korybut Wiśniowiecki, 1669-1673년)를 새 왕으로 선출했습니다. 그러나 비시니오비에츠키는 위대한 장군이던 아버지를 닮은 데가 조금도 없었습니다. 왕이 되기에는 많은 면에서 너무나도 자질이 부족했습니다. 비시니오비에츠키는 지배자에게 필요한 통치 경험도 없었으며 게다가 전략과 전술도 알지 못했습니다. 폴란드가 터키로부터 심각한 위협에 처함에도 불구하고 비시니오비에츠키는 국경을 방어할 어떠한 준비도 하지 않았습니다.

1672년에 마침내 터키 술탄이 대군을 이끌고 폴란드로 쳐들어왔습니다. 당시 폴란드에서 터키 군대의 공격을 막아낼 사람은 아무도 없었습니다. 오직 카미에니에츠 포돌스키(Kamieniec Podolski, 현재 우크라이나의 Kamianets-Podilskyi) 요새만이 술탄의 공격에 맞서 방어할 수 있을 뿐입니다. 카미에니에츠 포돌스키는 유럽의 동쪽 끝에서 '기독교를 지켜낸 방벽' 또는 '폴란드로 들어가는 문'이라고 불리는 천혜의 요새입니다. 하지만 구원대가 도착하지 않으며 이 요새마저도 항복하고 말았습니다. 터키 군대는 폴란드 깊숙한 곳으로 계속 진군해 들어왔습니다. <쿠오바디스>로 유명한 폴란드의 작가인 헨릭 시엔키에비츠(Henryk

1670년에 야스나 구라에서 결혼식을 치르는 비스니오비에츠키

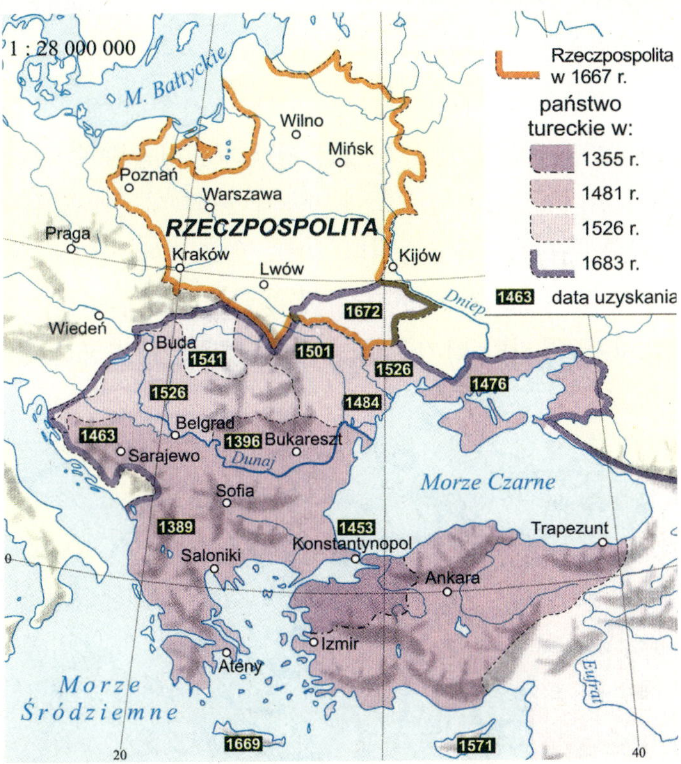

오스만_터키의 팽창 14-17세기

카미에니에츠 포돌스키 요새

Sienkiewicz)의 3부작 대하소설 중의 하나인 <귀족 보워디요프스키(Pan Wołodyjowski)>을 읽으면 이 당시 모습을 생생하게 떠올릴 수 있습니다.

절체절명의 위기에 처한 폴란드에 마침내 터키 대군에 맞설 용기 있고 기력이 넘치는 사람이 나타났습니다. 바로 얀 소비에스키(Jan Sobieski) 총사령관입니다. 소비에스키 장군은 터키 주력군에 맞설만한 병력을 갖고 있지 못했습니다. 하지만 터키를 지원하는 타타르의 침공을 물리치는 데에는 성공했습니다.

군대를 모을 수 없던 비시니오비에츠키 왕이 결국 터키 술탄에게 휴전 협정을 요청하는 사절단을 보냈습니다. 부차츠(Buczacz, 현재 우크라이나의 Buchach)에서 터키가 굴욕적인 조건을 내걸지만 어쩔 수 없던 폴란드는 받아들여야만 했습니다. 터키는 우크라이나 그리고 이웃한 포돌레(Podole, 현재 우크라이나의 Podolia) 지역을 차지하고 폴란드에게 공물을 바칠 것을 요구했습니다. 이런 소식이 알려지자 폴란드인들이 분개했습니다. 의회가 소집돼 전비를 마련하기 위한 세금을 통과시키고 얀 소비에스키 장군에게 전쟁 준비 임무를 맡겼습니다. 이제 치욕스런 부차츠 협정에 대한 폴란드의 복수가 시작된 것입니다.

소비에스키 총사령관이 수만 명의 병사를 이끌고 호침으로 진격해 터키 대군과 맞섰습니다. 호침은 50년 전에 폴란드 군대가 호드키에비츠 장군의 지휘아래 터키 군대를 격파한 곳입니다. 그때와 마찬가지로 이번에도 폴란드 군대가 빛나는 승리를 거뒀습니다. 이때가 1673년입니다.

소비에스키 총사령관이 왕궁으로 승전보를 보냈습니다. 하지만 왕이 이미 서거한 사실을 소비에스키 장군은 알지 못했습니다.

제47장

제2차 호침 전투와 영웅 소비에스키의 탄생

제2차 호침 전투를 지휘하는 소비에스키 장군

17세기에 들어와 막강한 터키에 맞서 싸워 폴란드가 승리할 수 있었던 것은 뛰어난 지휘관으로 유명한 얀 소비에스키 장군 덕택 때문이었습니다.

1673년에 또 다시 침공한 터키에 맞서 소비에스키 총사령관은 신속하게 전투지로 행군했습니다. 폴란드와 터키 양군이 호침에서 부닥쳤습니다. 먼저 와있던 터키 군대는 언젠가 카롤 호드키에비츠의 지휘아래 폴란드 군대가 방어한 오래된 참호를 차지했습니다.

터키 군대는 폴란드군보다 병력 수가 훨씬 많았으며 게다가 정예 선발대로 구성됐습니다. 가장 무서운 터키군 부대는 예니체리(Janissary)였습니다. 예니체리란 터키가 정복한 지역에 사는 가톨릭 신자들로부터 빼앗은 어린이들을 이슬람교도로 훈육시켜 만든 보병대를 가리킵니다. 얀 소비에스키 총사령관은 터키군 기지를 포위할 만큼 충분한 군대를 갖고 있지 않았습니다. 그럼에도 불구하고 소비에스키라는 이름만 들어도 사시나무 떨듯 두려워하던 터키군은 성벽 밖으로 나오지도 못했습니다.

1673년 호침 전투 _ Jerzy Kossak

1673년 호침 전투 _ Franciszek Smuglewicz

때는 어느덧 11월 매서운 강추위가 엄습하고 바람이 몹시 불며 눈을 동반한 비까지 내리는 어느 날이었습니다. 소비에스키 장군은 군대를 공격 대형으로 배치시켰습니다. 시간은 흘러 저녁이 되고 어둠이 내려 밤이 왔습니다. 장군은 여전히 방어 태세만 취하게 했습니다. 폴란드 병사들은 혹한의 비와 눈바람으로 얼어붙었습니다. 하지만 따뜻한 남쪽 나라에서 온 터키 병사들은 옷을 너무 얇게 입은 탓에 훨씬 더 꽁꽁 얼어붙었습니다.

마침내 다음날 아침이 밝아왔습니다. 소비에스키 총사령관은 폴란드군 기지의 성벽에 올라서서 위기에 처한 조국을 구하자는 일장 연설로 전투를 앞둔 병사들을 불붙게 만들었습니다. 그런 후 드디어 공격 나팔이 울려 퍼졌습니다. 귀를 뚫는 대포 소리와 함께 폴란드 군대가 적진을 향해 돌진

진격하는 폴란드의 후사리아 기마대

했습니다. 하지만 꽁꽁 얼어붙은 터키군은 이미 전투에 나설 여력조차 없었습니다. 마침내 터키군의 전열이 흐트러지기 시작했습니다. 단지 예니체리만이 용맹스럽고 악착같이 싸울 뿐이었습니다. 이때 폴란드 후사리아의 공격이 시작됐습니다. 내달리던 폴란드 기마대는 눈앞에 닥치는 것은 모조리 짓밟아버렸습니다. 수천 명의 예니체리가 폴란드 후사리아의 공격으로 목숨을 잃었습니다. 마침내 터키 군대가 도망치기 시작하고 폴란드 기마대가 그 뒤를 추격했습니다.

포로로 잡힌 터키 병사들만이 겨우 목숨을 건질 수 있었습니다. 폴란드

호침 전투 _ 무명화가

군대가 터키군 막사와 대포 그리고 군기를 전리품으로 얻었습니다. 마침내 폴란드가 부차츠의 치욕에 대한 복수를 끝낸 것입니다. 막강 터키가 폴란드에 패배한 소식은 유럽 전체로 빠르게 퍼져나갔습니다. 이 전투에서 명성을 얻은 덕분에 소비에스키 장군은 그로부터 얼마 뒤에 거행되는 선거에서 승리를 거두고 왕으로 즉위하게 됩니다. 완패를 당한 터키는 이때부터 소비에스키를 '호침의 사자'라 부르며 예우를 갖추었습니다.

후사리아 무장

1683년 당시 폴란드 총사령관 갑옷

호침

제48장

유럽의 기독교를 수호한 빈 전투의 영웅 – 얀 3세 소비에스키

1673년에 비시니오비에츠키 왕이 서거할 당시 폴란드는 심각한 위험에 처했습니다. 터키가 폴란드 영토의 상당 부분을 차지하고 있었으며 게다가 술탄이 여기에 만족하지 않으리라는 점은 자명했습니다. 터키는 단지 호침 전투를 승리로 이끈 얀 소비에스키 총사령관만을 두려워할 뿐이었습니다. 폴란드인들은 소비에스키 장군만이 위기에 처한 조국을 구할 수 있다고 생각했습니다.

얀 3세 소비에스키 _ Jan Matejko

얀 소비에스키는 폴란드가 낳은 위대한 장군인 스타니스와프 주우키에프스키 장군의 증손자이기도 합니다. 크라쿠프대학교를 졸업했을 뿐만 아니라 외국 유학도 마친 소비에스키는 폭 넓은 교육을 받은 사람이었습니다. 게다가 소비에스키는 여러 외국어에도 능통했습니다. 코사크와 스웨덴 그리고 모스크바와 치른 전쟁에 두루 참전한 소비에스키는 경험이 풍부한

소비에스키 일가

군인이었습니다. 소비에스키 장군은 군대에서 쌓은 혁혁한 전공 덕분에 총사령관에 올랐습니다. 그리고는 1674년에 바르샤바에서 거행된 선거에서 폴란드-리투아니아공화국의 귀족들이 소비에스키를 새로운 왕으로 뽑았습니다.

얀 3세 소비에스키(Jan Ⅲ Sobieski, 1674-1696년)가 통치하던 초기 시대는 터키와의 전쟁으로 점철됐습니다. 르비우에 치른 전투에서 얀 소비에스키는 타타르의 세력을 완전히 꺾어 버렸습니다. 그런지 얼마 후 르비우를 정복하지 못한 채 트렘보블라(Trembowla, 현재 우크라이나의 Terebovl)를 포위한 터키-타타르족의 연합군에 맞서 소비에스키가 다시 군대를 이끌고 전투에 나섰습니다. 트렘보블라는 터키 방면으로 나있는 폴란드 요새 중 가장 튼튼한 성이었습니다. 머지않아 트렘보블라가 함락되리라

1675년의 트렘보블라 구출 전투

1686년의 폴란드 – 리투아니아공화국

는 점은 불을 보듯 뻔했습니다. 트렘보블라 성이 절체절명의 위기에 처한 순간 요새 사령관의 아내가 군인들의 사기를 진작시킨 덕분에 간신히 함락만은 피할 수 있었습니다. 곧이어 소비에스키 왕이 군대를 이끌고 가까이 다가오고 있다는 소식이 들리자 터키 군대가 포위를 풀고 퇴각했습니다.

이후 몇 년 동안 평화로운 시기가 찾아왔습니다. 이 기간에 소비에스키 왕은 브란덴부르크의 세력이 커지는 것을 막으려고 애썼습니다. 오래지않아 브란덴부르크가 폴란드에 커다란 위협이 되리라는 점을 이미 소비에스키는 예견한 것입니다. 소비에스키 왕의 목적은 이제 브란덴부르크 영토가 돼버린 예전 튜턴기사단 소유의 프루시 지역을 폴란드에 합병시키는데 있었습니다. 그러나 이때 이미 터키의 세력이 점점 커져서 폴란드뿐만 아니라 유럽 다른 나라들에게도 위협이 됐습니다. 소비에스키 왕은 이런 터키의 위협을 물리치기위해 황제와 동맹을 맺었습니다. 또한 터키에 대항해서 모스크바 차르와도 연맹

오스트리아의 빈에 입성하는 소비에스키 _ Juliusz Kossak

1683년 빈 전투(일부) _ 무명화가

을 맺었습니다. 한편 소비에스키 자신은 폴란드 군대를 개선하고 끊임없이 강화시켜나갔습니다.

1683년에 마침내 터키 대군이 오스트리아를 정복하기위한 원정에 나섰습니다. 터키 대신인 카라 무스타파가 군대를 지휘했습니다. 터키 군대는 별다른 방해 없이 오스트리아의 수도인 빈까지 진군한 뒤에 포위 공격을 시작했습니다. 오스트리아 병사들이 용감하게 방어하나 터키군은 쉴새 없이 포격을 가하며 계속해서 맹공을 퍼부었습니다. 견딜 수 없게 된 황제는 얀 소비에스키에게 구원을 요청하는 사절단을 보낼 수밖에 없었습니다.

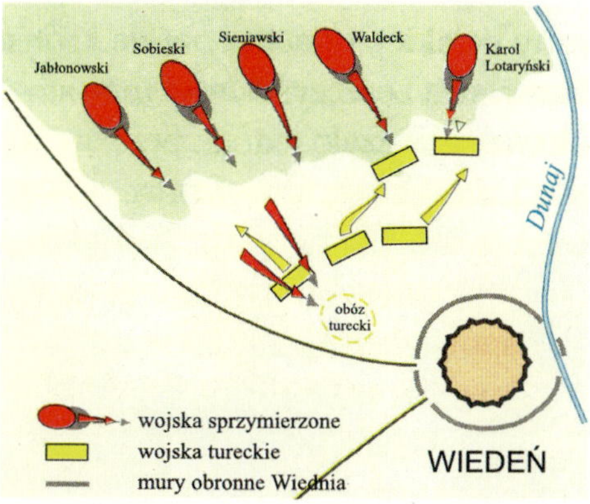

빈 전투 모형도

소비에스키 왕이 서둘러 2만 5천 명의 병사들을 소집한 뒤에 신속한 행군으로 빈 구출에 나섰습니다. 빈 근처에 도착한 폴란드군은 오스트리아 그리고 독일 군대와 합류했습니다. 폴란드 왕

빈 전투 후 교황에게 승리 소식을 전하는 소비에스키 _ Jan Matejko

인 소비에스키가 가톨릭 연합군의 총지휘관을 맡았습니다. 이윽고 터키와 가톨릭 연합군 사이에서 대대적인 전투가 벌어졌습니다. 격렬한 전투 끝에 마침내 얀 소비에스키가 두 배나 많은 터키 군대를 꺾고 대승을 거뒀습니다. 이윽고 터키 군대가 도망치기 시작했습니다. 오스트리아 빈은 위기로부터 구출됐습니다. 곧이어 소비에스키 왕이 추격에 나섰습니다. 헝가리의 파르카니(Parkany, 현재 슬로바키아의 Štúrovo)에서 소비에스키가 다시 한 번

1683년의 빈 전투 _ 무명화가

1683년의 빈 전투 - Józef Brandt

터키 군대를 격파하고 술탄은 또다시 황급히 도망쳐야했습니다. 폴란드가 거둔 눈부신 승리의 명성은 유럽 전 지역으로 널리 퍼져나갔습니다. 이때부터 유럽을 심각히 위협하던 터키 세력이 완연히 꺾이기 시작했습니다.

얀 3세 소비에스키는 폴란드가 낳은 위대한 왕들 중의 한 명입니다. 게다가 소비에스키는 폴란드뿐만 아니라 유럽을 터키의 위협으로부터 구해낸 위대한 장군이기도 합니다. 그래서 소비에스키 왕은 유럽 기독교인들 사이에서 이슬람의 위협으로부터 가톨릭을 지켜낸 '기독교의 수호자'라고 불린 것입니다.

빌라누프 궁전

빌라누프 궁에서 나오는 얀 소비에스키 _ Józef Brandt

얀 소비에스키는 바르샤바의 남쪽 근교에 위치한 빌라누프(Wilanów)에 아름다운 정원으로 둘러싸인 궁전을 지었습니다. 소비에스키는 몸소 빌라누프 궁전을 꾸미고 돌봤습니다. 심지어 왕이 손수 궁전의 정원에 라임나무를 심었다는 이야기도 전해집니다. 빌라누프 궁전은 제2차 세계대전 당시 폐허가 된 바르샤바에서 기적적으로 포탄을 피해 살아남은 몇 안 되는 유적 중의 하나이기도 합니다. 이런 이유로 빌라누프 궁전이 아름다운 바로크 양식을 원형 그대로 간직할 수 있었습니다. 그래서 지금도 주말이면 바르샤바 시민들이 빌라누프 궁전을 즐겨 찾곤 합니다.

바벨왕궁의 미하우 코리부트 비시니오비에츠키 묘(좌)
바벨왕궁의 얀 3세 소비에스키 묘(우)

소비에스키 왕은 예술과 문화를 사랑하고 후원한 통치자로도 유명합니다. 심지어 소비에스키 왕은 재능 있는 건축가, 조각가, 화가, 인문학자, 수학자, 천문학자와 같은 예술가들에게 귀족 작위마저 하사하는 등 지원을 아끼지 않았습니다. 특히나 그다인스크 출신의 천문학자인 요하네스 헤벨리우스에게는 평생 월급을 보장하고 헤벨리우스가 운영하는 양조장의 세금도 면제해주었습니다. 이에 감동한 헤벨리우스는 1683년에 새로 발견한 별자리의 이름을 소비에스키 왕에게 바쳤습니다. 그래서 현재 방패자리라 불리는 별자리의 원래 이름은 '소비에스키의 방패(Scutum Sobiescianum)'인 것입니다. 이외에도 소비에스키 왕은 커다란 도서관도 세우고 폴란드왕국의 곳곳에 성당과 석조 건물을 지었습니다. 소비에스키 왕은 이탈리아 베니스에서 창립된 세계 최초의 지리학협회의 명예 회원이기도 합니다.

얀 3세 소비에스키의 통치 후반은 곤경의 시기였습니다. 연이은 전쟁으로 나라가 황폐해지고 폴란드는 급속히 몰락하기 시작했습니다. 자신들만의 이익을 챙기기에 급급한 폴란드 귀족들은 쇠락해가는 나라의 안위 따위에는 아무런 관심도 없었습니다. 소비에스키 왕은 말년에 자주 아파서 제대로 정사를 돌보지 못했습니다. 1696년에 그토록 사랑하던 빌라누프 궁에서 얀 3세 소비에스키가 서거한 순간부터 폴란드는 더 이상 돌이킬 수 없는 패망의 길로 들어서기 시작합니다.

17세기말 폴란드

제49장

힘만 셌던 아우구스트 2세 강자왕

아우구스트 2세 강자왕 _ Jan Matejko

1697년에 독일의 작센 공인 프리드리히 아우구스트 1세가 폴란드 왕으로 선출됐습니다. 폴란드에서는 이 왕을 아우구스트 2세(August II Mocny, 1697-1706, 1709-1733년)라고 부릅니다. 아우구스트의 별명은 '강자왕(Mocny)'인데 왜냐하면 정말로 힘이 엄청 셌기 때문입니다. 아우구스트는 말발굽을 부러트리고 양철 접시를 구부릴 정도로 힘이 셌습니다.

아우구스트 2세의 통치 시대에 폴란드에 경사스런 사건이 하나 있었습니다. 얀 3세 소비에스키에게 패배당한 터키가 카미에니에츠와 함께 포돌레를 폴란드에 되돌려준 것입니다. 하지만 아우구스트 2세의 통치 시대에 폴란드는 급속히 약화되며 결국에는 돌이킬 수없는 몰락으로 치닫기 시작했습니다.

스웨덴군과의 전투

단지 작센 가문의 위상을 높이는 것만이 아우구스트 2세의 주된 관심사였습니다. 게다가 아우구스트 2세는 자신의 권력을 강화시키는 데에 힘을 쏟던 반면 폴란드 정사를 돌보는 것은 뒷전이었습니다.

아우구스트 2세가 왕으로 재위하던 시절에 폴란드와 이웃하고 있던 두 나라가 초강대국으로 자라났습니다. 그중 하나가 러시아입니다. 러시아가 낳은 위대한 차르 중의 하나인 표트르 1세가 이룬 업적으로 러시아는 강국이 됐습니다. 표트르 1세는 모스크바 권좌에 오른 후 러시아를 개혁하고 강국으로 만들 결심을 했습니다. 그래서 표트르 차르는 서유럽 국가들을 본 따 개혁 정책을 도입하며 경제를 발전시켰습니다. 이외에도 표트르 1세는 해군을 창설하는 등 러시아의 군대를 강력하게 만들었습니다. 게다가 1721년에는 자신이 전 러시아의 황제라고 선포했습니다. 1703년에 표트르 1세는 얼마 전에 획득한 발트 해안가에 새로운 대도시인 페테르부르크를 세우고 1712년에 러시아의 수도를 이곳으로 옮겼습니다.

한때 튜턴기사단의 영토이던 프루시 지역은 이 당시 브란덴부르크공국의 일부가 됐습니다. 이 당시 브란덴부르크의 통치자는 프리드리히 1세였습니다. 프리드리히 1세의 부왕인 프리드리히 빌헬름 1세가 다스리던 시대까지만 해도 브란덴부르크는 폴란드에게 충성과 복종 맹세를 했습니다. 하지만 이제 브란덴부르크는 막강해지고 드디어 1701년에 이르러서는

스타니스와프 레쉬치인스키 _ Jan Matejko

프리드리히 1세가 프로이센의 초대 국왕으로 즉위했습니다. 비록 규모 면으로는 작은 나라였지만 프로이센은 잘 훈련된 뛰어난 병사들을 많이 가지고 있었습니다. 시간이 흐르면서 폴란드에 이웃하는 이 두 나라가 점차 심각한 위협 세력으로 자라나기 시작합니다.

이외에도 터키와의 전쟁에서 승리한 후로 강력해진 오스트리아도 영토를 확장하면서 세 번째 초강대국으로 커져갔습니다.

작센공국의 통치자이기도 한 아우구스트 2세가 러시아와 연맹을 맺고 스웨덴에 맞서 전쟁을 일으켰습니다. 폴란드가 이 전쟁에 참전하지 않음

작센 왕조 시절 폴란드

북방전쟁 당시 폴란드 – 작센 연합

에도 불구하고 러시아와 스웨덴 군대는 폴란드 땅에서 전투를 치렀습니다. 스웨덴 왕인 젊고 용맹스런 칼 12세가 러시아를 제압하고 폴란드 영토 대부분을 장악했습니다. 스웨덴은 무자비하게 폴란드를 파괴했습니다. 폴란드 귀족들 중 일부는 아우구스트 2세의 통치에 불만을 가졌습니다. 그래서 이들은 몰락으로 치닫는 폴란드를 다시 일으켜 세우려는 스타니스와프 레쉬치인스키(Stanisław Leszczyński, 폴란드 왕 재위 1705-1709, 1733-1736년)를 1704년에 새로운 왕으로 선출했습니다. 아우구스트 2세는 왕위에서 물러나야했습니다. 그러나 러시아의 차르인 표트르 1세의 도움으로 1709년에 아우구스트 2세는 폴란드로 복귀할 수 있었습니다. 결국에 가서 스타니스와프 레쉬치인스키는 국외로 피신할 수밖에 없었습니다.

북방전쟁은 발트해 지배권을 둘러싸고 스웨덴과 폴란드, 러시아, 프로이센, 덴마크 등이 벌인 전쟁을 말합니다. 북방전쟁은 세 단계에 걸쳐 진행됐습니다. 즉 인플란티를 둘러싸고 1563-1570년 사이에 벌어진 제1차 북방전쟁은 폴란드-스웨덴-모스크바-덴마크 사이에서 벌어졌습니다. 반

1709년의 포우타바 전투

면 제2차 북방전쟁은 1655-1660년 사이에 스웨덴-브란덴부르크-트란실바니아를 한편으로, 다른 한편으로 폴란드-오스트리아-덴마크-네덜란드-브란덴부르크 사이에서 일어났습니다. 이 당시에 폴란드가 스웨덴의 대홍수라는 전란을 겪기도 했습니다. 마지막 대북방전쟁이라 불리는 제3차 전쟁은 1700-1721년 사이에 스웨덴과 러시아-프로이센-덴마크-작센-하노버 간에 벌어졌습니다. 이 전쟁에서 최종적으로 러시아가 승리를 거두고 1709년에 포우타바(Połtawa, 현재 우크라이나의 Poltava) 전투에서 패전한 스웨덴의 패배로 끝났습니다. 이 전쟁으로 말미암아 또다시 인구가 감소하며 폴란드는 더욱 피폐해져갔습니다. 마치 얀 카지미에쉬 왕 시대에 벌어진 스웨덴의 대홍수 때처럼 말입니다.

전쟁이 끝난 후에도 폴란드에는 평화가 찾아오지 않았습니다. 왜냐하면 폴란드 귀족들이 아우구스트 2세의 지지 세력과 반대 세력으로 나뉘어 싸웠기 때문입니다. 이런 와중에 러시아 군대가 다시 폴란드로 진군해 들어왔습니다. 러시아 차르인 표트르 1세가 아우구스트 2세와 폴란드 귀족들 사이에서 중재를 하고 의회가 반대 없이 화해 안을 통과시키도록 강요했습니다. 러시아 군대의 무력 앞에서 폴란드 의원들은 그대로 따를 수밖에 없었습니다. 그래서 1717년에 열린 이 의회를 '침묵의회' 또는 '벙어리의회'라고 부릅니다. 이 의회에서 폴란드 군대의 숫자가 2만4천명으로 제한됐습니다. 반면 폴란드와 인접하던 세 나라인 러시아와 프로이센 그리고 오스트리아는 수십만 명에 달하는 군대를 보유하고 있었습니다. 이 세 나라의 통치자들이 서로 연합을 맺어 폴란드가 다시 강성해지는 것을 허용하지 않기로 약속했습니다.

제50장

폴란드는 무정부 상태로 서있다 – 아우구스트 3세 사스

아우구스트 3세 사스 _ Jan Matejko

1733년에 아우구스트 2세가 서거한 뒤에 폴란드 귀족들이 프랑스에 머물고 있던 스타니스와프 레쉬치인스키를 새로운 왕으로 선출했습니다. 이와 동시에 러시아 군대가 다시 폴란드로 진군해 들어왔습니다. 러시아 군대의 호위 하에 레쉬치인스키에 반대하는 소수의 귀족들이 모여 아우구스트 2세의 아들인 아우구스트 3세(August III Sas, 1733-1763년)를 폴란드 왕으로 뽑았습니다.

동시에 선출된 두 명의 왕들인 스타니스와프 레쉬치인스키와 아우구스트 3세 사이에서 폴란드 왕위를 놓고 전쟁이 벌어졌습니다. 레쉬치인스키 편에는 대다수 폴란드 귀족들과 그다인스크 도시가 섰습니다. 당시 그다인스크는 러시아 군대에 맞서 몇 달 동안 방어하나 수적 열세로 다음해

아우구스트 3세의 바르샤바 입성

그다인스크 포위 공격

에 항복하고 말았습니다. 결국에 가서 스타니스와프 레쉬치인스키는 다시 프랑스로 돌아갈 수밖에 없었습니다. 레쉬치인스키는 사위인 프랑스 왕으로부터 로렌 공국을 받아 다스리며 여생을 보냈습니다.

아우구스트 3세의 통치 시대에 폴란드는 계속해서 몰락해갔습니다. 이와는 반대로 조국의 안위보다는 자신의 이익만을 챙기기에 급급하던 폴란드 대귀족들의 세력은 점점 더 커져만 갔습니다. 힘이 없던 폴란드의 대다수 일반 귀족들은 대귀족들이 시키는 대로 따를 수밖에 없었습니다. 국가 개혁에 반드시 필요하던 새로운 법령을 제정할 수도 없었습니다. 왜냐하면 거의 모든 의회가 개회 도중에 폐회됐기 때문입니다. 당시 만장일치제라는 의회 규정에 따라 한 사람이라도 반대하면 모든 결의는 무효 처리됐습니다. 이런 의회 규정을 라틴어에서 따와 리베룸 베토(liberum veto)라고 부릅니다. 이 당시에 많은 폴란드 사람들은 쇠약해진 폴란드가 오히려 이웃 강대국으로부터 스스로를 보호받게 해준다고 생각했습니다. 당시 상태를 빗대 '폴란드는 무정부 상태로 서있다'라고 말하곤 했습니다. 즉 폴란드는 강력한 통치자가 없는, 정부가 없는 상태에 있다는 뜻입니다. 만일 폴란드가 그 누구에게도 위협이 되지 않는다면 왜 이웃 나라들이 우리를 공격하겠는가? - 라고 폴란드 귀족들은 너무나도 어처구니없이 안이하게 생각한 것입니다.

폴란드가 점점 쇠약해져 패망을 눈앞에 두고 있을 때 이웃 나라들 특히 프로이센의 세력이 갈수록 막강해졌습니다. 프로이센의 왕인 프리드리히 2세가 당시 오스트리아에 속하던 실롱스크 지역을 무력으로 쟁취했습니

7년전쟁 당시 폴란드 – 작센 연합

다. 그 후 프로이센은 7년 동안 전쟁을 치르며 오스트리아와 프랑스 그리고 러시아와 다른 나라들로부터 계속해서 승리를 거뒀습니다. 이 시기에 러시아 군대가 또다시 폴란드 영토를 지나갔습니다. 프리드리히 2세는 화폐를 위조하며 폴란드 경제를 파탄시켰습니다. 게다가 국경 지방의 폴란드 젊은이들을 사정없이 잡아가서 프로이센 군대에 강제로 집어넣기도 했습니다.

1697년부터 1763년까지 반세기가 넘는 두 명의 작센 지배자 통치시기에 폴란드는 모든 부분에서 퇴보하며 전반적인 위기에 봉착합니다. 자신들의 이득에만 몰두하던 대귀족들이 득세하고 한때 강대국을 꿈꾸던 폴란드-리투아니아공화국은 이제 주변국들의 결정에 좌우되는 빈껍데기 국가로 전락하고 맙니다. 절망적이고 무력한 작센 지배자들이 남긴 몇 안 되는 긍정적인 유산으로 사스키 궁전(Pałac Saski)과 사스키 공원(Ogród Saski) 즉 작센 궁전과 작센 공원을 들 수 있습니다. 하지만 이마저도 모두 제2차 세계대전 당시 퇴각하던 독일군에 의해 파괴되고 맙니다. 예전 사스키 궁전

2차대전 당시 파괴된 사스키 궁전

일부 복원된 현재 모습 _ 무명용사비

은 현재 피우수드스키 광장으로 변했습니다. 피우수드스키는 장군 출신으로 1918년에 폴란드를 재건하며 영웅으로 추앙받는 인물입니다. 폴란드의 국가 행사가 거행되는 이 광장의 이름은 세월에 따라 다음과 같이 변해 갔습니다. 1814년 사스키 광장-1928년 피우수드스키 광장-1940년(나치 독일이 폴란드를 점령한 후) 히틀러 광장-1945년(제2차 세계대전이 끝나고) 사스키 광장-1946년(폴란드가 공산주의 국가가 된 후) 승리 광장-1990년(폴란드가 민주주의 국가로 전환된 후) 피우수드스키 광장. 한편 바르샤바 시내 한복판에 복원된 사스키 공원은 바르샤바 시민들이 즐겨 찾는 아름다운 휴식처입니다.

이 당시에 종교 음악의 거장으로 알려진 요한 제바스티안 바흐와 관련된 재미있는 일화가 하나있습니다. 바흐의 최고 미사곡으로 알려진 <나단조 미사(BWV232)>는 바로 아우구스트 3세에게 헌정된 곡입니다. 궁정 작곡가 자리를 바라던 바흐가 이 곡을 아우구스트 3세에게 바친 것이지요. 이보다 더 흥미로운 점은 이 곡의 초고 악보를 한때 폴란드가 소유했다는 사실입니다. 이와 관련된 흥미진진한 사연은 다음과 같습니다. 제2차 세계대전 말기에 수세에 몰리자 프로이센국립도서관은 연합국의 공습을 피하고자 독일 민족의 보물인 소장품을 지방에 분산 보관하기로 결정합니다. 그리고는 일부 문화재를 5백여 개의 상자에 담아 실롱스크 지역에 숨겼습니다. 그런데 전쟁이 끝나고 국경선이 새로 그어지며 이 지역이 그만 폴란드 영토가 돼버렸습니다. 그리고는 수도원 지하에 숨겨진 독일 문화재가 폴란드 수중에 들어오게 됐습니다. 폴란드로서는 생각지도 못한 횡재를 한 셈이지요. 전쟁이 끝나고 베를린카(Berlinka)로 불리는 이 문화재를 찾기 위해 수많은 전문가들이 보물찾기에 나섰습니다. 하지만 그 어디에서도 문화재는 발견되지 않았습니다. 그러던 와중에 놀랍게도 이런 보물이 폴란드에 있다는 사실이 알려지게 됐습니다. 공산주의 시절인 1977년에 당시 폴란드 서기장이던 기에렉이 동독의 호네커 서기장에게 모차르트의 <요술피리>, 베토벤의 <교향곡 9번 합창> 그리고 바흐의 <나단조 미사>를 돌려주기도 했습니다. 2000년에는 폴란드 총리인 부젝이 독일 슈뢰더 총리에게 가장 오래된 루터의 성경 번역본을 전해줬습니다. 하지만 괴테, 실러, 루터, 그림 형제, 모차르트, 베토벤, 바흐 등의 친필 원고와 독일 국가 원본을 포함한 무려 50만 점에 이르는 문화재는 여전히 폴란드 크라쿠프의 야기에우워도서관이 소장하고 있습니다. 그리고 '독일의 마지막 전쟁 포로'라 불리는 이 베를린카에는 우리나라 문화재도 일부 포함돼있답니다.

바르샤바 사스키 공원

제51장

비운의 폴란드 마지막 왕 – 스타니스와프 아우구스트 포니아토프스키

스타니스와프 아우구스트 포니아토프스키 _ Jan Matejko

1763년에 아우구스트 3세가 세상을 뜬 후 러시아의 의견을 따를 수밖에 없던 폴란드 귀족들은 자신들 마음대로 왕을 선출할 수 없었습니다. 러시아 여제인 예카테리나 2세가 스타니스와프 아우구스트 포니아토프스키(Stanisław August Poniatowski, 1764-1795년)를 폴란드 왕으로 선출하도록 강요했습니다. 한때 자신의 정부(情夫)이기도 했던 포니아토프스키가 자신의 말에 복종하리라는 것을 예카테리나 2세는 잘 알고 있었기 때문입니다. 1764년에 실시된 선거에서 폴란드 귀족들은 러시아의 뜻에 항거할 수 없었습니다. 왜냐하면 바르샤바 근교에 러시아 군대가 진주해있었기 때문입니다. 새롭게 선출된 왕

스타니스와프 아우구스트 포니아토프스키 포니아토프스키 초상화 _ Marcello Bacciarelli

은 크라쿠프가 아닌 바르샤바에서 최초이자 마지막으로 대관식을 치렀습니다.

비운의 폴란드 마지막 왕 포니아토프스키와 러시아의 위대한 통치자 예카테리나 사이에서의 애처로운 사랑 이야기는 이렇게 시작됩니다. 왕위에 오르기 10년 전인 1755년에 포니아토프스키는 친분이 있던 영국 대사의 개인 비서로 페테르부르크에 간 적이 있습니다. 이때 포니아토프스키가 러시아 황태자의 부인이자 장차 러시아의 여제가 되는 예카테리나 황태자비를 만났습니다. 그리고 둘 사이에 로맨스가 시작됐습니다. 전하는 바에 따르면 당시 이미 예카테리나가 포니아토프스키에게 폴란드 왕위를 약속했다고 합니다. 이 사실을 알게 된 영국 대사는 포니아토프스키의 안위를 염려해 폴란드로 돌려보냈습니다. 하지만 남성 편력으로 유명한 예카테리나는 자신의 연인을 다시금 외교 사절로 보내도록 압력을 가하고 이번에는 작센왕국의 외교관 자격으로 포니아토프스키가 페테르부르크에 도착합니다. 그리고 이들의 애정 행각이 계속되는 가운데 둘 사이에 딸마저 태

바르샤바 크라코프스키에 프쉐드미에시치에 대로 _ Bernardo Bellotto, Canaletto

어나기도 합니다. 하지만 결국에 가서 이들의 불륜은 표트르 황태자에 의해 현장에서 발각되고 맙니다. 이때 폴란드와 러시아 양국 모두에서 장군으로 재직하던 브라니츠키(Franciszek Ksawery Branicki) 백작의 도움으로 포니아토프스키가 간신히 위기를 모면할 수 있었습니다. 젊은 시절에 브라니츠키는 이탈리아 출신의 무용수를 사이에 두고 한때 바르샤바에 머물던 저 유명한 카사노바와 결투를 벌여 부상을 입기도 했습니다. 브라니츠키는 우리의 을사오적에 해당하는 인물로 후에 비스피아인스키의 희곡 <베셀레(Wesele)> 속에 매국노와 거만스런 대귀족의 상징으로 등장하기도 합니다. 1762년에 군대의 도움으로 남편을 몰아내고 예카테리나가 차르에 오릅니다. 그리고는 아우구스트 3세가 서거하는 즉시 폴란드 왕으로 추대할 것을 포니아토프스키에게 약속했습니다. 이와 동시에 예카테리나 여제는 이제 더 이상 포니아토프스키가 페테르부르크에 오지 못하도록 했습니다. 하지만 사랑에 눈먼 포니아토프스키는 엄명에도 불구하고 예카테리나에게 편지를 보내며 사랑을 잃느니 왕관을 포기하겠다고 애원했습니다. 물론 예카테리나 여제는 이런 애걸을 매몰차게 거절했습니다. 포니아토프스키는 마지막 죽는 순간까지 결혼도 하지 않은 채 예카테리나의 초상이 그려진 반지를 끼고 있었다고 합니다.

34년 동안 모든 정열을 바쳐 러시아를 통치한 끝에 예카테리나 여제가 사망하고 1796년에 포니아토프스키에게 호의적이던 파벨 1세가 차르가 됩니다. 새로운 차르의 초청으로 포니아토프스키가 페테르부르크에 오게 됐습니다. 하지만 그로부터 채 1년이 못되어 포니아토스키는 뇌졸중으로 66세의 파란만장한 생을 마감하고 맙니다. 사후 포니아토프스키의 시신은 페테르부르크의 성당에 안치됐다가 1938년에 이제 국명이 소련으로 바뀐 당국에 의해 폴란드에 인도됩니다. 당시 폴란드 정부는 비밀리에 포니아토프스키의 시신을 생가가 있는 보우친(Wołczyn, 현재 벨로루시의 Vowchyn)에 안장합니다. 제2차 세계대전이 터지고 소련이 폴란드를 침공하면서 군인들이 포니아토스키 묘지를 약탈하며 관을 파헤쳤습니다. 이 상태로 방치된 포니아토프스키의 유해는 1988년에 다시 한 번 소련 당국에 의해 폴란드에 인도되고 이번에는 바르샤바왕궁에 안치됩니다. 1995년에 상징적인 장례가 치러진 후 포니아토프스키의 유해는 현재 바르샤바

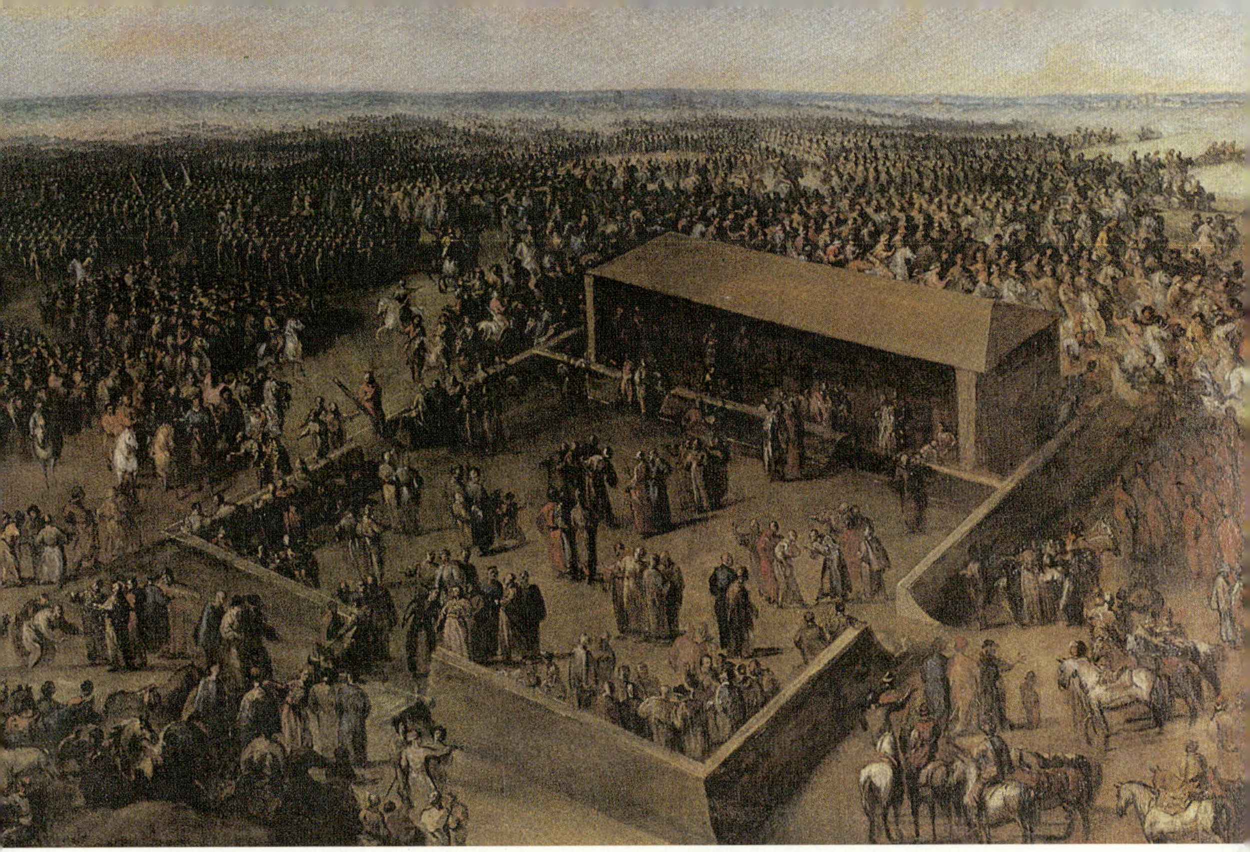

1764년의 스타니스와프 아우구스트 포니아토프스키 선출 _ 무명화가

대성당에 모셔졌습니다. 굴곡으로 얼룩진 인생만큼이나 파란만장한 포니아토프스키 시신의 운명입니다.

뛰어난 재능을 타고난 스타니스와프 아우구스트 포니아토프스키는 나무랄 데 없는 교육을 받은 준비된 통치자였지만 아쉽게도 우유부단한 성격의 소유자이기도 했습니다. 전하는 바에 따르면 자신의 무능과 무력감에 절망한 포니아토프스키 왕은 다음과 같이 한탄하며 여러 차례에 걸쳐 신하들 앞에서 울기도 했습니다. “어찌하여 짐은 이처럼 슬픈 운명을 타고 났단 말인가! 짐은 사랑하는 조국에게 늘 좋은 것만을 가져다주려 애썼다. 하지만 언제나 폐만 끼치고 말았구나.” 그래서 예카테리나 여제가 한때 연인이던 포니아토프스키를 밀랍 인형이라 부르며 멸시했는지도 모릅니다. 이런 관계로 인해 포니아토프스키 왕은 예카테리나 여제의 지지와 도움에 의지할 수밖에 없었습니다. 하지만 이 대가로 포니아토프스키 왕은 바르샤바에 주재하는 러시아 대사의 요구에 따라야만 했습니다. 이런 상황에서 폴란드를 개혁하고 강화시키는 것은 불가능했습니다. 러시아 대사의 강요에 따라 폴란드 의회는 불합리한 제도를 계속 유지시키는 법안을 통

청스토호바를 출발하는 푸와스키와 바르동맹군 _ Józef Chełmoński

과시킬 수밖에 없었습니다. 이에 반대한 네 명의 폴란드 의원들은 체포되어 러시아로 압송됐습니다.

1768년에 포돌레의 바르(Bar, 현재 우크라이나 지역)에서 폴란드 귀족들이 모여 러시아의 무력에 맞서 싸우기로 결의하고 무장 연합체인 바르동맹을 발족시켰습니다. 러시아 군대에 맞서기에는 폴란드가 너무 약하기 때문에 바르동맹군은 게릴라 전술을 펼쳤습니다. 이런 전투에서 바르동맹 지휘자 중의 한 명인 카지미에쉬 푸와스키(Kazimierz Pułaski) 장군이 명성을 얻었습니다.

전투 준비 중인 바르동맹군

같은 시기 우크라이나에서 하이다막(hajdamak)이라 불리던 코사크 농민들이 폴란드 통치에 반대하는 봉기를 일으켰습니다. 처음에 러시아는 이 봉기를 지지했습니다. 하이다막은 폴란드 귀족과 가톨릭 신부 그리고 유대인들을 대거 살해했습니다. 농민 봉기를 피해 피난 온 폴란드인과 유대인들이 머물고 있던 후마인(Humań, 현재 우크라이나의 Uman)에서 어린아이와 노인을 포함한 2만여 명이 잔인하게 살해당하는 대량 학살이 자행되기도 했습니다. 봉기가 널리 퍼지며 규모가 커져가자 러시아 군대가 폴란드와 손을 잡고 반란을 진압했습니다.

1771년의 포니아토프스키 납치 시도

하이다막 봉기가 진행되던 같은 시간에 러시아군과의 싸움에서 승리를 거둘 수 없던 바르동맹은 포니아토프스키 왕을 납치해서 러시아에 대항하는 선포를 받아내기로 계획을 세웠습니다. 그러나 1771년에 왕을 납치한다는 계획은 실패로 돌아가고 오히려 바르동맹에 대한 전국적인 반감만 불러일으켰습니다. 포니아토프스키 왕은 폴란드 군대에게 러시아에 협조하도록 명령했습니다. 한편 유럽 다른 나라들은 바르동맹의 원조 요청을 거절했습니다. 결국 다음해에 바르동맹은 진압당하고 러시아는 동맹에 가담한 대다수 사람들을 체포해 시베리아로 유배 보냈습니다.

카지미에쉬 푸와스키

카지미에쉬 푸와스키는 포니아포스키 왕의 납치 주범으로 몰려 사형선고를 받았습니다. 그리하여 푸와스키는 외국으로 망명할 수밖에 없었습니다. 하지만 당시 유럽 어느 나라도 푸와스키의 망명을 허락하지 않았습니다. 결국 푸와스키는 프랑스 귀족 출신으로 프랑스혁명과 미국 독립전쟁에 참여한 라파예트(La Fayette) 장군의 초청을 받아들여 이제 막 탄생하는 신생 미국으로 건너갔습니다. "폴란드의 푸와스키 백작은 러시아와 오스트리아 그리고 프로이센의 절대적인 무력에 맞서 자신의 모국에 자유를 가져다주기 위해 벌인 불굴의 투쟁과 용기로 전 유럽에 널리 알려진 사람입니다. 이런 푸와스키는 우리 군대로서도 매우 유익할 것입니다." - 라고 1777년 5월 29일에 파리에서 벤저민 프랭클린이 미국의

1779년 10월 9일 사바나 전투에서 전사하는 푸와스키 _ Artur Szyk

1779년 사바나 전투에서 전사하는 푸와스키 장군 _ Stanisław Batowski_Kaczor

초대 대통령인 조지 워싱턴에게 보낸 편지에서 썼습니다.

1777-1779년 사이에 푸와스키는 조지 워싱턴의 휘하에서 미국 독립전쟁에 참전했습니다. 장군으로 복무하던 푸와스키는 위험을 무릅쓰고 워싱턴의 목숨을 구하기도 했습니다. 이런 공로로 조지 워싱턴이 1778년에 기마대를 창설하며 푸와스키를 사령관에 임명했습니다. 푸와스키가 이끄는 기마대는 영국군을 상대로 혁혁한 전과를 올렸습니다. 하지만 1779년 10월 11일에 벌어진 사바나 포위 공격에서 부상을 입은 푸와스키가 전사하고 말았습니다. 이 당시 웨스트포인트의 참모본부에서 주둔 중이던 조지 워싱턴 장군에게도 푸와스키의 전사 소식이 전해졌습니다. 워싱턴은 비보가 전해진 11월 17일의 군대 암호를 '푸와스키'로 그리고 그 대답은 '폴스카'로 하라고 명령했습니다.

미국 독립전쟁의 영웅인 푸와스키는 미국에서 기마대를 창설한 장군으로도 유명합니다. 1929년에 미국 상원은 장군이 전사한 10월 11일을 푸와스키 장군의 기념일(General Pulaski Memorial Day)로 정했습니다. 그래서 지금도 매해 10월 첫 번째 일요일이면 미국에서 가장 커다란 거리 행사인 푸와스키 퍼레이드(Pulaski Parade)가 뉴욕 5번가에서 성대하

뉴욕의 푸와스키 퍼레이드

푸와스키 데이 행진 퍼레이드

게 펼쳐지곤 합니다. 한편 일리노이 주에서는 매해 3월의 첫 번째 월요일을 카지미에쉬 푸와스키의 날(Casimir Pulaski Day)로 기념하고 있습니다. 이 외에도 장군을 기리기 위해 아칸소, 조지아, 일리노이, 인디아나, 켄터키, 미주리, 버지니아 주들이 푸와스키의 이름을 따서 지역 명칭(Pulaski County)을 지었습니다.

미국의 푸와스키 장군 _ Artur Szyk

한편 유명한 시인인 롱펠로는 1854년에 <푸와스키 부대의 군기를 위한 베들레헴에서 온 모라비안 수녀들의 노래(Hymn Of The Moravian Nuns Of Bethlehem At The Consecration Of Pulaski's Banner)>라는 시를 쓰기도 했습니다. 2009년에 상하원의 만장일치 속에 미국 44대 대통령인 버락 오바마가 카지미에쉬 푸와스키를 명예시민으로 임명했습니다. 현재까지 미국 명예시민으로 인정받은 사람은 라파예트와 윈스턴 처칠 그리고 테레사 수녀 등을 포함해 모두 7명에 불과합니다.

제52장

폴란드의 패망을 시작하는 1772년의 제1차 삼국분할

폴란드와 국경을 맞대는 세 강대국인 러시아와 프로이센 그리고 오스트리아는 오래전부터 폴란드 영토를 정복해 자신들의 국경을 확장시킨다는 계획을 꿈꿔왔습니다. 이 세 나라의 통치자들인 러시아의 여제 - 예카테리나 2세와 프로이센의 왕 - 프리드리히 2세 그리고 오스트리아의 또 다른 여제 - 마리아 테레지아는 이제 상황이 자신들에게 유리하다고 판단했습니다. 왜냐하면 작센 가문 출신의 두 명의 왕이 통치하던 시대에 피폐해질 대로 피폐해진 폴란

1772년의 제1차 폴란드 삼국분할 – 왼쪽부터 예카테리나 2세, 스타니스와프 포니아토프스키, 요제프 2세, 프리드리히 2세

타데우쉬 레이탄과 폴란드의 패망 _ Jan Matejko

드가 이제 바르동맹이라는 내란과 하이다막의 반란으로 극도로 쇠약해졌기 때문입니다. 흥미로운 점은 이 세 명의 통치자가 모두 독일인이라는 점입니다. 프리드리히 2세와 마리아 테레지아는 말할 것도 없지만 예카테리나 2세도 원래는 프로이센의 슈테틴(Stettin) 출신입니다. 슈테틴은 현재 폴란드 도시인 쉬체친(Szczecin)입니다.

1772년에 이 세 명의 통치자가 러시아의 수도인 페테르부르크에 모여 폴란드를 분할하는 조약에 서명했습니다. 러시아는 폴란드의 동쪽 지역을 합병했으며 프로이센은 포모줴 그다인스키에(Pomorze Gdańskie) 지역을 취했고 오스트리아는 폴란드 남쪽에서 커다란 지역을 획득해 갈리츠야(Galicja)라고 이름 붙였습니다. 침략자 군대가 폴란드로 진군하나 이들에 맞서 저항하기에는 폴란드의 군대가 너무나도 약했습니다.

침략자 삼국은 폴란드 의회가 분할을 승인하도록 강요했습니다. 예카테리나 여제에게 매수된 폴란드 하원 의장인 아담 포니인스키(Adam Poniński)는 분할조약 문서가 의회에서 승인되도록 하는 책임을 맡았습니다. 분할조약이 가결되는 동안 러시아 군대가 의회를 둘러싸고 감시했습니다. 타데우쉬 레이탄(Tadeusz Rejtan)이 이끄는 일단의 애국 의원들이 저항하나 모

1772년 1차분할

든 것은 물거품이 되고 말았습니다. 매국노들에 의해 장악되고 공포 분위기에 압도된 폴란드 의회는 자신의 나라를 분할하는데 동의하고 말았습니다.

폴란드로부터 떨어져나간 지역에 사는 모든 폴란드인들이 외국 지배자에게 충성을 맹세하도록 강요됐습니다.

제53장

폴란드 민족 부흥 운동과 제2차 삼국분할

1차분할은 폴란드 민족에게 커다란 충격을 안겨줬습니다. 무너져가는 조국을 구하기 위해서는 강력한 정부와 튼튼한 군대 그리고 개혁된 새로운 법률과 무엇보다 교육이 필요하다는 것을 폴란드인들이 깨달았습니다.

그래서 1773년에 폴란드 의회가 민족교육위원회를 창설하고 폴란드 내 모든 학교에 대한 전권을 위임했습니다. 이 민족교육위원회는 현재 교

와지엔키 공원 내의 수상궁전

이그나치 크라시츠키

와지엔키 공원 내의 쇼팽 동상

육부에 해당되는 것으로 유럽에서 최초로 만들어졌습니다. 민족교육위원회가 활동을 시작하며 이 당시 많은 학교들이 폴란드에 세워졌습니다. 이들 학교는 폴란드어로 교육시키며 새롭고 실용적인 과목들을 중점적으로 가르쳤습니다. 가장 우수한 학생들은 폴란드의 최고 명문인 크라쿠프대학교나 빌뉴스대학교에서 학업을 이어갔습니다. 포니아토프스키 왕이 바르샤바에 현재의 사관학교에 해당하는 기사학교를 설립하고 장차 폴란드의 미래를 짊어지고 나갈 젊은 장교들을 양성했습니다. 이 학교는 훗날 폴란드의 위대한 애국자가 되는 졸업생들을 대거 배출합니다. 특히나 그 중에서도 폴란드 독립 운동의 선봉에 섰던 타데우쉬 코시치우쉬코(Tadeusz Kościuszko) 장군이 가장 유명합니다.

포니아토프스키 왕은 학문과 예술을 장려하고 예술가와 문학가 그리고 학자들을 적극적으로 후원했습니다. 이 당시 가장 유명한 시인들로 이그나치 크라시츠키(Ignacy Krasicki)와 프란치쉑 카르피인스키(Franciszek Karpiński) 그리고 아담 나루쉐비츠(Adam Naruszewicz)를 들 수 있습니다. 이들은 또한 폴란드의 위대한 역사가이기도 합니다. 매주 목요일마다 포니아토프스키 왕은 저명인사들을 자신의 점심 식사에 초대했습니다. 이 모임에서 왕과 저명인사들이 문학과 예술에 대해 토론하고 대화를 나누었습니다.

크라코프스키에 프셰드미에시치에(Krakowskie Przedmieście) 거리 _ Bernardo Belloto Canaletto

이 당시에 마르첼리 바치아렐리(Marceli Bacciarelli), 얀 피오트르 노르블린(Jan Piotr Norblin), 카날레토(Canaletto)로 불리는 베르나르도 벨로토(Bernardo Bellotto) 등과 같은 화가들이 폴란드에서 명성을 얻었습니다.

이 당시 유럽에서 가장 커다란 도서관 중의 하나인 자우스키도서관이 바르샤바에서 문을 열었습니다. 이 도서관은 안드쥐이 자우스키(Andrzej Załuski)와 유젶 자우스키(Józef Załuski) 형제에 의해 세워졌습니다.

또한 이 당시 유명한 건축가들이 수도인 바르샤바에 궁전과 성당을 대거 지었습니다. 포니아토프스키 왕은 바르샤바왕궁을 재건하고 화려하게 치장했습니다. 그리고 와지엔키(Łazienki)에 궁전을 지으며 아름다운 별장도 만들었습니다. 포니아토프스키 왕은 또한 바르샤바에 최초로 연극장도 세웠습니다. 이 당시에 세워진 많은 건축물은 현재에도 폴란드의 수도인 바르샤바를 화려하게 장식하고 있습니다.

두우가(ul. Długa)_Bernardo Belloto Canaletto

포니아토프스키 왕의 통치 시대

4년의회 _ Jan Matejko

에는 당시까지 외국에서 수입하던 상품을 만들어내는 공장들도 많이 생겨났습니다.

1772년에 단행된 제1차 삼국분할 후 10여 년 동안 폴란드에서 민족 부흥 운동이 활발히 펼쳐졌습니다. 폴란드의 국력을 강화시키고 발전을 보장하는 새로운 법률을 제정하라는 요구가 세차게 일어났습니다. 1788년에 마침내 바르샤바에서 4년간 개회되며 4년의회 또는 위대한 의회라 불리는 의회가 소집됐습니다. 스타니스와프 마와호프스키(Stanisław Małachowski) 의장이 이 의회를 주관했으며 의원들 중에는 현명하고 합리적이며 진심으로 조국을 사랑하는 애국자들이 많았습니다.

4년의회는 무너져가는 나라를 재건시키기 위한 많은 개혁적인 법안을 통과시켰습니다. 시민 계층이 정부 부서에서 근무하고 의회 의원을 선출

5·3 헌법 제정 _ Kazimierz Wojniakowski

할 수 있도록 허락하는 법안도 가결됐습니다. 또한 의회는 폴란드 군대 병력을 10만 명으로 늘렸습니다. 4년의회가 만든 가장 중요한 법안은 1791년 5월 3일에

5·3 헌법 제정 _ Jan Matejko

제정한 헌법입니다. 전 세계에서 두 번째로 제정된 성문 헌법인 이 5·3 헌법은 정부가 농민 계층을 보호한다고 선언했습니다. 그리고 반대표 하나로 의회를 폐회시키던 대표적인 악법인 리베룸 베토를 마침내 폐지하고 선거제 왕위를 세습제로 변경했습니다. 이 헌법을 제정하면서 폴란드 민족은 이제 자신들의 조국이 패망으로부터 벗어나 다시 발전하리라는 것을 믿어 의심치 않았습니다.

예카테리나 여제를 맹목적으로 따르던 러시아 추종자들은 이런 개혁 움직임에 불만스러워했습니다. 1792년에 이런 매국노들이 타르고비

타르고비차 매국노들을 바르샤바에서 공개 처형하는 장면 _ 무명화가

1792년의 지엘레인체 전투 후 개선하는 폴란드 군대

차(Targowica, 현재 우크라이나의 Torhowycja)에 모여 5·3 헌법 폐지를 목적으로 하는 동맹을 결성했습니다. 타르고비차동맹이 예카테리나 여제에게 요청한 원조를 빌미로 러시아 군대가 서둘러 폴란드로 진격해 들어왔습니다. 이렇게 해서 폴란드와 러시아 간에 다시 전쟁이 발발했습니다. 우리의 을사오적에 해당하는 타르고비차의 매국노들 대다수는 곧이어 일어나는 코시치우쉬코봉기 때에 공개 처형으로 생을 마감하고 맙니다.

포니아토프스키 왕의 조카인 유제프 포니아토프스키(Józef Poniatowski) 공이 이끄는 폴란드 군대는 수적 열세에도 불구하고 여러 번에 걸쳐 러시아 군과의 전투에서 승리를 거뒀습니다. 지엘레인체(Zieleńce, 현재 우크라이나 지역) 전투가 끝난 후에 포니아토프스키 왕이 비르투티 밀리타리(Virtuti Militari)

바르동맹, 1차분할, 헌법수호전쟁

유젶 포니아토프스키 공

비르투티 밀리타리 훈장

훈장을 제정했습니다. 이 훈장은 지금까지도 폴란드 최고 무공 훈장으로 남아있습니다. 지엘레인체 전투는 폴란드가 러시아에 맞설 수 있다는 것을 보여준 아주 의미 있는 전투였습니다. 승리 소식을 듣고 포니아토프스키 왕이 조카이자 지휘관인 유젶 포니아토프스키에게 보낸 편지에서 말한 바와 같이 지엘레인체 전투는 소비에스키 왕 이후로 폴란드가 아무런 외

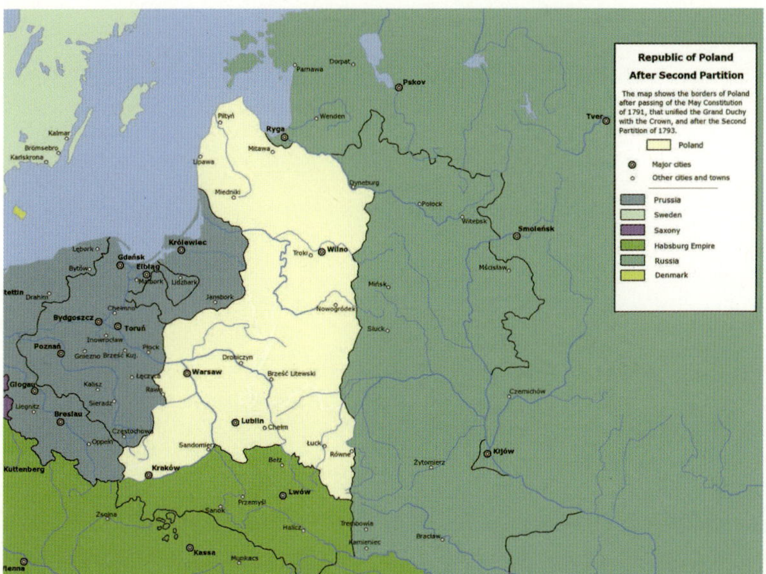

1793년 2차분할

부 도움 없이 단독으로 외국 군대와 싸워 이긴 전투인 것입니다. 이 전투에서 거둔 승리로 폴란드인들의 사기가 하늘 높이 올라갔습니다. 한편 타데우쉬 코시치우쉬코 장군은 두비엔카(Dubienka)에서 벌어진 전투에서 승리를 거뒀습니다.

그러나 포니아토프스키 왕은 이 전쟁에서 승리를 확신하지 못하고 망설였습니다. 결국 왕은 타르고비차동맹에 굴복해 매국노 편에 서고 말았습니다. 이런 상황에서 더 이상 전쟁을 계속하는 것은 불가능했습니다.

1793년에 전쟁 종결과 함께 러시아와 프로이센이 제2차 삼국분할을 단행했습니다. 러시아는 폴란드 동쪽에서 대규모 영토를, 프로이센은 서쪽에서 비엘코폴스카 지역을 차지했습니다. 나폴레옹의 프랑스와 전쟁을 치르느라 여력이 없던 오스트리아는 이번 분할에는 참여하지 않았습니다.

제54장

코시치우쉬코 봉기와 제3차 삼국분할 그리고 폴란드의 패망

2차분할 이후 폴란드인들은 오직 무장 투쟁만이 조국을 구할 수 있다고 믿었습니다. 미국의 독립전쟁과 폴란드-러시아 전쟁에서 명성을 날린 타데우쉬 코시치우쉬코 장군이 봉기 지도자로 선출됐습니다. 1794년 3월 24일에 코시치우쉬코 장군이 크라쿠프의 중앙 광장에서 조국을 강점한 침략 군대에 맞서 승리를 거둘 때까지 싸우겠다는 선서식을 장엄하게 거행했습니다.

타데우쉬 코시치우쉬코

크라쿠프 중앙광장에서 맹세하는 타데우쉬 코시치우쉬코 _ Michał Stachowicz

크라쿠프 중앙광장에서 맹세하는 타데우쉬 코시치우쉬코 _ Michał Stachowicz

라츠와비체 전투 _ Aleksander Orłowski

그런 후 코시치우쉬코 장군이 군대를 이끌고 수도인 바르샤바로 진군했습니다. 크라쿠프 근교인 라츠와비체(Racławice)에서 러시아군과 벌어진 전투에서 코시치우쉬코 장군이 승리를 거뒀습니다. 이 전투에서 낫으로 무장한 농민 부대인 코시니에르(kosynier)가 아주 용감하게 싸웠습니다. 코시니에르 부대는 맨손으로 돌격해 러시아군의 대포를 빼앗기도 했습니다. 이들의 영웅적인 무공을 치하하기위해 코시치우쉬코 장군이 농민들이 입

대포로 돌격하는 바르토쉬 그워바츠키

전투를 지휘하는 코시치우쉬코 _ 브로츠와프 파노라마의 일부

1794년 라츠와비체 전투 파노라마

라츠와비체 전투와 타데우쉬 코시치우쉬코 _ Jan Matejko

는 외투를 자신의 전투복위에 입기도 했습니다. 그리고 러시아군의 대포 부대에 최초로 돌격한 농민인 바르토쉬 그워바츠키(Bartosz Głowacki)를 장교로 임명했습니다.

그로부터 얼마 후에 포와니에츠(Połaniec) 야영지에서 코시치우쉬코 장군이 성명서를 발표하며 강제 노역으로부터 농민들을 해방시키는 동시에 자유를 준다고 선포했습니다.

라츠와비체 전투에서 거둔 승리 소식이 퍼지면서 비엘코폴스카 지역에서도 봉기가 일어났습니다. 또한 바르샤바에서는 러시아 군대와 타르고비차동맹에 대항해 민중들이 들고 일어났습니다. 후에 대령으로 임명되는 구두 수선공인 얀 킬리인스키(Jan Kiliński)가 바르샤바 봉기를 지휘했습니다. 그리고는 바르샤바 봉기군이 수도로부터 침략자인 러시아 군대를 쫓아냈습니다. 이제 빌뉴스에서도 봉기가 일어났습니다. 이 봉기는 야쿱 야시인스키(Jakup Jasiński)가 지휘했습니

2차분할, 코시치우쉬코 봉기, 3차분할

러시아군 포로를 끌고 바르샤바 시내를 행진하는 얀 킬리인스키

다. 봉기는 점차 폴란드 전국으로 확대돼갔습니다.

하지만 안타깝게도 쉬체코치니(Szczekociny) 전투에서 폴란드 군대가 패배했습니다. 이 전투에서 패배한 코시치우쉬코 장군은 바르샤바로 후퇴할 수밖에 없었습니다. 폴란드의 독립 봉기를 진압하기위해 지원 온 프로이센 군대와 함께 러시아 군대가 수도인 바르샤바를 포위했습니다. 그러나 폴란드 군대뿐만 아니라 바르샤바 시민 전체가 방어에 나섰기 때문에 수도를 함락시키지는 못했습니다. 그래서 침략자 군대는 포위를 풀고 물러

마치에요비체 전투에서 부상당하는 코시치우쉬코

크라쿠프에 코시치우쉬코 총(塚) 만들기 _ Jan Nepomucen Bizański

날 수밖에 없었습니다.

코시치우쉬코 장군이 다시 반격에 나서 마치에요비체(Maciejowice)에서 러시아 군대와 맞섰습니다. 격렬한 전투가 벌어지나 결국에 가서 폴란드 군대가 패배하고 말았습니다. 부상당한 봉기 사령관인 코시치우쉬코 장군마저 포로로 잡혔습니다. 러시아군 총사령관이 바르샤바로 진격하라는 공격 명령을 내렸습니다. 러시아 군대는 우선 비스와강 오른쪽에 위치한 프라하(Praha) 지구를 먼저 정복했습니다. 이 와중에 러시아 군대가 프라하 시민들을 무참히 학살했습니다. 마침내 힘이 다한 바르샤바가 항복했습니다. 코시치우쉬코봉기는 이렇게 막을 내리고 말았습니다.

프라가 학살 _ Aleksander Orłowski

1975년에 러시아와 오스트리아 그리고 프로이센이 세 번째로 폴란드를 분할했습니다. 바르샤바를 프로이센이, 크라쿠프를 오스트리아가, 빌뉴스를 러시아가 차지했습니다. 코시치우쉬코 봉기군과 전투를 벌이던 중에 프로이센 군대가 바벨성의 대성당으로부터 왕위의 표장인 왕관과 홀 그리고 보주 등과 같은 왕보를 훔쳐갔습니다. 이후 폴란드의 왕실 보물들은 그 자취를 영원히 감추고 맙니다.

폴란드 삼국분할 지도

벨로루시에 있는 코시치우쉬코 생가

이때부터 폴란드는 제1차 세계대전이 끝나는 1918년까지 무려 123년에 걸쳐 유럽 지도에서 사라지고 맙니다.

다음은 타데우쉬 코시치우쉬코에 대한 여러 가지 견해들입니다.

- 나폴레옹: "북쪽의 영웅"
- 토마스 제퍼슨: "내가 만난 사람들 중에서 가장 진솔한 자유의 아들 ... 소수의 부자들만이 아닌 만인을 위한 그런 자유의 아들"
- 바이런: 코시치우쉬코 - "독재자의 귀에는 공포로 들리는 소리" - 시집 <청동기 시대> 중에서
- 예카테리나 여제: "야수"
- 프랑스 역사가인 미슐레: "진정한 박애와 평등이 무엇인가를 이해한 마지막 기사이자 첫 번째 슬라브인"
- 미국 독립전쟁 당시 장군인 나다니엘 그린: "군인계의 거장"

쥘 베른은 자신의 작품인 <해저 2만리>에서 네모 선장실에 걸린 초상화가 코시치우쉬코라고 묘사하며 장군에 대한 존경심을 표시했습니다.

폴란드 지리학자인 스트젤레츠키(Paweł Edmund Strzelecki)는 1840년에 오스트레일리아에서 자신이 발견한 해발 2,228미터의 최고봉에 코시치우쉬코(Mount Kosciuszko)라는 이름을 붙였습니다.

또한 1777년부터 1784년까지 코시치우쉬코가 머문 미국 곳곳에도 장군의 발자취가 여기저기 많이 남아있습니다. 코시치우쉬코는 미국 독립전쟁 당시 요새 건축 전문가로 활약했습니다. 특히나 미국 독립전쟁에 있어서 전환점이 되는 전투이자 미국인들이 최종 승리를 거두는 계기가 된 새러토가 전투에서 코시치우쉬코가 명성을 떨쳤습니다. 이런 혁혁한 전공을 인정받아 코시치우쉬코는 현재 미국 육군사관학교가 위치하고 있는 허드슨 강가의 웨스트포인트에 요새를 짓는 책임자로 임명됐습니다. 그리고 이 결정은 다름 아닌 조지 워싱턴이 내린 것이기도 합니다. 독립운동에 헌신한 모든 공로를 높이 사서 미국 의회가 1783년에 코시치우쉬코를 장군으로 임명합니다. 이외에도 미국 의회는 76만평에 달하는 토지와 막대한 상금을 코시치우쉬코에게 하사했습니다. 하지만 코시치우쉬코는 흑인

미국에 있는 코시치우쉬코 장군의 동상과 기념비

보스턴

시카고

워싱턴

웨스트포인트의 코시치우쉬코 기념비

1936년에 건립된 새러토가의 코시치우쉬코 기념비

웨스트포인트의 코시치우쉬코 _ Jan Czedakowski

신시내티 훈장을 받는 코시치우쉬코 _ Michał Stachowicz

필라델피아의 코시치우쉬코 기념박물관

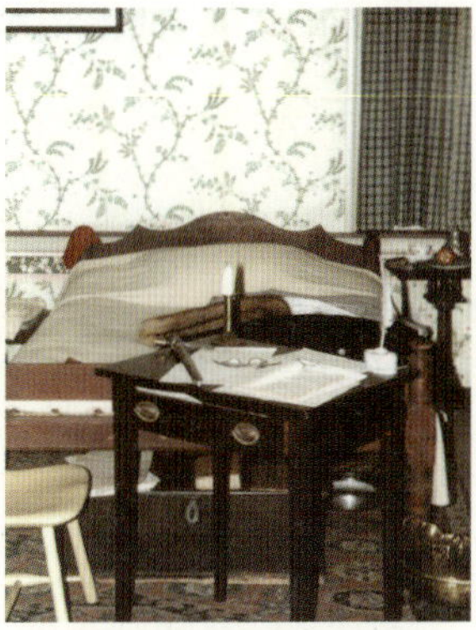

코시치우쉬코 기념박물관 내부

1976년에 건립된 필라델피아의 코시치우쉬코 동상

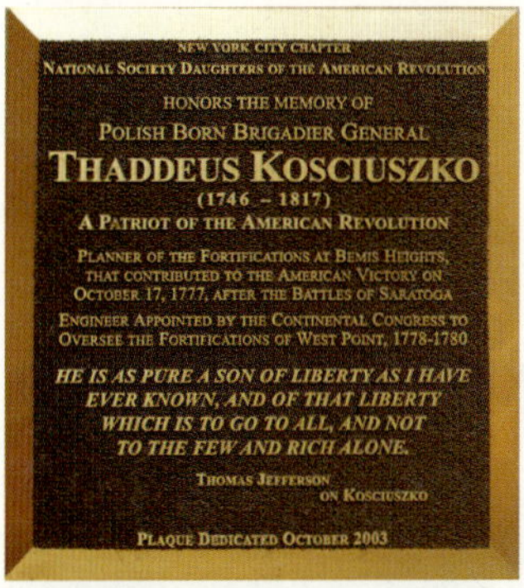

코시치우쉬코 기념박물관 명판

바벨왕궁의 타데우쉬 코시치우쉬코 석관

들을 노예에서 해방시키고 교육시키는데 쓰라며 자신의 전 재산을 토마스 제퍼슨에게 유산으로 남겼습니다.

현재 미국에서 코시치우쉬코의 이름을 딴 지명을 들자면 인디아나 주의 Kosciusko County(이곳의 행정 수도 이름은 Warsaw이기도 합니다), 미시시피 주의 Kosciusko City, 시카고와 위스콘신 주의 밀워키에 있는 Kosciuszko Park 등이 있습니다. 이외에도 시카고의 시내 중심, 미시간 호, 워싱턴의 라파에트 공원, 새러토가 전투지, 디트로이트, 웨스트포인트 등에 가면 코시치우쉬코를 기리는 동상이나 명판을 볼 수 있습니다. 특히나 코시치우쉬코가 6개월 동안 살았던 필라델피아의 파인 스트리트(Pine Street) 301번지는 현재 타데우쉬 코시치우쉬코 기념박물관(Thaddeus Kosciuszko National Memorial)으로 개조해 장군에 관한 유물과 자료를 전시하고 있습니다.

제55장

폴란드는 아직 망하지 않았네 – 폴란드군단

헨릭 동브로프스키

유젭 비비츠키

폴란드 민족은 나라가 패망한 것을 인정하지 않았습니다. 수많은 폴란드 애국열사들이 조국 독립을 위해 분할 삼국과 싸우길 바랐습니다.

폴란드에서 4년의회가 열리고 있을 때 프랑스에서 상류 귀족의 통치와 특권에 저항하는 혁명이 일어났습니다. 프랑스 민중은 왕정을 무너뜨리고 공화국을 세웠습니다. 이로 인해 혁명을 진압하고 프랑스에 왕정을 다시 세우려는 주변 여러 나라들과 프랑스와의 사이에서 전쟁이 벌어졌습니다. 이 와중에 프랑스는 폴란드를 분할한 오스트리아 그리고 프로이센과도 전쟁을 치렀습니다.

프랑스 군대 중 일부가 이탈리아 북부에서 오스트리아 군대와 싸웠습니다. 젊고 유능한 장군인 나폴레옹이 지휘하는 프랑스군은 이 전투에서 커다란 승리를 거뒀습니다.

로마에 입성하는 동브로프스키 _ January Suchodolski

이런 승리 소식을 듣게 된 폴란드 애국자들이 나폴레옹 군대에 가담하게 되고 1797년에는 프랑스 군대 휘하에 폴란드 부대도 창설됐습니다. 폴란드군단이라 불리던 이 부대의 지휘관은 헨릭 동브로프스키(Henryk Dąbrowski) 장군이었습니다. 이 군단에 입대하여 조국을 되찾는 전투에 참전하기 위해 많은 폴란드 청년들이 난관을 뚫고 이탈리아까지 찾아오기 시작했습니다. 폴란드군단은 전투에서 용감무쌍하게 싸우는 것으로 명성을 날렸으며 폴란드 병사들은 언젠가는 손에 무기를 쥐고 꿈에 그리는 조국으로 돌아갈 것을 믿어 의심치 않았습니다.

이 당시에 <폴란드는 아직 망하지 않았네(Jeszcze Polska nie zginęła)>라고 시작하는 노래가 이탈리아에 주둔 중이던 폴란드군단에서 탄생했습니다. 이 곡의 노랫말은 동브로프스키 장군의 막사에 들렀다가 영감을 받은 군단 장교인 유제프 비비츠키(Józef Wybicki)가 지었습니다. 폴란드의 전통 무곡인 마주르카 가락을 타고 널리 애창된 이 노래는 폴란드군단

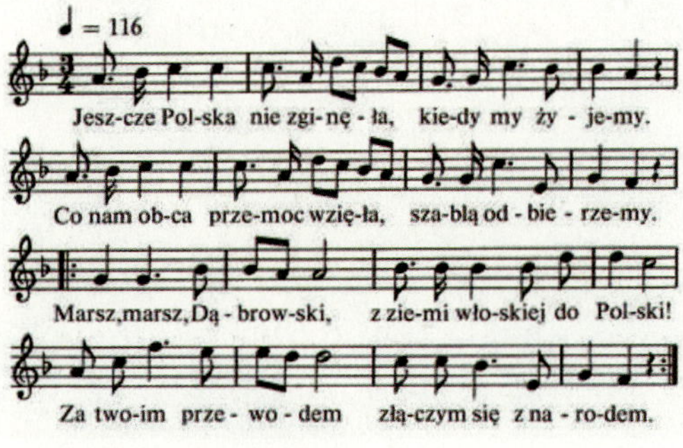

동브로프스키의 마주르카

지휘관의 이름을 따서 <동브로프스키의 마주르카(Mazurek Dąbrowskiego)>라고 불립니다. 1918년에 독립을 되찾은 후에 1927년부터 이 노래가 폴란드 국가로 지정됐습니다.

동브로스키의 마주르카는 다른 슬라브 나라들에서 불리고 있는 국가들의 원형이기도 합니다. 특히나 1848년 유럽혁명 당시에 동브로프스키의 마주르카는 가장 인기 있는 혁명가로 널리 애창됐습니다. 1834년에 슬로바키아 시인이 이 곡의 멜로디에 <슬라브인들이여(Hey Slaves)>라는 가사를 붙였습니다. 1848년에 체코 프라하에서 열린 범슬라브총회 이후에 이 곡은 모든 슬라브 민족들의 공식 노래가 됐습니다. 한편 제2차 세계대전 와중에는 이 노래의 번안곡이 유고슬라비아의 국가로, 이후에는 세르비아-몬테네그로의 국가로 지정됐습니다. 세르비아나 몬테네그로가 참여하는 국제 스포츠 경기가 열릴 때면 양국 간의 국가가 비슷해서 잘못 연주되는 해프닝도 벌어지곤 했습니다. 하지만 2006년에 세르비아와 몬테네그로가 각각 분리되고 다른 국가를 선택하며 이제 더 이상 국가로 불리고 있

산토도밍고 전투

지는 않습니다. 이외에도 1833년에 제정된 <크로아티아는 아직 망하지 않았네>로 시작하는 크로아티아 국가와, 1863년에 만들어진 <우크라이나는 아직 망하지 않았네>로 시작하는 우크라이나 국가도 모두 동브로프스키의 마주르카를 본 딴 것입니다.

전쟁에 승리한 프랑스는 1801년에 오스트리아와 평화 협정을 맺지만 폴란드에 대한 언급은 협정문서 어디에도 없었습니다. 동브로프스키 장군과 함께 폴란드 군인들 일부가 이탈리아에 남았습니다. 하지만 이듬해에 나폴레옹은 프랑스 식민지에서 일어난 흑인 봉기를 진압하기위해 6천여 명에 달하는 폴란드 군인들을 아이티 섬으로 보냈습니다. 한때 히스파니올라 또는 산토도밍고라고 불리던 이 섬에서 파견된 폴란드 군인 중 겨우 몇 백 명만이 살아서 유럽으로 돌아올 수 있었습니다. 나머지 대다수 폴란드 군인들은 흑인과의 전투에서 목숨을 잃거나 아니면 열대병으로 죽어갔습니다.

제56장

폴란드 부활의 희망 – 바르샤바공국 그리고 폴란드의 영웅 포니아토프스키

오스트리아와의 전쟁이 끝난 몇 년 뒤인 1804년에 나폴레옹이 프랑스 황제로 등극했습니다. 나폴레옹은 막강한 군대를 만든 후에 여러 차례에 걸쳐 전쟁을 일으키며 프랑스를 초강대국으로 키워갔습니다. 그 누구와도 비교할 자가 없는 뛰어난 지휘관이던 나폴레옹은 계속해서 승리를 거뒀습니다. 이 당시에 대다수 폴란드인들은 독립을 되찾는데 나폴레옹이 도우리라고 믿어 의심치 않았습니다.

나폴레옹 원정에 참여한 폴란드

1806년에 마침내 프랑스와 프로이센 간에 전쟁이 벌어졌습니다. 이 전쟁에서 프로이센이 패배를 당했습니다. 이와 동시에 비엘코폴스카 지역에서 프로이센 식민 당국에 반대하는 봉기가 일어났습니다. 외국에 있던 헨

군대를 사열하는 유젶 포니아토프스키 공

릭 동브로프스키 장군이 고국으로 돌아와 봉기 지휘자가 됐습니다. 이 와중에 폴란드인들이 대거 군대에 입대하며 프랑스를 도왔습니다. 지금도 파리에 있는 개선문에 가면 여기에 새겨진 386명의 장교들 사이에서 7명의 폴란드 장군들의 이름을 볼 수 있습니다.

전쟁이 끝나고 나폴레옹이 프로이센 왕에게 항복 조건을 통고했습니다. 그 결과 프로이센은 2차와 3차 삼국분할 때 얻은 영토를 폴란드에 돌려줘야했습니다. 1807년에 나폴레옹이 이들 지역으로 바르샤바공국을 만들었습니다. 이런 식으로 비록 일부 영토이긴 하나 폴란드가 자유를 되찾았습니다. 바르샤바공국은 실상에 있어 프랑스에 종속된 꼭두각시이긴 했지만 어찌됐든 자체 정부와 군대를 가지게 됐습니다. 유젶 포

바르샤바공국

바르샤바공국에 헌법을 수여하는 나폴레옹 _ Marcello Bacciarelli

라쉰 전투 _ Wojciech Kossak

니아토프스키 공이 폴란드군의 총사령관에 임명됐습니다. 그리고 작센왕국의 프리드리히 아우구스트 1세가 바르샤바공국의 통치자로 임명됐습니다.

2년 뒤에 또 다시 프랑스와 오스트리아 사이에 전쟁이 벌어졌습니다. 오스트리아 주력군은 나폴레옹에 맞서 나갔고 일부 부대가 바르샤바공국의 국경을 넘었습니다. 폴란드 군대가 바르샤바 근처 라쉰(Raszyn)에서 오스트리아 군대를 막아섰습니다. 양군 사이에서 치열한 전투가 벌어졌습니다. 유제프 포니아토프스키 공이 최전방에 서서 병사들을 독려하며 몸소 공격을 이끌었습니다. 이 전투 끝에 오스트리아군이 바르샤바에 입성하나 포니아토프스키 공은 오히려 군대를 돌려 오스트리아가 점령 중인 갈리츠야를 정복했습니다. 점령 하에 있던 폴란드인들이 꿈에 그리던 조국 군대를 열렬히 환영하며 오스트리아 관리들을 몰아냈습니다. 이제 희망에 찬 수많은 폴란드 청년들이 군대에 자원입대했습니다. 후방을 차단당한 오스트리아 군대는 바르샤바로부터 신속히 후퇴해야만 했습니다. 같은 시간 나폴레옹도 오스트

1809년 라쉰 전투 _ January Suchodolski

1809년 라쉰 전투에서 전사하는 치프리안 고데브스키(Cyprian Godebski) _ January Suchodolski

리아 주력군에 패배를 안기며 적군의 수도인 빈에 입성했습니다. 라쉰 전투는 폴란드 군인들의 용맹함과 지휘관들의 탁월한 전술을 잘 보여주는 빛나는 전투였습니다. 그래서 지금도 폴란드인들이 아주 자랑스럽게 자부하는 전투 중의 하나입니다.

나폴레옹은 오스트리아와 평화 협정을 맺었습니다. 이 덕분에 3차 삼국분할에서 오스트리아가 가져간 폴란드 영토가 바르샤바공국에 병합됐습니다. 이로써 패망한 조국이 잃어버린 영토를 모두 되찾아 다시 독립한다는 희망이 살아났습니다.

코츠크(Kock) 전투에서 전사하는
베렉 요셀레비츠(Berek Joselewicz) _ Henryk Pillati

폴란드인들은 나폴레옹을 끝까지 믿은 동맹자였습니다. 폴란드 병사들은 프랑스인들과 함께 나폴레옹의 지휘 하에 스페인에서도 싸웠습니다. 사라고사 포위 공격에도 참여하고 특히나 스페인의 수도인 마드리드로 가는 길을 막고 있던 협곡을 둘러싸고 벌어진 소모시에라 전투에서는 폴란드 기마대가 명성을 떨쳤습니다.

소모시에라 전투 _ Wojciech Kossak

나폴레옹은 유럽의 거의 모든 지역을 정복했습니다. 단지 섬나라인 영국과 거대한 러시아만을 점령 못했을 뿐입니다. 하지만 결국에 가서 나폴레옹이 러시아를 점령하기로 마음먹었습니다. 여태껏 역사상 들어보지 못한 대군을 나폴레옹이 모았습니다. 이 거대한 군대는 프랑스인뿐만 아니라 프랑스에 종속된 모든 나라들의 군인들로 구성됐습니다. 나폴레옹 대군의 병사 수는 대략 60만 명이었고 이중 폴란드 군인의 숫자가 10만 명을 넘었습니다.

1812년에 드디어 나폴레옹이 러시아 국경을 넘어 모스크바를 향해 진군했습니다. 프랑스 군대가 몇 차례 전투에서 승리를 거두지만 전쟁의 승패를 결정짓는 전투는 아직 치러지지 않았습니다. 러시아는 계속 후퇴만 거듭할 뿐이었습니다.

러시아의 보로디노(Borodino) 시골에서 치른 어정쩡한 전투 후에 프랑스군이 모스크바에 입성했습니다. 하지만 무인지대의 러시아 수도 모스크바는 커다란 화재 속에 불타고 있을 뿐이었습니다. 마침내 혹독한 러시아 추위가 엄습하며 프랑스 대군이 굶주리기 시작했습니다. 결국 나폴레옹은

소모시에라 전투 파노라마 _ Wojciech Kossak

러시아의 베레지나강을 도하중인 프랑스 군대

퇴각 명령을 내릴 수밖에 없었습니다. 후퇴하는 길에 러시아군은 끊임없이 나폴레옹 군대를 기습 공격했습니다. 나폴레옹 병사들은 전투와 기습 공격 속에 굶주림과 추위 그리고 과로로 하나둘씩 목숨을 잃어갔습니다. 나폴레옹의 60만 대군에서 단지 일부만 살아서 프랑스로 돌아갔을 뿐입니다.

모스크바에서 귀환한 나폴레옹이 서둘러 군대를 새로 소집하나 이제 러시아뿐만 아니라 다른 많은 나라들이 나폴레옹에 맞서 대항하기 시작했습니다. 하지만 폴란드인들은 끝까지 나폴레옹 편에 섰습니다.

이듬해에 독일의 라이프치히에서 전쟁의 승패를 결정짓는 민족전쟁이라 불리는 전투가 벌어졌습니다. 이 결정적인 전투에서 나폴레옹이 패하고 말았습니다. 몇 차례에 걸쳐 부상당한 유졔 포니아토프스키 공도 이곳에서 전사하며 파란만장한 일생을 마쳤습니다. 포니아토프스키의 유해는 바르샤바로 옮겨졌다가 1817년에 크라쿠프에 있는 바벨왕궁의 대성당에 안치됐습니다. 이때부터 왕들 외에도 폴란드의 영웅들이 바벨성당에 묻히는 전통이 시작됐습니다.

승리자들은 나폴레옹을 이탈리아의 엘바 섬으로 유배 보냈습니다. 그로부터 1년 후인 1815년에 나폴레옹이 비밀리에 프랑스로 돌아왔습니다.

모스크바에서 후퇴하는 프랑스 군대

프랑스인들은 돌아온 나폴레옹을 열렬히 환영했습니다. 나폴레옹은 다시 한 번 전 유럽을 상대로 군대를 일으켰습니다. 하지만 현재 벨기에 지역인 워털루에서 치른 전투가 나폴레옹이 생애 치른 마지막 전투가 됐습니다. 패배한 나폴레옹은 영국의 포로가 되어 대서양의 외딴 섬인 헬레나로 보내졌습니다. 나폴레옹은 이곳에서 평생 엄중한 감시 속에 외로이 살다가 죽음을 맞았습니다.

프랑스 루브르궁전 정면의 포니아토프스키 상

바르샤바공국은 겨우 몇 년간만 존재했을 뿐이지만 폴란드인들에게 가져다 준 의미는 엄청났습니다. 이제 독립을 되찾을 수도 있다는 희망을 폴란드인들이 품게 된 것입니다. 이 기간에 농민들의 생

라이프치히 전투에서의 나폴레옹과 포니아토프스키

활수준이 향상되고 경제도 크게 발전했습니다. 분할 삼국에 의해 파괴된 교육과 학문은 재건됐습니다. 하지만 다수의 군대를 유지하고 전쟁 비용을 부담하는데 드는 예산은 작은 공국에게 커다란 짐이 됐습니다.

나폴레옹은 유젶 포니아토프스키를 휘하 부하로 대한 것이 아니라 자신과 동등한 장군이자 지휘자로 정중하게 대우했습니다. 그래서 나폴레옹은 자신에게 바치는 충성과 예우를 포니아토프스키에게도 똑같이 갖추도록 부하들에게 명령했습니다. 이에 감동한 포니아토프스키도 나폴레옹을 위해서라면 물불을 가리지 않고 마지막까지 생사고락을 함께했습니다. 자신의 모국인 폴란드를 사랑했고 조국의 독립을 위해 최선을 다한 포니아토프스키는 폴란드에서 영웅으로 칭송받고 있습니다. 포니아토프스키는 진심으로 순수하게 조국의 독립을 위해 불꽃처럼 살다간 영웅으로 숭배되고 있습니다. 그래서 당대 모든 폴란드인들에게 있어 포니아토프스키의 죽음은 거의 재앙에 가까운 충격이었습니다.

전사한 직후부터 폴란드에서 유젶 포니아토프스키 공에 대한 숭배가 시작됐습니다. 포니아토프스키는 자유 쟁취에 나선 폴란드 투사들에게 귀감이자 특히나 자신의 부하들이 대거 참여하는 1830년 11월 봉기의 기폭제이기도 합니다. 포니아토프스키는 폴란드 군인들에게 모범이었으며 이런 군인들 중에는 삼국분할이 끝나고 1918년에 폴란드가 재건하는데 있어 최고 영웅인 유제프 피우수드스키 장군도 포함됩니다.

폴란드 대통령궁 앞의 유제프 포니아토프스키 기마상

나폴레옹이 만들고 포니아토프스키가 지켜낸 바르샤바공국은 이후 1815년에 세워지는 폴란드왕국과 같이 변형된 형태로 계속 이어지며 삼국분할이 끝날 때까지 폴란드 국체의 일부분으로 존속했습니다. 바르샤바공국이 1809년에 벌어진 전쟁에서 패배하여 사라졌거나 아니면 폴란드왕국으로 이어지지 않았다면 11월봉기와 같은 역사적인 기회는 만들어지지도 않았을 것입니다. 포니아토프스키는 조국이 패망한 암울한 시기에 당대 유럽 최고의 엘리트들과 교류하고 나라를 위해 싸우다가 초개와 같이 목숨을 버릴 줄 알며 애국자란 이런 것이다 하는 본보기를 보여준 영웅이었습니다. 게다가 일개 사병들과도 허물없이 지내던 뛰어난 재능을 자랑하던 귀족이자 군인 그리고

엘스터강을 도하하던 중에 전사하는 포니아토프스키 _ 무명화가

포니아토프스키의 전사 _ January Suchodolski

정치인이던 유젶 포니아토프스키는 조국에 영광을 가져다주고 절망에 빠진 폴란드 민족의 사기를 진작시키며 자부심과 보람을 느끼게 해준 바로 그런 위인이었던 것입니다.

전하는 바에 따르면 집시 여인 하나가 유젶 포니아토프스키의 죽음을 예언했다고 합니다. 포니아토스키가 아직 어린 시절에 집시 여인 하나가 까치 때문에 공이 죽을 것이라며 다음과 같이 점쳤다고 합니다. "나중에 자라시면 아주 높은 고귀한 자리까지 올라가실 것입니다. 하지만 까치(까치는 독일어로 Elster라고 합니다) 때문에 목숨을 잃을 것입니다." 독일말로 'Elster'는 까치라는 뜻 외에도 엘스터강을 가리키기도 합니다. 바로 이 강에서 1813년에 이제 프랑스 군대의 원수에 임명된 유젶 포니아토프스키가 퇴각하는 나폴레옹을 후방에서 방어하던 중에 전사하고 말았습니다. 또 다른 전하는 이야기에 따르면 라이프치히 전투가 벌어지기 29년 전인 1784년에 21살의 젊은 포니아토프스키가 완전 무장을 하고 엘베강에서 훈련을 하던 중에 집시 여인이 다음과 같이 말했다고 합니다. "나리, 엘베강은 정복하실 겁니다. 하지만 엘스터(까치 또는 엘스터 강)가 나리를 정복할 것입니다."

제57장

폴란드왕국인가 아니면 회의왕국인가

나폴레옹이 몰락한 후 1815년에 유럽 지배자들이 새로운 질서를 확립하기 위해 오스트리아 빈에서 회의를 열었습니다. 자신 덕분에 나폴레옹을 꺾을 수 있었다고 생각하던 러시아 차르인 알렉산드르 1세가 회의를 주관했습니다. 폴란드의 운명은 또 다시 분할 삼국의 손에 놓이게 됐습니다.

빈 회의에서 결정된 유럽 국경선

포즈나인과 함께 비엘코폴스카 지역을 바르샤바공국에서 분리해 프로이센에 넘기기로 빈 회의에서 결정됐습니다. 크라쿠프는 자유 도시가 되며 비록 오스트리아 관할이긴 하지만 자치 정부를 갖게 됐습니다. 이전 바르샤바공국의 나머지 지역은 폴란드왕국이라 명명되며 러시아에 합병됐습니다. 그리고는 러시아 차르가 폴란드 왕을 동시에 겸했습니다. 폴란드왕국(Królestwo Polskie)은 정식 명칭 외에도 빈 회의가 낳은 산물인 관계로 회의왕국(Królestwo Kongresowe, Kongresówka)이라고도 불립니다.

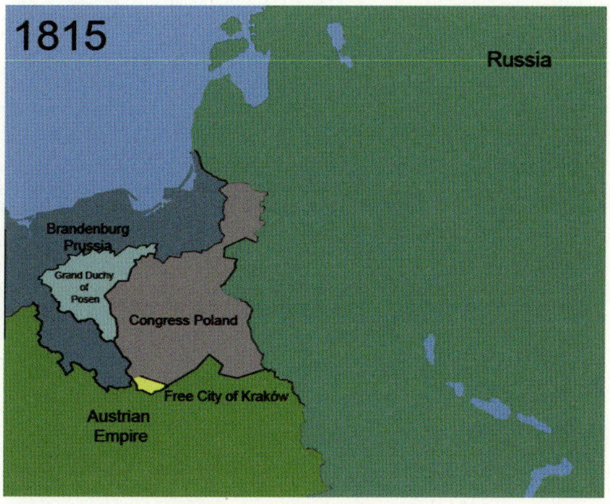

1815년 폴란드왕국

폴란드왕국은 자신의 정부와 군대를 갖게 됐지만 군 총사령관직은 알렉산드르 1세의 동생인 콘스탄틴 대공이 맡았습니다. 바르샤바에는 폴란드 군대뿐만 아니라 러시아 부대도 주둔하게 됐습니다. 처음에 폴란드인들은 러시아 황제의 통치 아래에서 독립 국가를 건설할 수 있다는 희망을 가졌습니다. 그러나 곧 러시아 황제는 그럴 맘이 전혀 없다는 것이 드러났습니다. 게다가 차르는 폴란드의 법과 의회 그리고 정부를 무시하며 단지 무조건적인 복종만을 강요했습니다. 콘스탄틴 대공은 와지엔키 옆에 세운 벨베데르(Belweder) 궁전에 살면서 바르샤바에 상주했습니다. 콘스탄틴 대공은 무자비하고 가혹한 규율로 폴란드 군대를 통솔하며 악명을 떨쳤습니다.

비록 외관상의 자유를 얻었을 뿐이지만 그럼에도 불구하고 폴란드왕국은 많은 분야에서 지속적인 발전을 계속했습니다. 무엇보다 경제가 활발해지며 많은 직물 회사와 제철소 그리고 금속 공장이 세워졌습니다. 1816년에는 바르샤바에 대학교가 창립되고 학자들이 모여 연구하며 젊은이들을 교육시켰습니다. 러시아에 합병된 지역인 빌뉴스대학교가 이 시기에 눈부신 발전을 거듭했습니다.

폴란드인들은 러시아에 종속돼있다는 사실과 콘스탄틴 대공의 무법적인 행태에 불만스러워했습니다. 그래서 독립 단체가 비밀리에 조직되고 반란이 모의되기 시작했습니다. 이런 조직과 단체는 혈기에 찬 청년들인 대학생과 수공업자 그리고 젊은 장교들에 의해 주도됐습니다.

제58장

가열 찬 폴란드 봉기의 시작 – 1830년의 11월봉기

1830년 11월 29일 밤에 바르샤바에서 러시아 식민 통치에 대항하는 대규모 민족 봉기가 일어났습니다. 피오트르 비소츠키(Piotr Wysocki) 중위의 지휘아래 사관학교 학생들과 루드빅 나비엘락(Ludwik Nabielak)이 이끄는 시민 자원대로 구성된 일단의 조직이 봉기를 시작하는 명령을 내렸습니다. 이날 저녁에 봉기군이 콘스탄틴 대공을 사로잡기위해 벨베데르 궁

11월봉기의 밤

을 습격했습니다. 하지만 콘스탄틴 대공은 여장으로 변장하고 이미 도망친 후였습니다.

11월 29일 밤의 무기고 점령 _ Marcin Zaleski

11월봉기의 영웅인 비소츠키 중위는 이후 미츠키에비츠의 <지아디(Dziady)> 3부, 스워바츠키의 <코르디안(Kordian)>, 비스피아인스키의 <11월의 밤(Noc listopadowa)> 등과 같은 폴란드 문학 작품의 주인공으로 등장합니다.

봉기군이 바르샤바 거리로 나와 봉기에 참여하라고 시민들에게 소리치기 시작했습니다. 바르샤바 시민들이 거리로 쏟아져 나오며 봉기에 동참하기 시작했습니다. 곧이어 봉기군이 무기고를 장악한 뒤 시민들에게 무기를 나눠줬습니다. 봉기를 진압하라는 명령을 받고 폴란드와 러시아 군대가 출동했습니다. 하지만 폴란드 군인들이 봉기군 편으로 돌아섰습니다. 이날 밤에 러시아 군대는 바르샤바로부터 철수해야만 했습니다. 다음날 아침 수도 바르샤바가 러시아 압제로부터 해방됐습니다.

11월봉기

곧이어 폴란드와 러시아 사이에 본격적인 전쟁이 시작됐습니다. 유제프 흐워피츠키(Józef Chłopicki) 장군이 봉기군을 지휘했습니다. 폴란드 전국이 봉기 열기로 들끓고 군인들은 점령군에 맞서 용감히 싸웠습니다. 하지만 폴란드

올쉰카 그로호프스카 전투 _ Wojciech Kossak

1831년 스토첵(Stoczek) 전투 _ Jan Henryk Rosen

스토첵(Stoczek) 전투에서 러시아 포대에 돌격하는 폴란드 기마대 _ Wojciech Kossak

1831년 바베르(Wawer) 전투 _ Juliusz Kossak

봉기군의 수뇌부는 승리에 대한 확신이 없었습니다.

전쟁 초반 몇 번의 전투에서 폴란드 군대가 승리를 거뒀습니다. 하지만 러시아 주력군이 바르샤바로 진격해오기 시작했습니다. 마침내 이듬해인 1931년 2월에 바르샤바 근교에 위치한 그로후프(Grochów)에서 양군 사이에 치열한 전투가 벌어졌습니다. 폴란드와 러시아 군대가 여러 차례에 걸쳐 올쉰카 그로호프스카(Olszynka Grochowska)의 작은 숲을 서로 뺏고 빼앗기길 반복했습니다. 결국 러시아가 이 숲을 장악하는데 실패하고 그래서 바르샤바로 진격하지 못하게 됐습니다. 이 전투에 관한 재미있는 일화가 하나 전해집니다. 자신이 훈련시키던 부하들이 이제 반역군의 지휘자가 되고 이들이 통솔하는 폴란드 군대가 승리하는 광경을 보고 콘스탄틴 대공이 <동브로프스키의 마주르카>를 불렀다고 합니다. 이외에도 11월봉기가 시작된 직후 부관이던 폴란드 장교가 봉기군에 가담하겠다며 이를 허락해달라고 하자 콘스탄틴은 침묵하다가 다음과 같이 말했다고 합니다. "네 말이 맞다. 네가 있을 자리는 여기가 아니라 저기다." 그리고는 십자가를 그으며 축복을 내리고 탈영을 허락했다고 합니다.

에밀리아 플라테르와 샤블레(Szawle) 전투

폴란드의 잔 다르크 에밀리아 플라테르

또다시 몇 번에 걸쳐 소규모 전투가 벌어지고 폴란드 군대가 승리를 거뒀습니다. 이제 봉기가 리투아니아까지 퍼져나갔습니다. 리투아니아 지역의 봉기군에는 에밀리아 플라테르(Emilia Plater)라 불리는 여성도 있었습니다. 여러 번에 걸친 전투에서 보여준 용감한 무공으로 플라테르는 대위로 임명됐습니다. 하지만 얼마 뒤 플라테르는 결국 격렬한 전투 끝에 전사하고 맙니다. 이후 에밀리아 플라테르는 폴란드 여성이 얼마만큼 조국을 사랑하는지를 보여주는 애국심의 상징으로 추앙받게 됩니다.

같은 해 여름에 러시아의 이반 파스케비치(Ivan Paskevich) 장군이 대군을 이끌고 바르샤바로 진격해왔습니다. 오스트로웽카(Ostrołęka)에서 얀 스크쉬네츠키(Jan Skrzynecki) 장군의 지휘하에 폴란드 군대가 러시아 대군에 맞서 싸웠습니다. 하지만 전투는 폴란드 군대의 패배로 끝나고 맙니다.

Finis Poloniae! - 폴란드는 끝났다!

러시아 군대가 바르샤바를 포위한 뒤 맹공을 퍼붓기 시작했습니다. 폴란드 군인들은 용감하게 수도를 방어했습니다. 볼라(Wola) 전투에서 노년의 유젶 소비인스키(Józef Sowiński) 장군은 항복을 거부하고 최후까지 맹렬히 싸웠습니다. 11월봉기가 낳은 또 다른 폴란드의 영웅인 소비인스키 장군은 결국 러시아 군인들의 총검에 찔려 장렬한 최후를 맞았습니다. 패전한 폴란드 잔류병들이 바르샤바를 빠져나가 프로이센 국경을 넘었습니다. 하지만 이들은 모두 프로이센 당국에 의해 무장 해제 당하고 맙니다.

11월봉기가 진압된 후 수많은 폴란드 군인들이 프랑스나 다른 유럽 여

유젶 소비인스키 장군의 최후 _ Wojciech Kossak

폴란드 망명객을 따뜻하게 맞아주는 프랑스

요아힘 렐레벨

러 나라로 망명하는데 성공했습니다. 이 당시 군인들과 함께 수많은 정치가와 학자 그리고 시인들이 조국 폴란드를 떠나 망명길에 나섰습니다. 폴란드의 꽃들이라 불리던 이들은 망명지에서 명성을 떨쳤습니다. 아담 미츠키에비츠(Adam Mickiewicz), 율리우쉬 스워바츠키(Juliusz Słowacki), 지그문트 크라시인스키(Zygmunt Krasiński), 치프리안 노르비드(Cyprian Norwid) 같은 시인들과 역사학자인 요아힘 렐레벨(Joachim Lelewel) 그리고 작곡가이자 위대한 피아니스트인 쇼팽 등이 바로 이런 사람들입니다.

망명지 프랑스 파리 호텔 람베르트(Hôtel Lambert) 무도회 _ Teopil Kwiatkowski

쇼팽

파리 페르 라셰즈의 쇼팽 묘지

제59장

폴란드 최고의 민족시인 – 아담 미츠키에비츠

아담 미츠키에비츠

터키의 아담 미츠키에비츠 _ Juliusz Kossak

바르샤바가 차르에 종속된 자그마한 폴란드왕국의 수도일 당시 비록 러시아에 합병되긴 하나 리투아니아에서는 폴란드 문화가 계속 번성하고 있었습니다. 빌뉴스대학교는 뛰어난 학교로 명성을 얻고 있었습니다. 수없이 많은 폴란드 유명 인사들이 이 대학교를 졸업했습니다. 위대한 폴란드 시인인 아담 미츠키에비츠도 젊은 시절에 이 학교에서 공부했습니다. 바로 이 대학교의 학창 시절에 미츠키에비츠가 창작을 시작하고 졸업 후 빌뉴스에서 자신의 처녀작인 시집 두 권도 발표했습니다.

당시 유럽에는 낭만주의라 불리던 문학 풍조가 널리 퍼졌습니다. 젊은 미츠키에비츠 또한 초기 폴란드 낭만파 시인들 중 하나였습니다.

벨로루시의 나바흐루다크(Navahrudak)에 있는 미츠키에비츠 생가

이 당시 빌뉴스 대학생들 사이에 비밀 문학 동아리들이 존재했습니다. 이 동아리들의 목표는 학문을 발전시키고 폴란드인들에게 민족의식을 고취시키는 교육을 확대하는데 있었습니다. 미츠키에비츠도 이런 문학 동아리의 창립자 중 하나였습니다.

러시아 당국이 비밀 조직을 색출하기 시작했습니다. 폴란드 비밀 문학 동아리 회원들이 체포되고 러시아 깊숙한 곳으로 유배됐습니다. 미츠키에비츠도 체포돼 페테르부르크와 모스크바에 머물게 됐습니다. 이곳에서 미츠키에비츠는 유명한 러시아 작가들과 차르 통치에 반대하는 러시아 인사들을 만날 수 있었습니다. 미츠키에비츠는 이들 대부분과 친분을 맺었습니다. 러시아 유배지에서도 미츠키에비츠는 꾸준히 작품 활동을 계속했습니다. 이 당시 튜턴기사단과 싸우던 리투아니아인을 주제로 한 <콘라드 발

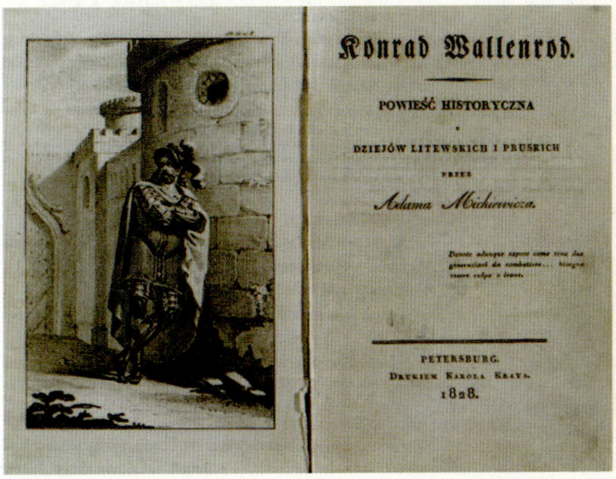
Konrad Wallenrod.
POWIEŚĆ HISTORYCZNA
z
DZIEJÓW LITEWSKICH I PRUSKICH
przez
Adama Mickiewicza.
PETERSBURG.
DRUKIEM KAROLA KRAYA.
1828.

콘라드 발렌로드

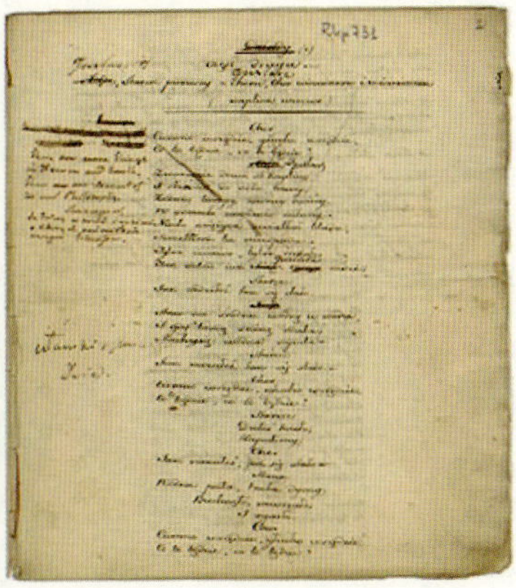
지아디-원고

렌로드(Konrad Wallenrod)>라는 서사시가 탄생했습니다.

몇 년 뒤에 러시아 당국은 미츠키에비츠의 국외 여행을 허락했습니다. 그러자 미츠키에비츠는 프랑스로 건너갔습니다. 고국에서 11월 봉기가 일어나자 이 위대한 시인은 독립과 자유를 쟁취하기위한 전투에 동참하려 출발했습니다. 하지만 미츠키에비츠가 폴란드왕국에 이르기 전에 이미 봉기가 막을 내리고 말았습니다.

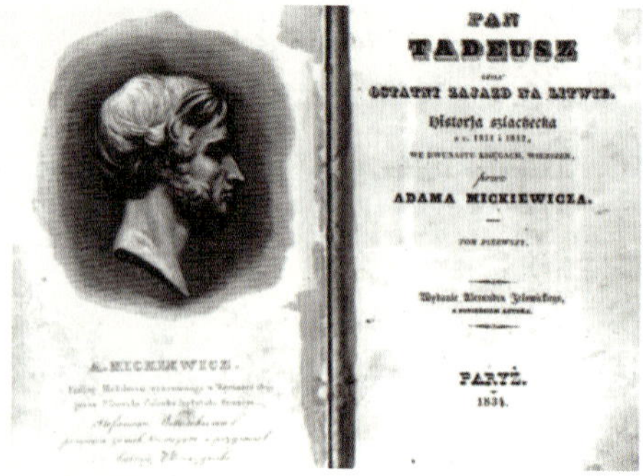
PAN
TADEUSZ
OSTATNI ZAJAZD NA LITWIE.
Historja szlachecka
ADAMA MICKIEWICZA.
PARYŻ.
1834.

판 타데우쉬

아담 미츠키에비츠는 두 번 다시 조국 땅을 밟지 못하고 외국 망명지에서 생을 마쳤습니다. 망명지에서 가장 유명한 미츠키에비츠의 작품들이 탄생했습니다. 그중 하나가 희극인 <지아디(Dziady)>입니다. 이 작품에서 미츠키에비츠는 자신의 비밀 문학 동아리 활동에 대해 소개하고 11월봉기 후의 폴란드 민족이 처한 상황과 투쟁 그리고 고통에 대한 자신의 견

판 타데우쉬 속의 폴로네즈

판 타데우쉬 한국어판

율리우쉬 스워바츠키

지그문트 크라시인스키

치프리안 노르비드

아담 미츠키에비츠 동상

크라쿠프

바르샤바

포즈나인

르비우

빌뉴스

해를 밝혔습니다. 미츠키에비츠의 또 다른 걸작이 바로 <판 타데우쉬(Pan Tadeusz)>입니다. 미츠키에비츠는 이 서사시에서 어린 시절에 기억하고 있던 조국을 그렸습니다. 현재 폴란드 모든 가정마다 한 권씩은 있다는 이 시집은 폴란드 민족에게 성서와 같은 존재입니다.

식민 지배하에 있던 폴란드인들은 미츠키에비츠의 시를 읽으며 애국심을 배우고 독립에 대한 희망을 키워갔습니다. 같은 시대의 위대한 다른 시인들인 율리우쉬 스워바츠키, 지그문트 크라시인스키, 치프리안 카밀 노르비드 등의 작품도 미츠키에비츠에 버금갑니다. 이들 모두는 폴란드의 위대한 민족 시인이라고 불립니다. 이 시인들의 작품은 지금도 폴란드에서 애송되며 학생들이 열심히 배우고 있습니다.

아담 미츠키에비츠와 율리우쉬 스워바츠키의 시신은 사후 망명지로부터 조국 폴란드로 운구 되어 바벨성의 대성당 지하에 역대 왕들의 석관과 타데우쉬 코시치우쉬코 장군 그리고 유젶 포니아토프스키 공 옆에 안치됐습니다.

제60장

유럽을 휩쓴 혁명의 물결과 연이은 폴란드 봉기

부상당한 봉기군과 소녀

망명지에서조차 폴란드인들은 잃어버린 조국을 되찾기 위한 독립 투쟁에 대한 생각을 단 한 번도 저버린 적이 없습니다. 이 당시 유럽 각지에서는 군주제 통치와 상류 계층이 누리는 특권에 대한 불만이 증대하고 있었습니다. 민족 해방과 민중에 의한 권력 즉 민주주의를 갈망하는 비밀 단체들이 유럽 여기저기에서 조직됐습니다. 폴란드 애국자들도 똑같은 목적을 가졌고 이와 함께 조국의 독립과 공명정대한 정부가 수립되길 바랐습니다. 분할 식민 정권에 맞서는 반정부 단체를 조직할 목적으로 망명지로부터 비밀 특사들이 폴란드로 속속 파견됐습니다. 이런 열사들의 일부는 적발돼 감옥에 갇히거나 시베리아로 유배됐습니다.

1846년에 폴란드에서 새로운 봉기가 준비됐습니다. 봉기는 처음에 오스트리아와 프로이센 점령 지역에서 시작돼 러시아 점령 지역으로 퍼져나가기로 계획됐습니다. 그러나 프로이센 당국이 봉기 모의를 색출해내고 주동자를 투옥하는 바람에 봉기는 불발됐습니다. 반면 오스트리아 점령 지역인 크라쿠프 자유 도시에서 봉기가 일어나 민족 정부가 수립됐습니다. 하지만 일반 시민들을 봉기에 동참시키는 데에는 지도부가 성공하지 못했습니다. 오히려 오스트리아 당국이 폴란드 귀족 계층에 반대하는 봉기를 일으키도록 농민들을 선동했습니다. 농민들이 떼를 지어 몰려다니며 귀족 저택들을 습격하고 불태우며 수많은 귀족들을 살해했습니다.

1846년의 크라쿠프봉기

갈리츠야 학살 _ 무명화가

폴란드 남부 산악 지대인 포드할레(Podhale)의 호호워프(Chochołów)에서 오스트리아에 대항해 수백 명의 구랄(góral, 폴란드 남부 산악 지대에 사는 산사람들)들이 반란을 일으켰습니다. 봉기가 진압된 후 또다시 많은 폴란드 애국자들이 체포돼 감옥에 갇혔습니다. 그런 후 오스트리아가 자유 도시 크라쿠프를 합병해버렸습니다. 이후 크라쿠프는 72년간 오스트리아 도시로 남게 됩니다.

1848년 초에 유럽 여러 나라에서 민중의 봄이라 부르는 혁명이 시작됐습니다. 폴란드를 분할 점령하고 있던 오스트리아와 프로이센에서도 혁명

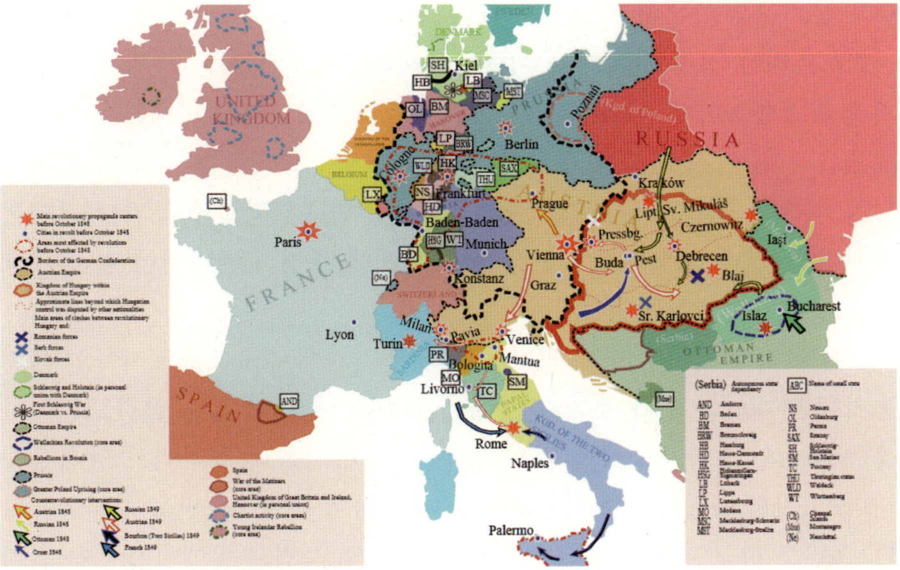

1848년 유럽 각지에서 일어난 혁명

이 일어났습니다. 프로이센이 점령하고 있던 폴란드 지역에서 이 소식을 듣고 혁명 정부와 봉기군이 조직됐습니다. 봉기군의 지휘자는 루드빅 미에로스와프스키(Ludwik Mierosławski) 장군이었습니다. 하지만 프로이센 정부는 자국 내 혁명을 진압하는데 성공하고 이어 폴란드 봉기군에 맞서 군대를 파견했습니다. 두 번에 걸친 전투에서 승리함에도 불구하고 결국 폴

1848년 혁명

란드 봉기군은 항복하고 말았습니다.

오스트리아 점령 지역에서는 크라쿠프와 르비우에서의 봉기 움직임이 가장 활발했습니다. 두 도시에서 시민들이 오스트리아에 반대하는 시위를 벌였습니다. 이런 와중에 무장한 민족수호대도 창설됐습니다. 이 부대는 장차 미래에 폴란드 군대의 모체가 됩니다. 민족위원회가 봉기를 지휘했습니다. 그러나 오스트리아 군대가 두 도시를 포격하는 바람에 결국 무장 봉기로 이어지지는 못했습니다.

유럽 여러 나라가 혁명에 휩싸였을 때 헝가리에서도 오스트리아의 식민 통치에 반대하는 민족 봉기가 일어났습니다. 이 당시 많은 폴란드인들이 공동의 적인 오스트리아에 맞서 싸우기 위해 서둘러 헝가리로 달려갔습니다. 도착한 폴란드인들은 헝가리 군대 산하에 폴란드군단을 창설했습니다. 폴란드 장군인 유젶 벰(Józef Bem)이 헝가리 독립 운동에서 명성을 떨치며 탁월한 지휘관의 진면목을 유감없이 보여줬습니다. 한번은 오스트리아 군대가 헝가리 대포를 포획하는 장면을 보게 된 벰 장군이 말을 타고 혼자서 적진을 향해 내달리며 다음과 같이 독일어로 외쳤다고 합니다. "이 개만도 못한 놈들아, 저리 비켜라. 이 대포는 내거다." 말채찍을 휘두르며 달려

유젶 벰

헝가리의 벰 장군

오는 장군을 본 오스트리아 군인들이 너무 놀라 유젤 벰이 자신들의 진영을 관통하는 것을 그저 멍하니 바라만볼 뿐이었습니다. 하지만 총알 하나가 벰 장군의 손을 맞추고 말았습니다. 그러나 이에 아랑곳하지 않고 부상당한 손가락을 가위로 자른 뒤 벰 장군은 전투를 계속 지휘했습니다. 헝가리 군대가 대승을 거둔 것은 물론입니다. 그래서 유젤 벰 장군은 조국 폴란드에서뿐만 아니라 헝가리에서도 존경받는 영웅이 된 것입니다.

헝가리 부다페스트의 유젤 벰 동상

헝가리 봉기를 진압할 수 없게 된 오스트리아 황제가 러시아 차르에게 원조를 요청했습니다. 그러자 러시아 대군이 동쪽으로부터 헝가리로 쳐들어와 봉기를 진압했습니다.

제61장

또다시 일어서는 폴란드 민족 – 1월봉기

봉기군과 작별하는 처녀

봉기군을 환영하는 처녀
_ Artur Grottger

11월봉기 이후 러시아 점령 지역에 살던 폴란드인들의 상황은 매우 악화됐습니다. 수많은 사람들이 투옥되거나 유배됐습니다. 게다가 점령 당국은 폴란드인들로부터 재산을 빼앗아 러시아인들에게 나눠줬습니다. 폴란드왕국의 영토 대부분이 러시아에 합병되고 이제 자치 정부와 군대도 폐지됐습니다. 러시아 관리들이 정권을 장악하고 도시에는 러시아 부대가 주둔했습니다.

이런 상황에서 폴란드인들은 시간이 흐를수록 점점 더 자주 다음 봉기에 대해 생각하고 이야기를 나누기 시작했습니다. 새로운 지하 독립 조직들이 속속 조직됐습니다. 1860년과 1861년에 바르샤바 시민들이 다양한 국경

1861년 4월 – 바르샤바 시위대에 발포하는 러시아 군대

일을 맞아 여러 차례 거리로 나와 시위를 벌였습니다. 1861년 2월 27일에 러시아 군대가 행진하는 사람들을 공격해 5명이 숨졌습니다. 4월 8일에는 군대가 시위 군중에게 발포하며 백여 명 이상이 목숨을 잃었습니다. 이것으로 인해 폴란드인들 사이에서 커다란 분노가 일어났습니다. 점점 더 자주 무장 봉기에 대한 공감이 폴란드 민족 사이에서 널리 퍼져나갔습니다.

1863년 초에 러시아 당국이 군대 징집 명령을 내렸습니다. 점령 식민 당국은 무엇보다 가장 애국적인 젊은이들을 가능한 한 오랫동안 군대에 가두길 바랐던 것입니다. 이렇게 해서 폴란드 민족의 반발심을 잠재우려했습니다. 그러나 징집 명령은 1863년 1월 22일과 23일 밤사이에 일

폴란드인들을 징집하는 러시아 군대

어나는 봉기의 직접적인 원인이 됐을 뿐입니다. 봉기는 곧 폴란드왕국과 리투아니아 전역으로 급속히 퍼져나갔습니다.

1863년 1월봉기 당시 폴란드 군인들

1월봉기

이번에 일어난 1월봉기는 지난번의 11월봉기처럼 정규전을 벌인 것이 아니라 게릴라 전술이 구사됐습니다. 봉기군은 시골이나 숲속에 모여 있다가 러시아 부대를 예상치 못하게 기습 공격했습니다. 반면 대규모의 러시아 군대와 만나는 것은 가능한 한 피했습니다. 봉기군은 때때로 소도시를 점령하고 도로나 철로 등을 장악하기도 했습니다. 봉기군은 러시아 군대와 무려 천 번 이상이나 걸치는 소규모 전투나 접전을 벌여 많은 승리를 거뒀습니다. 그러나 게릴라 전투로 나라를 해방시킬 수는 없었습니다. 봉기군의 숫자가 3만 명 이상을 넘은 적은 한 번도 없었던 반면 폴란드왕국 내에 주둔하던 러시아 군대는 열배도 넘는 40만 명이나 됐습니다.

지하 정부가 봉기를 지휘하고 폴란드왕국과 리투아니아 지역의 비밀 조직들은 모두 이 정부의 명령을 따랐습니다. 지하 우체국이 활약하며 독립 군자금이 모아졌습니다. 오스트리아와 프로이센 점령지의 폴란드인들도 독립 투쟁을 벌이는 봉기군에 원조를 보내왔습니다. 심지어 이들 지역으로부터 무장한 부대가 폴란드왕국의 국경을 넘어와 러시아군에 맞서 전투

1863년 이그나체프(Ignacew) 전투 _ Juliusz Kossak

를 치르는 경우도 있었습니다. 게다가 해외로부터 무기와 군자금이 폴란드왕국에서 싸우는 동포들에게 전달됐습니다. 심지어 폴란드가 독립을 되찾기 위해 벌이는 전투에 참전하고자 외국인들이 자원병으로 오는 경우마저 생겼습니다. 이들 중 한 명이 바로 폴란드 땅에서 전사하고 마는 이탈리아인 눌로(Francesco Nullo) 대령입니다.

딕타토르(dyktator)라 불리던 최초의 봉기 지휘자는 마리안 란기에비츠(Marian Langiewicz)였습니다. 봉기군 선봉에 서서 전투를 지휘한 란기에비츠

봉기군을 처형하는 러시아 군대

봉기군 저택을 약탈하는 러시아 군대

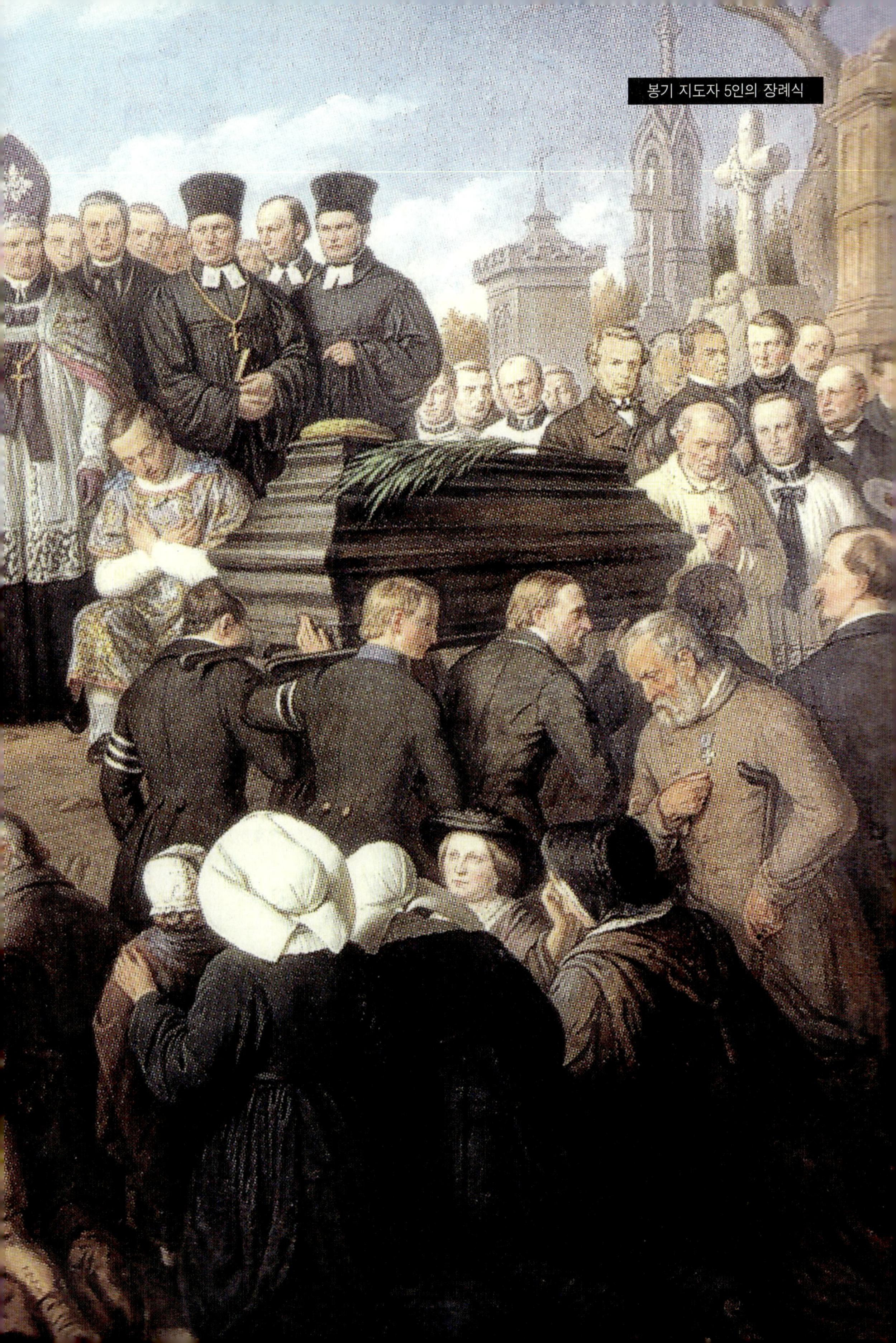

봉기 지도자 5인의 장례식

가 승리를 거두지만 결국에는 수적으로 우세한 러시아 군대에 포위되고 맙니다. 란기에비츠는 결국 오스트리아 국경을 넘다 체포되고 말았습니다.

농민들을 봉기에 끌어들이고자 경작하던 농토를 이제 자신들 소유로 하라는 지하 정부의 칙령이 내려졌습니다. 곧이어 러시아 정부도 이에 맞서 비슷한 법령을 제정했습니다. 이로 인해 러시아 정부에 대한 농민들의 불만이 줄어들며 봉기군에 가담하는 숫자가 줄어들기 시작했습니다.

로무알드 트라우구트

1863년 가을에 들어오며 봉기군의 세력은 완연히 약해졌습니다. 이때 로무알드 트라우구트(Romuald Traugutt)가 새로운 봉기 지도자로 임명됐습니다. 트라우구트는 힘이 넘치고 공평무사했으며 민족을 위한 일에 온몸을 바쳤습니다. 트라우구트의 영향력으로 시들어가던 봉기가 다시 활기를 띠게 됐습니다. 봉기 투쟁은 겨울 내내 계속 되며 이듬해 봄까지 이어졌습니다. 그러나 러시아 경찰이 지하 정부를 색출해내고 로무알드 트라우구트도 체포되고 맙니다. 1864년 8월 5일에 바르샤바의 치타델라(Cytadela) 요새 언덕에서 다른 봉기 지도자 4명과 함께 트라우구트가 교수형 됐습니다. 마침내 1월봉기가 그 막을 내리고만 것입니다.

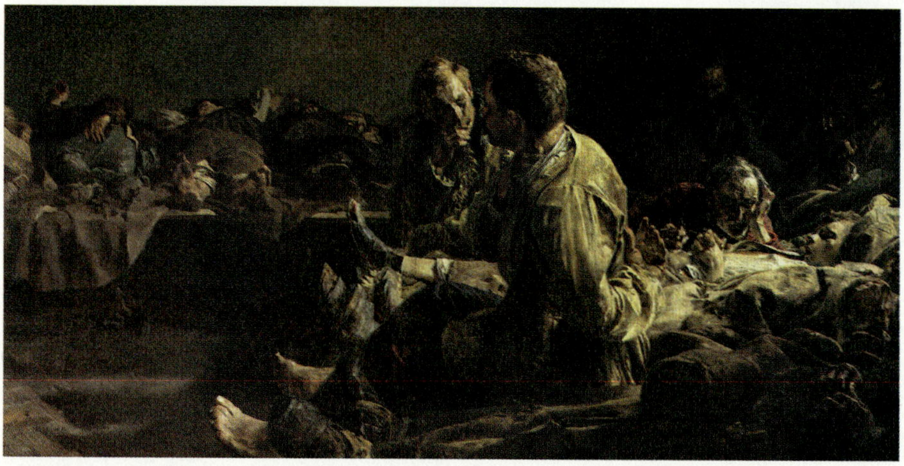
유형지에서 _ Jacek Malczewski

족쇄 채워진 폴란드 _ Jan Matejko

봉기가 끝난 후 반란에 참여하거나 도움을 준 사람 모두에게 가혹한 박해가 시작됐습니다. 1863년과 1864년 사이에 치른 봉기 전투에서 수만 명이 목숨을 잃었습니다. 사망자 수에 달하는 만큼의 사람들이 시베리아로 유배되고 많은 폴란드인이 국외로 망명해야만 했습니다. 러시아 정부는 봉기에 가담한 사람들로부터 빼앗은 재산을 러시아인들에게 나눠줬습니다. 독립에 대한 희망은 또다시 저만큼 멀어져갔습니다.

시베리아로 유배 가는 폴란드인들

제62장

식민지 하에서도 폴란드는 발전한다 – 19세기 후반기의 폴란드

폴란드를 분할하고 있던 세 점령국에 맞서 무장 투쟁으로 독립을 찾는 방법이 효과적이지 못하다는 것이 1월봉기의 패배로 입증됐습니다.

봉기를 진압한 후에 러시아 당국은 그나마 남아 있던 폴란드왕국의 흔적마저 말살했습니다. 심지어 폴란드라는 단어조차 떠올리지 않도록 하기위해 폴란드왕국의 이름을 비스와강변나라(Kraj Nadwiślański)라고 바꿔 부르

아담 아스닉

뮤즈 신과 함께 하는 아스닉 초상화

아스닉이 자주 찾던 자코파네(Zakopane) 펜션

게 했습니다. 러시아 장군이 바르샤바 총독으로 부임하며 철권통치를 휘둘렀습니다. 폴란드어가 행정 기관이나 사법 기구에서 사라지고 폴란드어를 모르는 러시아 관리들이 대거 도입됐습니다. 학교에서는 러시아어로만 가르치고 폴란드어로 말하는 학생들은 벌을 받았습니다. 폴란드 젊은이들이 군대에 징집돼 러시아 깊숙한 곳으로 복무 차 떠나야만 했습니다. 기존의 폴란드 대학교도 모두 러시아 대학교로 바뀌었습니다. 모든 폴란드 서적과 출판물은 인쇄되기 전에 엄격한 검열을 거쳐 독립을 떠올리는 그 어떤 사소한 문구도 허락되지 않았습니다. 단지 몇몇 대도시에만 폴란드 학문 단체가 존재할 뿐이었습니다.

폴란드인들은 이런 민족 말살 정책에 맞서 끈질기게 싸워나갔습니다. 집집마다 부모들이 몰래 아이들에게 폴란드어로 읽고 쓰는 법을 가르치며 국가와 민족의 미래에 대한 희망을 심어줬습니다. 잔혹할 형벌을 무릅쓰고 국외로부터 폴란드어로 된 시집이나 교과서를 몰래 들여오기도 했습니다.

계몽적인 폴란드 애국자들은 장차 민족의 미래가 교육과 근면한 노동 그리고 경제 성장에 달려있다고 생각했습니다. 그래서 이들은 산업 건설과 농업 개혁을 주창했습니다. 이런 경향을 가리켜 실증주의라 부릅니다. 실증주의자들의 호소는 폴란드인들부터 긍정적인 반응을 이끌어냈습니다. 무엇보다 폴란드 경제가 아주 빠르게 개선돼갔습니다. 특히 폴란드 산업이 높은 수준에 도달했습니다. 제철이나 직물 제품과 같은 산업 생산물이

마리아 코노프니츠카

르비우에 있는 코노프니츠카 묘지

러시아로 대량 수출됐습니다.

프로이센 점령 지역에서는 폴란드인을 대상으로 하는 독일 동화 정책이 추진됐습니다. 독일어가 행정 기관의 공식어로 정해지고 학교에서도 독일어로 교육이 진행됐습니다. 당국은 심지어 기도할 때도 독일어로 하라고

강제 이주를 명령하는 프로이센 _ Wojciech Kossak

볼레스와프 프루스

바르샤바 포봉스키(Powązki)의 프루스 묘지

폴란드 아이들에게 강요했습니다. 독일 정부는 폴란드인으로부터 땅을 사들인 뒤 본국에서 이주시킨 독일인들에게 나눠줬습니다. 수만 명의 폴란드인이 독일 점령 당국에 의해 자신의 집과 토지로부터 쫓겨나 외국으로 떠나야만 했습니다. 그 반면 많은 독일인이 폴란드 도시로 대거 유입됐습니다.

1870년에 프로이센이 프랑스와 치른 전쟁에서 승리했습니다. 그런 후 프로이센 왕인 빌헬름 1세가 독일 민족의 황제라고 선언했습니다. 폴란드의 철천지원수인 비스마르크 수상이 강력한 독일제국을 세운 것입니다.

폴란드인들은 민족 말살 정책과 독일의 동화 정책에 맞서 능란하게 대응했습니다. 무엇보다 폴란드인들은 경제를 발전시키는데 주력했습니다. 폴란드 농촌에서 농업이 꽃피고 도시에서는 수공업과 무역이 발달했습니다. 또한 폴란드 공장들도 속속 생겨났습니다. 하지만 이 당시에 많은 폴란드인들이 쉽게 일자리를 얻을 수 있는 독일의 서쪽 산업 지역으로 대거 이주해갔습니다.

오스트리아 점령 지역에 살던 폴란드인은 그나마 다른 지역보다 살기가 편했습니다. 폴란드인에 대한 동화 정책을 펼 수 없던 오스트리아 당국은 시간이 흐르면서 점차적으로 많은 자유를 허락했습니다. 폴란드어가 행정 기관에 도입되고 학교에서도 폴란드어로 가르치기 시작했습니다. 르비우와 크라쿠프에는 폴란드 대학교도 있었습니다. 갈리츠야라고 불리던 오스트리아 점령 지역에서는 심지어 자치권마저 향유할 수 있었습니다. 특정 사안에 대해 자체적으로 결정을 내릴 수 있는 권한을 식민 당국이 폴란드인에게 부여한 것입니다. 갈리츠야 내 폴란드인들은 민족 행사를 거행할 수도 자치 단체도 설립할 수 있었습니다. 그래서 다른 점령 지역으로부터 오스트리아 점령 지역으로 많은 폴란드 젊은이들이 학문을 닦고 공부하려고 모여들었습니다. 감옥에 투옥되거나 시베리아로 유배될 위기에 처한 폴란드 애국 열사들도 갈리츠야로 피신해왔습니다. 하지만 갈리츠야가 합스부르크제국의 변방에 위치한 관계로 오스트리아 정부는 이 지역 발전에 별다른 관심이 없었습니다. 그 결과 경제가 후퇴하면서 갈리츠야는 결국 가난한 지역으로 전락하고 말았습니다.

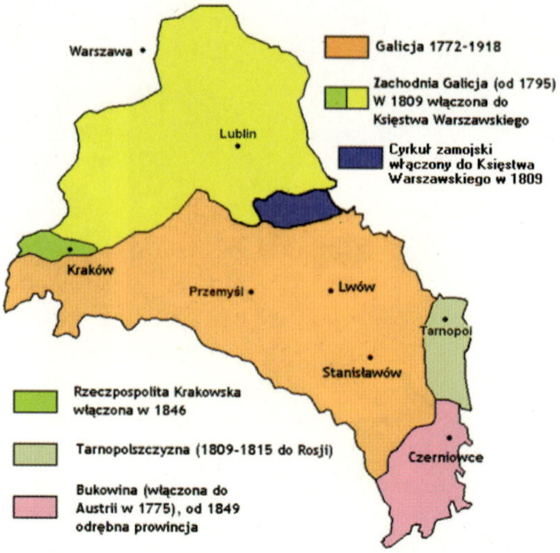

갈리츠야

19세기 후반에 돈을 벌기위해 세계 각지로 퍼져나가는 폴란드 민족의 방랑 즉 이민이 시작됐습니다. 1870년 이후에 프로이센 점령 지역에 살던 많은 폴란드인이 독일 서부 지역이나 미국으로 일자리를 구해 떠나갔습니다. 이로부터 얼마 후에는 폴란드왕국으로부터

엘리자 오줴쉬코바

미국과 브라질로 떠나는 이민이 시작됐습니다. 1900년경에는 오스트리아 점령 지역에서도 미국과 브라질로 향하는 이민 행렬이 출발했습니다. 나중에 많은 이민자들이 다시 고국으로 돌아오지만 대부분은 외국에 정착했습니다. 이후에도 폴란드 이민은 끊이지 않았습니다. 그런 연유로 오늘날 폴란드 민족의 1/4 정도가 세계 여러 나라에 흩어져 살고 있는 것입니다.

시엔키에비츠 초상화 _ Kazimierz Pochwalski

갈리츠야 서쪽 지역에는 주로 폴란드 사람들만 살았습니다. 그 반면 동쪽 지역에는 대부분 우크라이나 사람들이 거주했습니다. 이런 연유로 이 시기부터 두 민족 사이에 불신이 싹트기 시작합니다.

비록 다른 나라의 통치를 받으며 분할된 상태에 처했을지라도 조국을 통일시키고자하는 강렬한 열망이 모든 폴란드인을 하나로 결속시켰습니다. 민족이 셋으로 갈라지며 식민 통치하에 있으나 폴란드인들은 하나같이 언

헨릭 시엔키에비츠

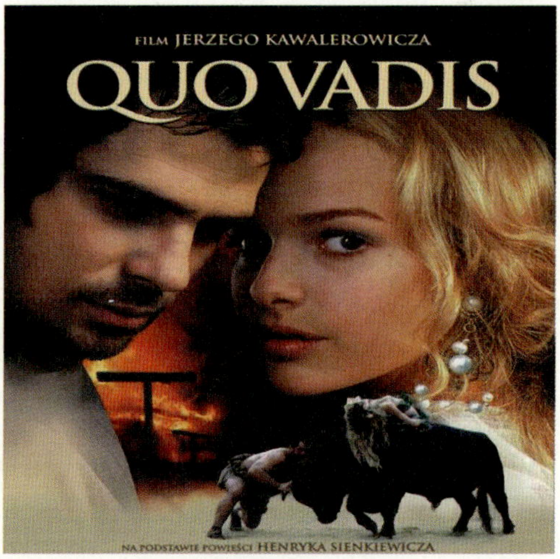

쿠오바디스 - 폴란드 영화 포스터

볼라 오줴이스카(Wola Okrzejska)의 생가 마을을 배경하는 하는 시엔키에비츠 동상

어와 문화 그리고 역사를 잊지 않으며 가톨릭 종교로 굳게 단결했습니다. 특히나 가톨릭은 폴란드인들로 하여금 애국심을 고양시키고 민족을 하나로 단합시키는데 있어 구심점 역할을 했습니다.

폴란드에서 산업이 발전함에 따라 노동자 수가 급증했습니다. 장시간에 걸친 중노동과 낮은 임금 그리고 열악한 생활 조건으로 인해 노동자들 사이에서 피해를 보고 있다는 반감이 생겨났습니다. 그래서 노동자들은 자

칼과 불로써

귀족 보워디요프스키

대홍수 - 영화포스터

마테이코 생가 – 크라쿠프 플로리아인스카 거리(ul. Floriańska) 41번지

신들의 권리를 쟁취하기위한 투쟁에 급속히 기울기 시작했습니다. 혁명과 억압 폐지 그리고 노동자들에 의한 통치 등을 목적으로 하는 조직들이 생겨났습니다. 이런 운동을 사회주의라 부릅니다. 하지만 폴란드 사회주의는 조국 해방을 부르짖는 것과 일맥상통했습니다.

자유가 억압된 식민 압제 하에서도 폴란드인들 사이에서는 민족의식이 활발해지고 문화와 학문이 눈부시게 발전했습니다.

얀 마테이코

이 당시에 저명한 시인들 예를 들면 아담 아스닉(Adam Asnyk)과 마리아 코노프니츠카(Maria Konopnicka) 등이 창작 활동을 펼쳤습니다. 유명한 폴란드 소설가들도 작품을 집필했습니다. 헨릭 시엔키에비츠는 강대하고 영광스런 시절을 그

1873년의 한림원 창립식 _ 무명화가

린 대하 역사 소설로 폴란드 민족정신을 고무시켰습니다. 시엔키에비츠의 대하 3부작 소설(Trylogia)인 <칼과 불로써(Ogniem i mieczem)>와 <대홍수(Potop)> 그리고 <귀족 보워디요프스키(Pan Wołodyjowski)>은 폴란드인들이 가장 사랑하는 작품들 중의 하나로 지금도 널리 읽히고 있습니다. 1905년에 시엔키에비츠가 <쿠오바디스(Quo vadis)> 작품으로 노벨 문학상을 수상했습니다. 볼레스와프 프루스(Bolesław Prus)와 엘리자 오줴쉬코바(Eliza Orzeszkowa)는 자신의 소설 작품에서 폴란드 사회와 문제점을 묘사했습니다. 화가인 얀 마테이코(Jan Matejko)는 폴란드 역사를 주제로 뛰어난 그림을 그렸습니다. 음악 분야에서는 스타니스와프 모니우쉬코(Stanisław Moniuszko)와 헨릭 비에니아프스키(Henryk Wieniawski)가 명성을 떨쳤습니다.

폴란드 학자들이 크라쿠프에 한림원(Akademia Umiejętności)을 설립했습니다. 이 한림원은 오스트리아 점령 지역뿐만 아니라 폴란드 전 지역의 학문 세계에 커다란 영향을 미쳤습니다. 이 당시에 많은 저명 학자들이 대거 활약했습니다.

이들 중에서 특히 물리학자인 지그문트 브루블레프스키(Zygmunt

스타니스와프 모니우쉬코

Wróblewski)와 카롤 올쉐프스키(Karol Olszewski) 그리고 역사학자들인 유제프 슈이스키(Józef Szujski), 미하우 보브쥐인스키(Michał Bobrzyński), 타데우쉬 코르존(Tadeusz Korzon)과 언어학자인 얀 카르워비츠(Jan Karłowicz) 등이 유명합니다.

헨릭 비에니아프스키

제63장

우국지사들로 넘쳐나는 20세기 초반의 폴란드

19세기에서 20세기로 넘어가는 전환기에 폴란드를 점령하고 있던 세 나라는 예전처럼 상호 동의하에 움직이지 않았습니다. 러시아는 2백 년 전부터 유럽 대륙의 강대국이었습니다. 그러나 민족 통일을 달성하고 제국 선포를 한 이후부터 독일이 서유럽에서 가장 강력한 국가가 됐습니다. 독일이 오스트리아와 동맹을 맺은 반면 러시아는 프랑스 그리고 영국과 연

악순환 _ Jacek Malczewski

멜랑콜리 _ Jacek Malczewski

합을 맺으려 애썼습니다. 폴란드 분할 점령 후 처음으로 세 나라 사이에서 전쟁이 일어날 가능성이 생겼습니다. 만약 이런 전쟁이 벌어진다면 망해 버린 조국에 해방을 가져다줄지도 모른다는 희망이 폴란드인 사이에서 싹트기 시작했습니다.

러시아가 아시아에서 영토 확장을 꾀하나 마찬가지로 새로운 지역을 장악하기위해 애쓰던 일본이 방해물로 등장합니다. 결국 1904년에 러시아와 일본 사이에서 전쟁이 터지고 말았습니다. 일본보다 훨씬 크고 강력함에도 불구하고 러시아가 이 전쟁에서 패배했습니다.

파업 _ Stanisław Lentz

오래전부터 러시아 내에서는 차르 통치에 대한 불만이 커져가고 있었습니다. 일본과의 전쟁에서 패배하면서 이런 불만은 더욱 증폭했습니다. 1905년 초에 마침내 러시아에서 혁명이 일어났습니다. 혁명의 불길은 곧 폴란드왕국으로도 옮겨왔습니다. 폴란드 혁명의 열기는 러시아보다 더 뜨거웠습니다. 왜냐하면 폴란드인은 자신들의 권리뿐만 아니라 조국을 점령한 자들과도 맞서 싸워야했기 때문입니다.

미하우 드쥐마와 마차

러시아 정부가 혁명 세력의 요구를 받아들였습니다. 러시아 수도인 페테르부르크에 두마 즉 의회가 소집됐습니다. 폴란드왕국에서는 폴란드어로 가르치는 사설 학교를 세우는 것이 허락됐습니다.

하지만 프로이센 점령 지역에서는 독일의 억압이 점점 더 가혹해져갔습니다. 폴란드인들은 독일의 동화 정책에 맞서 완강히 저항했습니다. 특히 폴란드 토지가 독일인들 손에 넘어가는 것을 막기 위한 싸움이 처절하게 전개됐습니다. 폴란드 농부인 미하우 드쥐마와(Michał Drzymała)의 이야기가 세상에 널리 퍼지며 유명해졌습니다. 독일 당국은 드쥐마와가 자신의 땅에 집을 짓는 것을 허락하지 않았습니다. 그러자 드쥐마와는 서커스 마차를 산 뒤 집 대신 마차 안에서 가족들과 살며 저항했습니다. 드쥐마와와 특히나 드쥐마와의 마차는 프로이센 식민 당국과 게르만 동화 정책에 맞서는 폴란드 농부의 상징이 됐습니다. 그래서 노벨 문학상 수상자인 시엔키에비츠와 코노프니

미하우 드쥐마와 부부

드쥐마와 가족이 살던 마차

츠카 그리고 프루스와 같은 당대 폴란드 지성인들과 심지어 러시아의 대문호인 톨스토이까지도 드쥐마와를 지지하는 운동을 펼친 것입니다. 드쥐마와의 마차는 아래에 기술되는 그룬발드전투 5백주년기념행사에도 전시됐습니다.

실롱스크

7백 년 동안 폴란드로부터 떨어져나갔던 실롱스크에서도 민족의식이 되살아나기 시작했습니다. 7백년이라는 긴 세월이 흐르는 동안에도 실롱스크인들은 잊지 않고 계속 폴란드어로 말하며 시간이 갈수록 오히려 자신들이 폴란드 민족에 속한다는 점을 깨달아갔습니다.

오스트리아 점령 지역에서도 민족의식이 불같이 일어났습니다. 1894년에 크라쿠프에서 코시치우쉬코봉기 백주년기념행사가 성대히 거행됐습니다. 1910년에는 그룬발드전투 5백주년기념행사가 치러졌습니다. 크라쿠프에서 행해진 이 커다란 민족 행사에 나머지 점령 지역의 폴란드인들도 대거 참여했습니다. 이런 민족 행사가 흩어진 폴란드 민족을 하나로 단결시킨 것입니다.

모래 채취 _ Aleksander Gierymski

농부 모집 _ Kazimierz Alchimowicz

폴란드인들은 세 점령국간의 사이에서 전쟁이 가까

워져오고 있음을 확신했습니다. 그러나 독립을 되찾기 위해 누구 편에 서서 전쟁에 참여할지를 둘러싸고 폴란드인들 사이에서 의견이 분분했습니다. 어떤 사람들은 독일이 폴란드의 가장 커다란 적이며 앞으로 일어날 전쟁에서 러시아가 이긴다고 생각했습니다. 이들은 러시아 차르 통치하에 폴란드 전 지역이 통일돼야한다고 주장했습니다. 그러나 대부분의 폴란드인은 독립을 찾기 위해서는 오스트리아와 동맹을 맺어야한다고 생각했습니다. 왜냐하면 오스트리아가 폴란드인들에게 가장 많은 자유를 준 반면 러시아는 폴란드 민족이 생존하는데 가장 커다란 위협 세력이라고 간주했기 때문입니다. 또 다른 사람들은 오로지 혁명만이 폴란드에게 자유를 보장한다고 주장했습니다.

이 당시 갈리츠야 지역에는 교육과 학문을 확대하고 젊은이들을 양성시키는 폴란드 독립 단체가 많이 있었습니다. 폴란드 독립 운동가들은 이제 젊은이들에게 무장 투쟁을 준비시킬 때가왔다고 판단했습니다. 그리하여 군대 조직을 본 따 사수연맹과 사수단체가 창단됐습니다. 예전에 러시아에 맞서 무장 투쟁을 이끌던 유제프 피우수드스키(Józef Piłsudski)와 브와디스와프 시코르스키(Władysław Sikorski) 장군이 이 두 조직의 지휘자였습니다. 사수들은 오래지않아 손에 무기를 쥐고 폴란드 독립 투쟁에 출전하리라 확신하며 열정적으로 훈련에 임했습니다.

스타니스와프 비스피아인스키 자화상

비스피아인스키 부부 자화상

나라를 빼앗긴 식민 분할 하에서도 폴란드 문화와 학문은 계속 발전해나갔습니다. 이 당시에 시인이자 화가인 스타니스와프 비스피아인스키(Stanisław Wyspiański) 그리고 작가인 스테판 제롬스키(Stefan Żeromski)와 브와디스와프 레이몬트(Władysław Reymont) 등이 활약했습니다. 국외에서는 라듐을 발견한 위대한 폴란드 학자인 마리아 스크워도프스카-퀴리(Maria Skłodowska-Curie) 즉 퀴리 부인이 명성을 날렸습니다.

스테판 제롬스키

브와디스와프 레이몬트

영화 <농민들> 중 한 장면

폴란드 나라가 지도에서 사라진 상태지만 폴란드의 문화와 학문은 세계적으로 인정받았습니다. 이 당시 헨릭 시엔키에비츠가 노벨 문학상(1905년)을, 퀴리 부인이 노벨 물리학상(1903년)과 화학상(1911년)을 수상한 것이 그 증거입니다. 그로부터 얼마 뒤에 폴란드가 독립을 되찾고 난 후인 1924년에 브와디스와프 레이몬트가 <농민들(Chłopi)>이란 작품으로 노벨 문학상을 수상했습니다.

레이몬트의 작품 <농민들>

마리아 스크워도프스카-퀴리

퀴리 부부

폴란드가 낳은 천재 과학자 퀴리 부인 앞에는 최초라는 수식어가 여럿 붙습니다. 우선 퀴리 부인은 노벨 물리학상과 화학상을 받은 첫 번째 여성이자 두 가지 다른 학문 분야에서 노벨상을 받은 최초이자 유일한 여성입니다. 퀴리 부인은 소르본대학교의 최초 여학생이자 최초 여교수이기도 합니다. 퀴리 부인은 원래 물리학자와 수학자였으며 화학은 공부한 적이 없었습니다. 실험을 하면서 스스로 화학을 깨달은 것이지요. 퀴리 부인은 스포츠를 좋아했으며 특히나 수영과 자전거 타기를 즐겼다고 합니다. 퀴리 부인은 생을 마치는 마지막 순간까지 숫자는 폴란드어로 셌으며 두 딸의 가정교사는 언제나 폴란드인이었습니다. 게다가 퀴리 부인이 직접 큰딸 이렌과 작은딸 이브에게 폴란드어를 가르쳤습니다. 퀴리 부인의 두 딸은 방학 때면 늘 삼촌이 있는 폴란드 자코파네로 놀러갔고 그래서 이렌과 이브 자매는 이곳 산사람들만의 독특한 사투리를 아주 잘했습니다. 제1차 세계대전 당시 퀴리 부인은 프랑스 군대에 성금을 보내고 군인들에게 보낼 양말도 손수 뜨곤 했습니다. 퀴리 부인이 박사 논문을 심사받을 때 방사성 분야에 관해서는 심사자인 교수보다 훨씬 더 뛰어났다고 합니다. 퀴리 부인은 자신의 학문성과를 프랑스어와 폴란드어로 거의 동시에 발표

1911년에 브뤼셀에서 열린 최초 솔베이회의에 참석한 퀴리 부인 – 오른쪽 두 번째가 아인슈타인

했습니다. 비록 퀴리 부인이 방사성 붕괴를 발견하지는 못했지만 그 현상을 정확히 파악하고 이름(프랑스어로 radioactivité)도 지었습니다. 퀴리 부인은 1933년까지 세계 최초의 물리학 학회인 솔베이회의에서 유일한 여성 초청자였습니다. 그리고 1933년에 이 회의에 참석하는 또 다른 두 명의 여성 과학자중의 하나가 바로 퀴리 부인의 큰딸인 이렌입니다. 이렌은 어머니의 조수였던 졸리오와 결혼한 뒤 1935년에 남편과 함께 노벨 화학상을 수상합니다. 그리고는 이듬해에 어머니의 후임으로 파리대학교의 교수로 임명됐습니다. 어머니인 퀴리 부인과 마찬가지로 이렌도 오랜 세월에 걸친 방사능 연구로 인해 백혈병으로 사망하고 맙니다. 한편 퀴리 부인의 막내딸이자 베스트셀러 <퀴리 부인>의 작가인 이브는 남편과 함께 1965년에 유니세프의 대표로 노벨 평화상을 수상했습니다. 무려 한 가족에서 노벨상 수상자가 4명이나 나온 것입니다. 그것도 각자 다른 분야에서 말입니다.

이 당시 오스트리아 점령 지역의 교육 수준은 상당히 높았습니다. 독일 점령 지역에서는 이보다 덜 했습니다. 반면 학교조차 별로 없던 러시아 점령 지역에서는 교육에 소홀할 수밖에 없었고 게다가 그나마 존재하던 학교의 수준도 매우 낮았습니다.

1914년 여름에 세르비아계 청년이 오스트리아제국의 후계자인 대공을 암살했습니다. 이 사건으로 오스트리아가 자그마한 나라인 세르비아에 선전 포고했습니다. 바로 이것이 제1차 세계대전이 일어나게 되는 시발점입니다. 오스트리아와 독일이 같은 편이 되고 그 반대편에서 러시아와 프랑스 그리고 영국이 연합을 맺었습니다. 얼마 후에는 다른 여러 나라에서도 전쟁이 일어나게 됩니다.

제64장

드디어 독립이다 –
제1차 세계대전 중의 폴란드

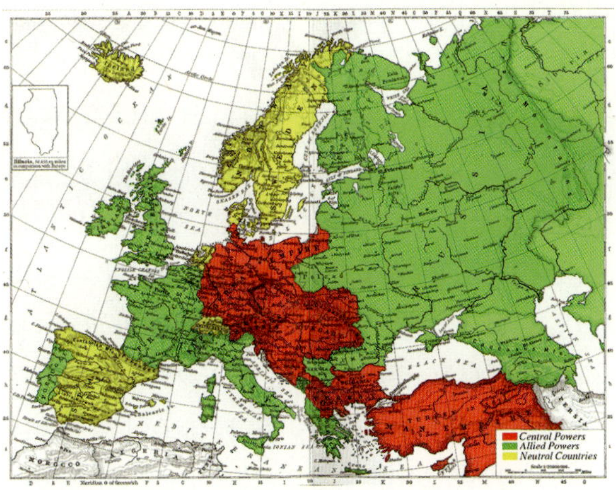

1914년 유럽의 정치 지도

1914년 여름에 발발한 전쟁은 주로 유럽에서 벌어지나 세계 여러 다른 지역에서 많은 나라가 참전했습니다. 그래서 이 전쟁을 제1차 세계대전이라 부르는 것입니다. 이 전쟁에서 폴란드인들에게 가장 중요한 점은 점령국 세 나라인 독일과 오스트리아 그리고 러시아가 서로 싸운다는 사실이었습니다. 점령국 세 나라 군대에 강제 징집된 많은 폴란드인이 같은 민족임에도 불구하고 서로 싸우도록 강요됐습니다.

러시아 군대와 독일-오스트리아 동맹군 사이에 형성된 전선은 폴란드 영토에 걸쳐 널리 퍼져있었습니다. 전쟁 초기에는 러시아가 우세를 보이며

유젤 피우수드스키와 폴란드 군대 _ Wojciech Kossak

독일과 오스트리아 군대를 서쪽으로 몰아내며 갈리츠야 동쪽 지역을 장악했습니다. 하지만 그로부터 얼마 후 독일-오스트리아가 러시아 군대를 격퇴시키고 폴란드왕국을 포함하는 광대한 지역을 다시 점령했습니다. 격렬한 전투가 치러지고 군대가 행군하며 지나간 자리에는 불타버린 농촌과 폐허가 된 도시 그리고 황폐화된 벌판만이 남았을 뿐입니다. 러시아 식민지이던 폴란드왕국을 점령한 후에 독일 군대는 식량을 빼앗고 숲의 나무들을 잘랐으며 강제 노동에 동원시킬 목적으로 많은 폴란드인들을 독일로 잡아갔습니다. 유럽에서 폴란드만큼 전쟁으로 파괴된 나라는 없었습니다.

전쟁 발발 후 폴란드 독립 운동가들은 오스트리아 정부로부터 폴란드군단이라 불리는 부대를 창설하는 동의를 얻어냈습니다. 이 폴란드군단에 사수연맹과 사수단체 회원들이 가장 먼저 입대하고 이후 지원자들이 가입하기 시작했습니다. 갈리츠야까지 탈출하는데 성공한 러시아 점령 지역 출신의 폴란드인들도 속속 이 부대에 입대했습니다. 그러면서 폴란드군단의 규모가 급속히 커져갔습니다. 처음에는 유젤 피우수드스키 장군이 지휘하는 수천 명의 일개 여단뿐이었지만 곧이어 두 번째, 세 번째 여단이 차례로 창설됐습니다.

오스트리아 편에 서서 싸우던 폴란드군단은 용맹을 떨쳤습니다. 폴란드

1915년 로키타(Rokita) 기마전 _ Wojciech Kossak

1914년에 키엘체(Kielce)를 관통하는 제1간부중대의 행군

군단의 병사들은 자신들이 용감하게 싸울수록 조국 독립이 앞당겨진다고 믿었습니다. 하지만 독일과 오스트리아가 러시아령 폴란드 지역을 장악한 후에도 폴란드 부활을 위한 아무런 조치도 취하지 않자 폴란드군단이 오스트리아에 대한 충성 맹세 서약을 거부했습니다. 그러자 오스트리아가 폴란드군단을 해체하고 독일은 유젶 피우수드스키 장군을 독일로 압송해 마그데부르크 감옥에 가뒀습니다. 전쟁 초기에 유젶 피우수드스키 장군이 결성한 비밀 군사 조직은 젊은이들을 훈련시키며 때가 왔을 때 무장 봉기를 일으킬 수 있도록 만반의 준비를 갖췄습니다.

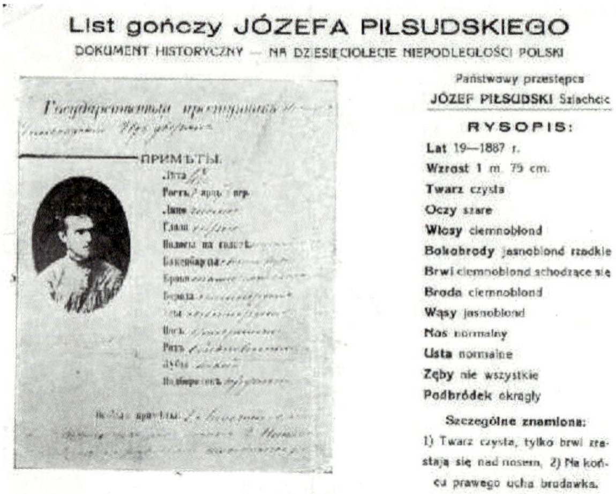
List gończy JÓZEFA PIŁSUDSKIEGO
DOKUMENT HISTORYCZNY — NA DZIESIĘCIOLECIE NIEPODLEGŁOŚCI POLSKI

Państwowy przestępca
JÓZEF PIŁSUDSKI Szlachcic

RYSOPIS:
Lat 19—1887 r.
Wzrost 1 m. 75 cm.
Twarz czysta
Oczy szare
Włosy ciemnoblond
Bokobrody jasnoblond rzadkie
Brwi ciemnoblond schodzące się
Broda ciemnoblond
Wąsy jasnoblond
Nos normalny
Usta normalne
Zęby nie wszystkie
Podbródek okrągły

Szczególne znamiona:
1) Twarz czysta, tylko brwi zrastają się nad nosem, 2) Na końcu prawego ucha brodawka.

1887년의 유젶 피우수드스키 체포 현상수배

유젶 피우수드스키 _ Wojciech Kossak

폴란드 독립 문제에 대해 서유럽 국가들과 미국이 관심을 보이기 시작했습니다. 1917년 초에 미국의 토마스 우드로 윌슨 대통령이 연두교서를 발표하며 하나로 통일된 폴란드가 독립해야만 한다고 밝혔습니다. 반면 러시아와 연합을 맺고 있던 관계로 인해 프랑스와 영국은 이런 의사 표시를 하지 않았습니다. 물론 러시아로서는 독립된 폴란드의 존재를 인정할 수 없었습니다.

14개조항에 서명하는 윌슨 대통령과 파데레프스키 _ Artur Szyk

러시아 민중들은 차르와 그 지지자들을 몹시 싫어했습니다. 특히 전쟁이 불러온 엄청난 빈곤이 나라를 뒤덮고 러시아 군대가 패배하면서 이런 증오심은 더욱 커져만 갔습니다. 1917년 2월에 마침내 러시아에서 사회주의 혁명이 일어났습니다. 드디어 러시아 차르 체제가 전복된 것입니다. 러시아에서 임시 혁명 정부가 수립되고 폴란드 독립을 인정한다고 발표했습니다. 러시아 내 폴란드인들이 새로이 창설된 폴란드 군대에 들어갔습니다. 또한 프랑스 대통령도 프랑스 내에 폴란드 군대를 창설한다는 칙령을 포고했습니다. 유젶 할레르(Józef Haller) 장군이 이끄는 이 군대에는 프랑스 포로로 붙잡힌 독일군 소속의 폴란드

유젶 할레르

할레르 장군의 서약식 – 프랑스 1918년 10월 6일

인들이 주로 입대했습니다. 프랑스 군대를 본 따 할레르의 군대의 군복 색깔이 푸른 관계로 이 부대는 청군으로 불렸습니다. 또한 바다 건너 미국으로부터 지원자들이 속속 모여들기 시작했습니다.

1914년에 부하들과 함께 – 가운데 피우수드스키

1917년 11월에 러시아에서 볼셰비키 당 주도하에 두 번째 혁명이 일어났습니다. 레닌이 당수로 있던 볼셰비키 당의 목표는 러시아에 노동자-농민 정권을 세우는 것이었습니다. 또한 노동자와 농민이 공장과 농토를 소유한다고 주장했습니다. 볼셰비키 신정부는 전쟁이 끝나길 바랐고 그래서 독일과 휴전 협정을 맺었습니다. 1918년 8월에 볼셰비키 정부는 러시아가 독일 그리고 오스트리아와 맺은 폴란드 분할 조약을 무효화한다고 발표했습니다.

1918년 10월 31일 오스트리아 군대를 무장 해제시키며 해방하는 크라쿠프

러시아는 이제 전쟁에 참여하지 않게 되고 그 대신에 미국이 참전했습니다. 독일과 오스트리아의 상황은 점점 더 악화됐습니다. 1918년 10월에 마침내 오스트리아제국이 붕괴됐습니다. 그리고는 독일어로 말하는 사람들만으로 구성되는 작은 나라인 오스트리아가 공화국 체제를 선포했습니다. 그러자 당시까지 오스트리아제국에 종속되던 많은 민족들이 자신들만의 국가를 수립하기 시작했습니다.

이그나치 다쉬인스키

갈리츠야 서쪽 지역에서 폴란드인들이 오스트리아로부터 정권을 장악했습니다. 반면 동쪽 지역에서는 우크라이나인들이 르비우를 수도로 하는 공화국 탄생을 선포했습니다. 그러자 르비우에 살던 폴란드인들이 무기를 들고 일어서며 우크라이나 군대를 도시로부터 몰아냈습니다.

이제 독일은 더 이상 전쟁을 계속할만한 힘이 없었습니다. 1918년 11월에 독일에서도 혁명이 일어났습니다. 결국 황제가 쫓겨나고 독일은 공

귀국하는 피우수드스키

화국으로 선포됐습니다.

옛 폴란드왕국 지역과 그로부터 동쪽 지역에는 여전히 독일 군대가 주둔하고 있었습니다. 하지만 폴란드인들이 정권을 인수할 준비에 들어갔습니다. 1918년 11월 7일에 루블린에서 이그나치 다쉬인스키(Ignacy Daszyński)의 지휘아래 임시민중정부가 수립됐습니다. 그로부터 3일 후에는 독일로 잡혀간 유젶 피우수드스키가 바르샤바로 금의환향했습니다. 고국에 도착한 즉시 피우수드스키는 총통으로 선출됐습니다. 11월 11일에 바르샤바 거리에서 폴란드 군사 조직원들과 젊은이들이 독일 군인들을 무장 해제시켰습니다. 드디어 123년 만에 폴란드가 독립을 되찾은 것입니다. 그래서 폴란드에서 11월 11일은 독립기념일로서 매년 성대한 행사가 치러지고 있습니다.

독일군을 무장 해제시키는 바르샤바 _ Stanisław Bagieński

제65장

사면팔방에서 벌어진 치열한 국경 전쟁

폴란드가 치른 국경 전쟁

비록 폴란드가 독립을 성취했지만 아직 국경선은 확정되지 않았습니다. 그래서 새로운 국경선을 어떻게 결정지을 것인가를 둘러싸고 폴란드는 이웃 모든 나라들과 싸워야만 했습니다. 그러기위해서는 무엇보다 강력한 군대가 필요했습니다. 그래서 폴란드 군대가 신속히 조직됐습니다. 이전 폴란드 군단과 폴란드 군사 조직원들이 모이고 러시아로부터도 폴란드 부대가 도착하기 시작했습니다. 게다가 프랑스로부터는 유젶 할레르 장군이 청군을 이끌고 귀국했습니다. 이밖에도 폴란드 전국에서 젊은이들이 대대적으로

"우리는 함께 싸운다" 1918년 시카고에서 발간된 포스터 _ A. Stern

폴-소 전쟁 당시 원조하러온 장차 미국 31대 대통령이 되는 허버트 후버와 파데레프스키, 피우수드스키

군대에 지원하고 이전 점령국 군대에서 복무한 폴란드인들도 입대하기 시작했습니다.

폴란드-체코슬로바키아 분쟁 지역

우크라이나인들에 의해 포위된 르비우를 방어하던 남동쪽 지역에서 국경선을 둘러싼 초기 전투가 벌어졌습니다. 석 달에 걸친 방어 끝에 폴란드 증원 부대가 르비우에 도착했습니다. 마침내 르비우가 해방되고 우크라이나 군대는 완패 당했습니다.

폴란드 남쪽에서 체코와 슬로바키아 민족이 합치면서 신생 국가인 체코슬로바키아가 탄생했습니다. 체코가 실롱스크에 있는 치에쉰(Cieszyn) 주변 지역에 대한 소유권을 내세웠습니다. 하지만 당시 이 지역의 주민 대다수는 폴란드인이었습니다. 폴란드 군대가 르비우를 둘러싼 전투에 매달려있을 때 체코 군대가 실롱스크의 치에쉰(Śląsk Cieszyński)에 입성했습니다. 실

비엘코폴스카 봉기 _ Leon Wroblewski

유젶 도프보르 - 무시니츠키

르비우 방어전에 나선 어린 독수리들 _ Wojciech Kossak

1920년 2월 10일 발트해로 진군하는 할레르 부대 _ Wojciech Kossak

롱스크의 치에쉰을 체코와 분할하는 것이 억울했으나 당시 별다른 도리가 없던 폴란드는 이를 받아들일 수밖에 없었습니다. 그래서 20년이 흐른 후 히틀러가 체코슬로바키아를 점령할 때 폴란드가 군대를 보내 치에쉰을 무력으로 다시 장악합니다. 그래서 이 지역을 둘러싸고 지금도 폴란드와 체코 간에 감정이 좋지 않습니다.

독일은 삼국분할 당시 획득한 폴란드 서쪽 영토를 포기할 마음이 전혀 없었습니다. 하지만 비엘코폴스카 지역의 폴란드인들이 무장 봉기를 일으켰습니다. 결국 독일 군대가 비엘코폴스카로부터 격퇴됐습니다. 전투를 치르며 얻은 경험을 바탕으로 봉기군은 강력한 정규군으로 바뀌어갔습니다. 유제프 도프보르-무시니츠키(Józef Dowbor-Muśnicki) 장군이 이 군대의 지휘관이었습니다. 비엘코폴스카 봉기군이 해방시킨 지역은 이제 부활한 폴란드 영토의 일부가 됐습니다. 1919년에 프랑스 베르사유 궁전에서 독일과 맺은 평화 조약은 비엘코폴스카 지역뿐만 아니라 포모줴 상당 부분을 폴란드 영토로 확정했습니다. 이리하여 폴란드는 발트해로 나가는 출구를 얻게 됐습니다. 그다인스크는 독일 영토도 폴란드 영토도 아닌 자유 도시로 선포됐습니다.

폴란드 동쪽 지역에서는 폴란드가 우크라이나를 상대로 승리를 거두었

1920년 바르샤바 전투, 비스와강의 기적 _ Jerzy Kossak

음에도 불구하고 아직 국경선이 확정되지 않고 있었습니다. 이제 소비에트러시아라 불리는 볼셰비키 지배하의 러시아가 폴란드와 이웃한 우크라이나와 벨로루시 영토를 점진적으로 장악해나갔습니다. 반면 폴란드 군대도 계속 동쪽으로 진군해나갔고 결국 적군 즉 소비에트러시아 군대와 만나게 됐습니다. 전쟁 초기에 폴란드 군대는 적군을 동쪽 너머로 내몰았습니다. 유제프 피우수드스키 장군은 우크라이나와 벨로루시를 독립시켜 폴란드와 러시아 사이의 완충 지대로 만들고자 했습니다. 이러한 목적에서 폴란드 군대가 대대적인 공격을 가하며 1920년 5월에 우크라이나 수도인 키예프를 정복했습니다. 그러나 러시아 군대가 폴란드 북쪽 전선을 돌파하고 남부 전선으로 기마대를 보내며 폴란드 후방에 역공을 가하는데 성공했습니다.

폴-소 전쟁 돌격전 _ L. Wintorowski

폴란드 군대는 우크라이나와 벨로루시로부터 신속히 후퇴해야만 했습니다. 비스와강에 이르러

폴-소 전쟁 1920년 6월

폴-소 전쟁 1920년 8월

1920년 코마루프(Komarów) 전투 _ Jerzy Kossak

서야 겨우 후퇴가 멈췄습니다. 이제 바르샤바가 적군의 공격으로부터 위협받게 됐습니다. 조국이 위기에 처하자 또다시 많은 자원자들이 대거 군대에 입대했습니다. 같은 해 8월에 폴란드 사령부가 바르샤바를 방어하는데 성공하고 동시에 남쪽에서도 새로 창설된 폴란드 군대가 적군의 후미를 쳤습니다. 이 결과 적군이 후퇴하기 시작했습니다. 1920년에 치러진 이 바르샤바 전투는 이후 비스와강의 기적이라 불리게 됩니다. 폴란드 군대는 적군을 계속 몰아치며 얼마 후 또다시 승리를 거뒀습니다.

1921년 3월에 라트비아의 리가에서 폴란드와 소비에트러시아 간에 휴전 협정이 맺어졌습니다. 예상한 것보다 동쪽 국경선은 폴란드에 불리했습니다. 소비에트러시아와의 전쟁 후 빌뉴스가 폴란드 국경밖에 놓이게

소련과의 전쟁에서 승리를 거두고 행진하는 폴란드 군대
– 바르샤바 1920년

됐습니다. 주민 대다수가 폴란드인임에도 불구하고 리투아니아는 빌뉴스를 수도로 삼았습니다. 그러자 루츠얀 젤리고프스키(Lucjan Żeligowski) 장군이 이끄는 폴란드 군대가 빌뉴스를 장악했습니다. 결국 빌뉴스는 폴란드 영토가 되고 리투아니아는 제2차 세계대전이 끝나고 자신의 수도를 다시 찾을 수 있을 때까지 이 사실을 인정하지 않았습니다. 이 문제는 이후 양국 간 감정이 악화되는 주원인이 됐습니다.

수많은 석탄 광산과 대단위 산업 시설인 제철소와 아연 공장이 있는 상부 실롱스크(Górny Śląsk)라 불리는 지역을 둘러싼 중대 사안이 미해결로 남았습니다. 이 지역의 부와 재산은 독일인이 소유하고 있었으나 대다수 실롱스크 주민은 폴란드인이었습니다. 실롱스크 폴란드인들도 비엘코폴스카 폴란드인들처럼 신생 폴란드의 국민이 되길 원했습니다. 그래서 독일에 맞서 무장 봉기를 일으키나 독일 군대에 의해 진압됐습니다. 이 당시 상부 실롱스크 지역에 주민 투표 즉 이 지역이 누구에게 속할지를 결정하는 선거가 도입되

중앙리투아니아공화국

루츠얀 젤리고프스키

기로 결정됐습니다. 하지만 독일은 여전히 이 지역의 행정권을 포기하지 않았습니다. 그러자 실롱스크 폴란드인들이 두 번째 봉기를 일으켰습니다. 두 번째 봉기는 첫 번째보다 더 규모가 크고 기간도 길었습니다.

1921년의 상부 실롱스크 분할

두 번째 봉기 이후 실시된 주민 투표는 독일에 의해 조작됐습니다. 이 선거 결과로 거의 모든 상부 실롱스크 지방이 독일에 넘어가게 됐습니다. 그래서 이전 두 봉기보다 훨씬 강력한 세 번째 봉기가 일어났습니다. 이번 봉기는 폴란드와 독일 간의 정규 전쟁으로 불러도 좋을 정도로 커다란 것이었습니다. 이 봉기 후 상부 실롱스크 대부분 지역은 폴란드 영토가 됐습니다. 하지만 국경 너머 독일에는 여전히 150만 명에 가까운 폴란드인들이 남게 됐습니다.

이렇게 하여 정해진 폴란드 국경선은 이후 20년간만 지속되고 맙니다.

제66장

123년 만에 되살아오는 폴란드

폴란드 제2공화국 영토

123년 만에 독립을 되찾은 폴란드는 영토와 인구 면에서 6번째로 커다란 유럽 나라가 됐습니다. 폴란드인이 인구의 2/3 이상을 차지하고 나머지 1/3은 기타 소수 민족으로 구성됐습니다. 400만 명의 우크라이나인이 폴란드 남동쪽 지역에, 100만 명의 벨로루시인이 북동쪽에 살았습니다. 수공업과 교역에 종사하던 300만 명의 유대인은 주로 도시에 거주했습니다. 이외에도 수십만 명의 독일인과 소수의 리투아니아인 그리고 기타 소수 민족이 폴란드 내에 살았습니다. 이 당시 수백만 명의 폴란드인이 미국과 독일 그리고 러시아와 프랑스 등과 같은

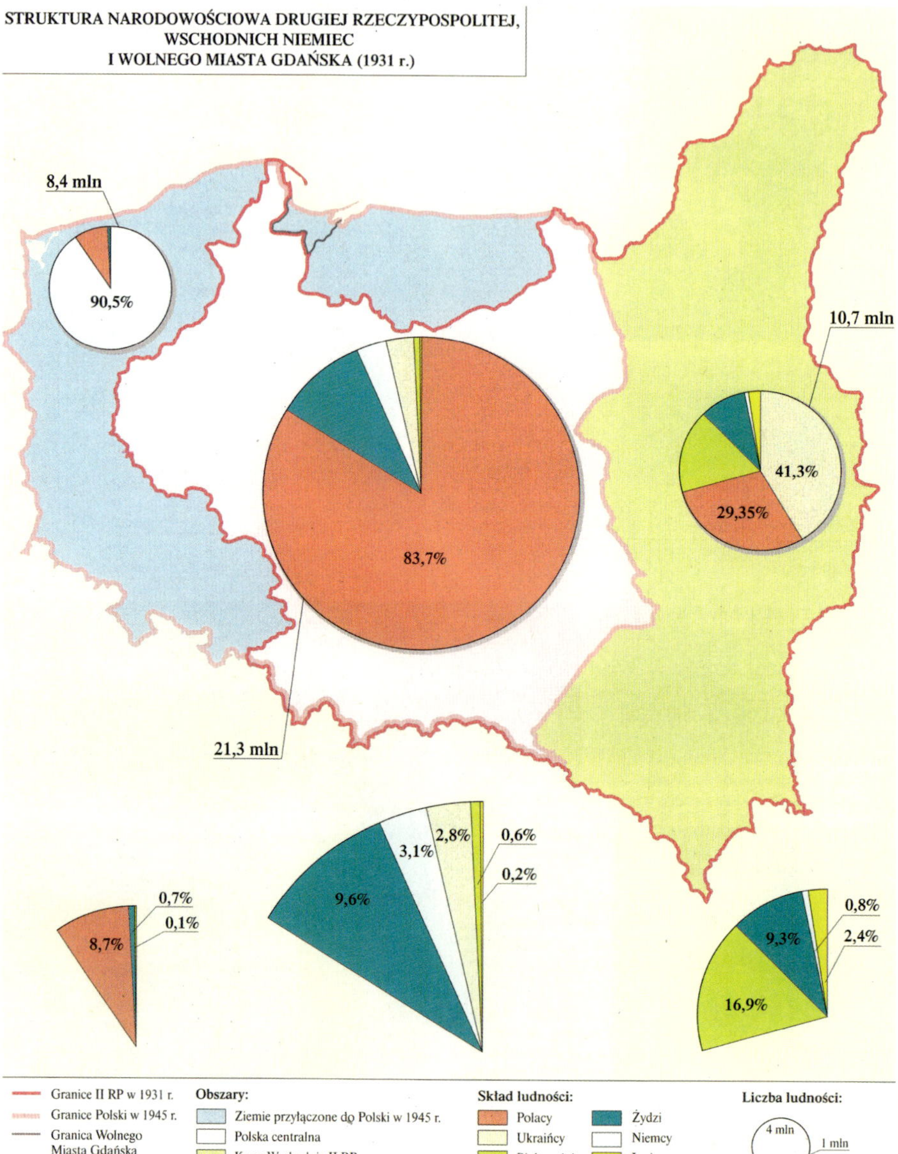

폴란드 제2공화국의 민족 구조

폴란드 제2공화국의 종교 분포

외국에 머물렀습니다.

폴란드 지역 대부분은 전쟁으로 황폐해졌습니다. 전쟁의 소용돌이 속에서 대략 200만 명의 폴란드인이 목숨을 잃었습니다. 이중 군인은 60만 명이었습니다. 나라는 빈곤 상태에 빠지고 생필품이 턱없이 부족했습니다.

독립한 폴란드 경제는 심각한 지역 불균형이라는 문제를 가졌습니다. 이것은 과거 백여 년 동안의 식민 지배와 점령 통치로 인한 결과였습니다. 상부 실롱스크 지방이 가장 공업화된 지역인 반면 이전 폴란드왕국과 갈리츠야 지방은 농업 지역이었습니다. 가장 가난하고 경제적으로 낙후된 지역은 동쪽에 위치했습니다. 점령 당국 특히 러시아 차르 당국은 교육에 너무 소홀했습니다. 그래서 폴란드 주민의 약 1/3이 읽고 쓰는 법을 알지 못하고 학교와 대학교도 많이 부족했습니다.

세 점령국에 의해 분할된 폴란드가 다시 하나로 통합되는 데에는 많은 어려움이 뒤따랐습니다. 왜냐하면 분할된 세 지역이 각기 다른 점령국 체제하에서 백 년이 넘은 시절을 보냈기 때문입니다. 분할된 세 지역 각각에서 서로 다른 법률이 적용되고 각기 다른 화폐를 사용했습니다. 교육받은 전문가들 특히 교사와 공무원들이 절대적으로 부족했습니다. 폴란드어를 사용하는 학교와 정부 기관이 있던 이전 갈리츠야 지역만이 그나마 사정

그디니아 항을 시찰하는 피우수드스키 1930년

이 양호했습니다.

부활한 폴란드는 신속하게 체제를 정비해나갔습니다. 폴란드 전국은 주와 군으로 나뉘어졌습니다. 그리고 폴란드 화폐가 새로이 제조됐습니다. 나라가 빈곤함에도 불구하고 새 학교들이 많이 세워졌습니다. 신생 대학교가 3개 설립되고 다른 상위 교육 기관들도 속속 생겨났습니다.

신생 폴란드는 바다와 접하고 있었지만 항구가 없었습니다. 그래서 독립 후 수년간에 걸치는 그디니아(Gdynia) 항구 도시 건설이 시작됐습니다. 철도망이 확장되며 그디니아와 상부 실롱스크를 잇는 특별 철로가 놓였습니다.

경제 발전은 점진적으로 이뤄졌습니다. 분할된 세 지역을 하나로 통합시키는 데에는 많은 시간과 노력이 필요했습니다. 막강한 경제력을 자랑하던 독일이 폴란드의 발전을 방해하고자 상당 기간에 걸쳐 무역 거래를 제한했습니다. 그리고 바로 이것이 폴란드 공업과 농업 성장을 둔화시킨 주원인으로 작용했습니다. 1930년대에 들어와 전례 없는 경제 대공황이 전 세계를 강타했습니다. 폴란드도 이 대공황으로 심대한 타격을 받았습니다. 대공황이 진정된 후에야 비로소 폴란드 경제가 되살아나기 시작했습니다.

소생한 폴란드는 예전 공화국과는 다른 제2공화국이라 불리는 체제를 도입했습니다. 국민 투표를 통해 상원과 하원이 구성됐습니다. 하원이 법률을 제정하고 상원은 이를 비준했습니다. 국가수반인 대통령이 정부를 구성했습니다. 수상과 장관으로 구성되는 정부는 의회가 제정한 법률에 따라 행정을 집행했습니다. 1922년에 유제프 피우수드스키가 총통 직에서 물러났

가브리엘 나루토비츠

스타니스와프 보이치에호프스키

이그나치 모시치츠키

습니다. 그런 후 12월 9일에 가브리엘 나루토비츠(Gabriel Narutowicz)가 대통령으로 선출됐습니다. 하지만 나루토비츠는 당선된 지 며칠 만에 암살자에 의해 저격되고 말았습니다. 곧이어 12월 20일에 스타니스와프 보이치에호프스키(Stanisław Wojciechowski)가 새 대통령으로 당선됐습니다.

1926년 5월 쿠데타

유젶 피우수드스키와 그 지지 세력은 의회와 보이치에호프스키 대통령의 통치에 불만스러워했습니다. 그래서 자신들이 국가 정권을 장악해 통치하기로 결심했습니다. 1926년 5월 12일에 피우수드스키를 따르던 일단의 부대가 쿠데타를 일으켜 바르샤바를 장악했습니다. 그러자 5월 14일에 보이치에호프스키 대통령과 정부가 물러났습니다. 그런 후 6월 1일에 이그나치 모시치츠키(Ignacy Mościcki)가 새 대통령으로 선출됐습니다. 이때부터 피우수드스키가 폴란드 국가 운명에 절대적인 영향을 미치며 국정을 좌지우지했습니다.

폴란드를 하나로 통합하고 교육 수준을 끌어올리며 학문과 문화를 발전시키려는 노력이 10여 년간 계속됐습니다. 수많은 경제 난관은 마침내 극복됐습니다. 하지만 폴란드 국민들의 생활 여건은 여전히 개선되지 않았습니다. 농촌에서는 먹고 살기 힘든 소작농이 대부분이었습니다. 그 반면에 대토지를 소유한 부유한 사람들도 많았습니다. 일부는 폴란드인이 소유주이고 일부는 외국인이 주인인 대다수 공장에서 노동자들은 낮은 임금을 받으며 일했습니다. 게다가 많은 사람들은 그나마 일자리도 없었습니다. 이것으로 인해 사람들 사이에서 절망과 분노가 일어나고 노동자와 농민 계층은 자신들의 권리를 찾고자했습니다. 소수 민족 특히 우크라이나

바르샤바 근교 술레유벡(Sulejówek)에 있는 피우수드스키의 밀루신(Milusin) 빌라

인이 더 많은 정치적, 문화적 권리와 우크라이나어로 가르치는 학교와 대학교 숫자를 늘려 달라고 요구했습니다.

이 당시 폴란드가 겪어야했던 수많은 고통과 난관에도 불구하고 폴란드 민족 전체는 되찾은 독립의 가치를 소중히 여기며 국가와 함께 운명을 같이 할 각오가 돼있었습니다. 특히 젊은이들 대다수는 애국심에 불탔으며 폴란드 군대가 국민들로부터 열렬한 지지와 함께 사랑받았습니다.

제67장

또다시 시작되는 폴란드의 비극 – 제2차 세계대전 발발

독립한 폴란드는 독일과 소비에트러시아라는 두 강대국 사이에 위치했습니다. 얼마 뒤에 소비에트러시아는 사회주의소비에트연방공화국 즉 소련으로 이름을 바꿨습니다. 폴란드보다 독일은 2배, 소련은 6배가 더 많은 인구를 갖고 있었습니다. 독일은 부유했으며 발달한 최신 산업을 보유하고 있었습니다. 소련은 예전 차르 체제로부터 가난하고 후퇴한 나라를 물려받았으나 엄청난 노력으로 신속히 산업을 재건해나가기 시작했습니다.

동부 국경선을 순찰하는 폴란드 수비대 – 1939년

이웃하는 두 강대국에 맞서기위해 폴란드는 프랑스와 영국 그리고 미국과 친교를 맺었습니다.

폴란드 회랑

제1차 세계대전이후 독일에서 민족사회주의라 불리는 정치 운동 즉 나치즘이 등장했습니다. 독일 민족은 세계에서 가장 우월한 민족이며 다른 민족을 지배하기위해 태어났다고 나치 지도자가 외쳤습니다. 아돌프 히틀러가 바로 이 나치즘의 지도자입니다. 패전 후 절망과 불만에 쌓여있던 독일 민족 사이로 히틀러의 구호는 쉽사리 파고들어갔습니다. 1933년에 마침내 히틀러가 독일 수상이 됐습니다. 정권을 장악하자마자 히틀러는 신속하게 군대를 재건하고 나치즘과 다른 견해를 가진 사람들을 박해하기 시작했습니다.

1924년에 레닌이 사망한 후 스탈린이 소련 지도자가 됐습니다. 스탈린은 소련을 강대국으로 만드는데 성공하나 이것은 러시아 민족의 고통

피우수드스키 장례식 - 크라쿠프 1935년 5월 18일

에드바르드 리즈 - 시미그위

과 희생으로 이룬 것이었습니다. 스탈린의 명령으로 수많은 사람들이 집단 투옥되고 박해받으며 강제 노역에 동원됐습니다. 스탈린은 소련 전역에 걸쳐 절대 권력을 휘둘렀습니다. 실제이든 상상에 의한 것이든 가리지 않고 스탈린은 자신의 반대 세력을 무자비하게 제거하라는 명령을 내렸습니다.

1935년에 유젶 피우수드스키 장군이 세상을 하직했습니다. 폴란드 전 국민은 독립을 위해 헌신한 피우수드스키의 애국심을 되새기면서 애도했습니다. 피우수드스키 사후 에드바르드 리쥐-시미그위(Edward Rydz-Śmigły) 장군이 폴란드군 총사령관직에 올랐습니다.

폴란드 경제 상황이 점차 개선돼나갔습니다. 그디니아가 발트해의 가장 커다란 항구 도시로 성장했습니다. 폴란드 공장들은 점점 더 많은 최신 제품들을 생산하기 시작했습니다. 전문적으로 교육받은 선생님과 교수들이 초, 중, 고등학교와 대학교에서 열심히 가르쳤습니다. 그러면서 문맹자 수가 현저히 줄어들어갔습니다.

그렇다고 폴란드가 안전하다는 것은 아니었습니다. 특히 급속히 중무장

해가던 독일이 폴란드에게 가장 위협적이었습니다. 그래서 국경으로부터 멀리 떨어진 곳에 대규모 중앙산업단지(COP)를 조성하자는 계획이 세워졌습니다. 수년간에 걸쳐 설립된 이 단지에서 대포와 탄약 그리고 비행기와 기타 폴란드 군대가 필요로 하는 군수품을 생산하는 공장들이 설립됐습니다.

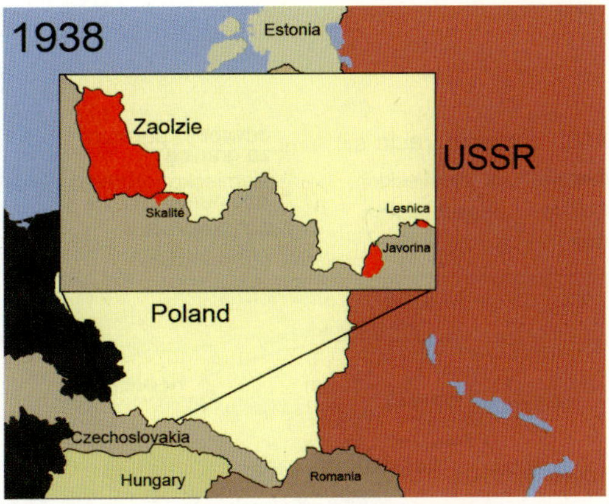

1938년 폴란드가 점령한 체코슬로바키아 지역

독일 세력은 점점 더 강해지고 이로 인해 이웃 나라들이 느끼는 위협도 커져만 갔습니다. 1938년 3월에 독일 군대가 오스트리아를 장악한 뒤 독일에 병합시켰습니다. 같은 해 10월에는 독일 소수 민족이 대다수 거주하고 있던 체코슬로바키아 국경 지역을 독일 군대가 점령해버렸습니다. 이때 폴란드가 20년 전에 체코가 강점한 실롱스크의 치에쉰을 무력으로 점

리벤트로프-몰로토프조약 체결
- 1939년 8월 23일

스탈린: "망치 줄까" 히틀러: "그거, 좋지"
- 프랑스에서 제작된 포스터

1939년 9월 전황 지도

령했습니다. 이것 때문에 폴란드가 나치 독일과 공동으로 체코슬로바키아를 공격했다는 비난을 받게 됩니다.

1939년 9월 1일 – 폴란드 국경선을 부수며 침공하는 독일군들

1939년 3월에 독일군이 체코슬로바키아의 수도인 프라하에 입성했습니다. 체코는 독일에 합쳐지고 슬로바키아는 히틀러에 복종하는 작은 위성국이 됐습니다.

그런 다음 히틀러는 그다인스크의 합병과 포모줴 지역을 관통해 본국 독

1939년 9월 1일 새벽 4시 45분, 그다인스크를 포격하는 독일 전함 – 제2차 세계대전의 시작

바르샤바를 폭격하는 독일 전투기 – 1939년 9월

1939년 9월 17일 – 화염에 휩싸인 바르샤바왕궁

1939년 9월 14일 바르샤바 – 독일군의 폭격으로 죽은 언니를 슬퍼하는 12살의 카지미에라 코스테비츠(Kazimiera Kostewicz)

1939년 9월 28일
– 독일과 소련의 폴란드 양분

독일과 소련의 폴란드 양분

일과 동프로이센을 연결하는 도로 건설에 동의할 것을 폴란드에 요구했습니다. 그러나 폴란드는 이 요구를 단호히 거부했습니다. 폴란드 전 민족은 히틀러의 요구에 굴복하지 않기로 굳게 결의했습니다. 독일 군대와 맞서 싸운다면 프랑스와 영국이 도와줄 것이라고 폴란드인들은 믿어 의심치 않았습니다. 1939년 8월에 독일과 소련이 리벤트로프-몰로토프조약이라 불리는 상호불가침조약을 맺으면서 별도로 비밀조약을 작성했습니다. 폴란드와 다른 나라의 영토를 서로 나눠 갖기로 양국이 이 비밀조약에서 합의했습니다. 히틀러의 야욕을 뒤늦게 깨달은 영국과 프랑스가 당시까지의 유화 정책을 버리고 강경 노선으로 돌아서며 폴란드와 상호군사조약을 체결했습니다.

1939년 9월 1일 새벽에 마침내 독일군이 서, 남, 북 삼면으로부터 동시에 폴란드를 공격했습니다. 드디어 제2차 세계대전이 터진 것입니다. 몇 배나 더 많은 대포와 탱크 그리고 전투기를 가진 독일군이 월등한 우세를 보였습니다. 폴란드 군인들은 끝까지 용감하게 싸웠지만 독일군의 우세를 감당해낼 수는 없었습니다. 전쟁이 발발한지 며칠 지나지 않아 독일군이 폴란드 방어망을 무너뜨렸습니다. 폴란드군은 전투를 치르며 후퇴를 거듭했습니다. 거리는 독일군을 피해 도망가는 피난민들로 가득했습니다. 독일 공군은 폴란드 군대뿐만 아니라 도시와 도로 그리고 철로와 심지어 일반 시민들까지 폭격을 가했습니다. 점령한 지역에서는 독일군이 잔악한 범죄

독일 군대를 환영하는 소련 장교
- 1939년 9월 18일 브제시치(Brześć)

독일과 소련 장교의 만남 - 1939년 9월 20일

조우하는 독일과 소련 군인들 - 1939년 9월

폴란드 지도를 보며 회의하는 독일과 소련 참모진들
- 1939년 9월

행위를 일삼았습니다.

바르샤바 서쪽에 있는 브주라(Bzura) 강가에서 전쟁 발발 후 가장 커다란 전투가 폴란드와 독일 간에 벌어졌습니다. 심각한 손실을 입기는 하나 독일군이 전투에서 승리했습니다. 곧이어 독일 군대가 바르샤바를 포위하고 공격하기 시작했습니다. 9월 내내 그리고 10월초까지 많은 폴란드 부대가 독일에 맞서 싸우지만 전세는 이미 폴란드에게 절망적이었습니다.

9월 17일에 동쪽으로부터 아무런 선전 포고도 없이 소련의 붉은 군대가 폴란드로 쳐들어왔습니다. 배후에서 공격받게 된 폴란드 군대는 붉은 군대와 전투를 치를 여력이 없었습니다. 하지만 일부 지역에서는 소련 군대에 맞서 강력히 저항했습니다. 폴란드 정부가 루마니아 국경을 넘어 망명길에 나섰습니다. 9월 27일까지 수도 바르샤바가 외로이 저항했습니다. 사전에 맺은 조약에도 불구하고 서구 연합군은 폴란드를 도와주러 오지 않았습니다.

폴란드군은 1939년 9월에 엄청난 손실을 입었습니다. 대략 65만 명이 전사하고 13만 명이 부상을 입었으며 40만 명이 독일군 포로로, 20만 명이 소련군 포로로 잡혔습니다. 하지만 9만 명 정도의 폴란드 군인들이 연합국으로 탈출하는데 성공해 또다시 위기에 빠진 조국을 되찾기 위한 전쟁에 참전하게 됩니다.

제68장

또다시 투쟁이다 –
제2차 세계대전 중의 폴란드

폴란드를 점령한 독일과 소련이 영토를 분할했습니다. 나르바(Narwa)강과 부그(Bug)강 그리고 산(San)강을 따라 양국 사이에 경계선이 정했습니다.

독일은 비엘코폴스카, 포모줴, 실롱스크 등 지역을 곧바로 본국에 병합해버렸습니다. 나머지 지역은 크라쿠프를 수도로 하는 총독부령으로 만든 뒤 가혹한

나치 독일의 폴란드 점령 총독부령

점령 통치가 행해졌습니다.

바르샤바에 입성하는 히틀러

독일 정부는 폴란드인들로부터 모든 권리를 박탈했습니다. 독일은 합병한 지역의 폴란드인을 총독부 관할 지역으로 강제 이주시키고 그 자리를 본토에서 데려온 독일인들로 대신했습니다. 수많은 사람들이 폴란드 국적을 포기하고 독일인으로 등록되도록 강요받았습니다. 독일 점령 정부는 폴란드의 모든 초, 중, 고등학교와 대학교의 문을 닫았습니다. 많은 폴란드인이 독일을 위한 강제 노동에 동원됐습니다. 그리고 수많은 사람들이 독일 공장이나 농촌 지역으로 끌려가야만 했습니다.

총살 _ Andrzej Wróblewski

폴란드인들은 최소한의 식량만을 배급받았습니다. 그걸 먹고서는 살아갈 수가 없었습니다. 이로 인해 전염병이 퍼지며 많은 폴란드 사람들이 목숨을 잃었습니다.

나치 독일은 폴란드에 집단수용소를 건립하고 폴란드와 점령한 다른 나라로부터 수백만 명의 사람들을 강제로 끌고 와 가뒀습니다. 이렇게 끌려

중부유럽에 세워진 나치 강제수용소

제2차 세계대전 당시 폴란드에 세워진 나치 강제수용소

아우슈비츠 제1수용소

희생자들의 목발

희생자들의 신발

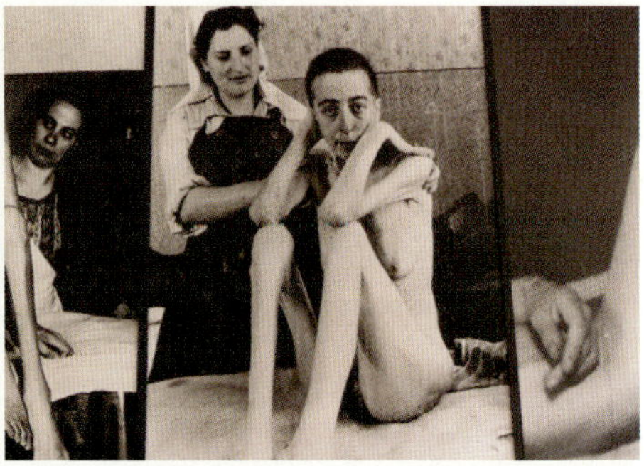

생체 실험에 사용된 생존자

가스실

소각로

아우슈비츠 수용소에서 생존한 어린이들

아우슈비츠 수용소 정문 – "ARBEIT MACHT FREI, 노동이 너희를 자유롭게 하리라"

온 사람들은 비인간적인 환경 속에서 강제 노동에 동원되고 집단으로 살해됐습니다. 이런 집단수용소들 중에서 가장 규모가 큰 것이 바로 아우슈비츠(Auschwitz)로 널리 알려진 오시비엥침(Oświęcim)에 세워진 수용소입니다. 마치 서울을 일본식으로 부르면 경성이 되듯이 폴란드 도시인 오시비엥침을 독일식으로 바꿔 부르면 아우슈비츠가 됩니다.

붉은 군대가 침공한 지역은 서(西)우크라이나와 서(西)벨로루시로 이름이

수용소 도착 후 실시되는 선별 작업
– 1942년 여름 제2수용소

아우슈비츠 제2수용소

바뀐 뒤 소련에 합병됐습니다. 소련이 빌뉴스와 주변 지역을 리투아니아에 넘겨주고 마침내 리투아니아는 자신들의 영원한 수도인 빌뉴스를 되찾았습니다. 많은 폴란드인 특히 정부 기관에서 일하던 사람들이 소련 당국에 체포됐습니다. 얼마 후에는 백만 명 이상의 폴란드인이 소련 깊숙한 지역으로 강제 압송되기 시작했습니다. 그곳에서 살아갈 아무런 수단도 없이 버려진 폴란드인 대다수는 그저 죽어갈 수밖에 없었습니다. 끌려간 사람들 중 극소수만이 전쟁이 끝난 후 고국으로 돌아올 수 있었습니다.

브와디스와프 시코르스키 장군을 지도자로 하는 폴란드 망명 정부가 프랑스에서 탄생했습니다. 오래지않아 헝가리와 루마니아를 거쳐 탈출에 성공한 폴란드 군인들로 구성된 군대가 프랑스에서 창설됐습니다. 프랑스에 머물던 망명 폴란드인들 대다수도 이 군대에 자원입대했습니다.

1940년 5월에 독일이 프랑스를 공격했습니다. 프랑스는 강력하고 훌륭하게 중무장한 군대를 가지고 있었지만 독일은 신속한 속도로 프랑스를 정복했습니다. 폴란드 부대는 프랑스군과 함께 최후까지 용감히 싸웠습니

브와디스와프 시코르스키

루스벨트 미국 대통령과 시코르스키 - 1941년

시코르스키와 윈스턴 처칠

왼쪽 두 번째부터 시코르스키-처칠-드골

폴란드 제1기갑사단을 방문하는
미국의 아이젠하워 장군 – 1943년

소련과 조약에 서명하는 시코르스키
– 1941년 12월 4일

브와디스와프 안데르스

다. 심지어 일부 지역에서는 프랑스 군대가 항복한 이후에도 전투를 치르기까지 했습니다.

프랑스가 패전한 후 폴란드 군대가 해협을 통해 영국으로 건너갔습니다. 영국에서 또다시 폴란드 망명 정부가 수립됐습니다. 브와디스와프 시코르스키 장군이 처음부터 다시 폴란드 군대를 창설했습니다. 독일은 영국도 침공할 계획을 세웠습니다. 이러한 목적 하에 독일 공군이 몇 달 동안 쉬지 않고 영국 도시에 폭격을 가했습니다. 폴란드 조종사들의 눈부신 활약과 함께 영국 공군이 독일의 공격을 막아냈습니다. 마침내 영국은 구조됐습니다. 폴란드 해군 또한 영국에서 창설됐습니다. 전 대양을 누비며 용감하게 싸우던 폴란드 해군은 연이은 승전으로 명성을 얻었습니다.

1941년 6월에 독일이 불가침조약을 깨고 소련을 공격하기 시작했습니다. 지금까지 폴란드의 적이던 소련이 이제 동맹국이 된 것입니다. 시코르스키 장군이 모스크바로 날아가 스탈린과 협정을 맺었습니다. 소련 정부에 의해 투옥되거나 강제 이주 당한 폴란드인으로 구성되는 군대를 소련 영토 내에 창설하기로 이 협정에서 합의됐습니다. 브와디스와프 안데르스 (Władysław Anders) 장군이 이 부대의 지휘관으로 임명됐습니다.

그런 후 얼마 지나지 않아 독일군이 맹렬히 진군하며 모스크바 근처에까지 이르렀습니다. 이 당시 소련 내에는 이미 폴란드 부대가 만들어졌습니다. 소련 당국은 폴란드 부대가 개별적으로 전선에 투입되도록 요구했습니다. 하지만 안데르스 장군은 신설된 폴란드 군대가 개별적이 아닌 전체 단위로 전체 단위로 전투에 참전하도록 애썼습니다. 안데르스 장군은 전쟁이 끝나면 장차 소련의 적이 될지도 모를 이 폴란드 군대를 스탈린이 몰살시키려한다는 것을 잘 알고 있었기 때문입니다. 그래서 안데르스 장군은 80만 명에 이르는 폴란드 군대를 이끌고 대장정 끝에 소련으로부터 이란으로 빠져나왔습니다. 그 후 안데르스 군대는 아프리카와 이탈리아에서 독일과 치열한 전투를 치렀습니다. 아프리카 북부에는 이미 또 다른 폴란드 부대가 주둔해있었습니다. 폴란드 부대는 리비아에서 독일과 이탈리아

집단 총살 - 1939년

공개 처형 - 1942년 가을 바르샤바

바르샤바 게토로 강제 이주하는 유대인 - 1941년 봄

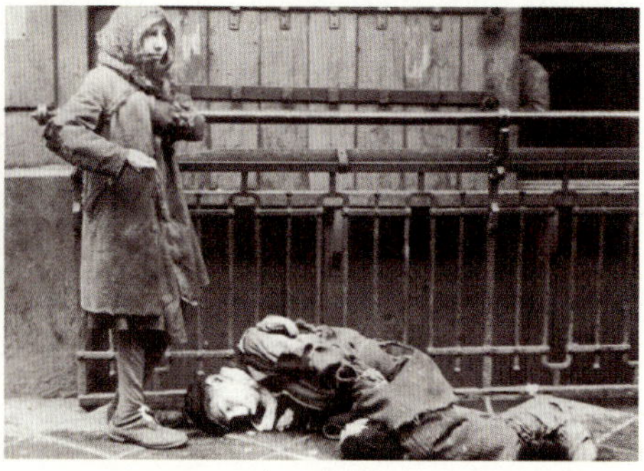

바르샤바 게토 거리에서 기아로 죽어가는 유대인

동맹군에 맞서 용감하게 싸웠습니다. 특히 토브루크 방어전에서 보여준 폴란드 부대의 활약상은 아주 유명합니다.

파르티잔 _ Andrzej Wróblewski

폴란드 내에서는 독일의 테러가 계속됐습니다. 생활 여건은 점점 더 악화되고 빈곤과 기아가 도처에 만연했습니다. 독일 점령 당국은 폴란드인에게 잔악한 행위를 일삼았습니다. 게다가 집단 처형도 종종 자행했습니다. 폴란드 전국에서 유대인을 게토에 가두고 체계적으로 제거해 나가기 시작했습니다.

비록 나치 독일에 점령되긴 하나 폴란드인은 이미 전쟁 초기부터 침략자에 맞서 싸웠습니다. 대부분 젊은이들로 구성된 수천 명 단위의 비밀 지하 조직이 속속 생겨났습니다. 폴란드 지하 군대가 탄생한 것입니다. 이 지하 조직은 감옥에 갇힌 폴란드인을 구출하고 독일 수송 부대를 급습했습니다. 또한 독일군 초소를 공격하고 독일 앞잡이도 처단했습니다. 특히나 폴란드 빨치산은 도시에서 멀리 떨어진 외딴 지역의 숲속에서 눈부신 활약상을 보여줬습니다. 빨치산은 예기치 않게 출몰해서 독일군을 공격하고 재빠르게 사라졌습니다.

이런 비밀 지하 조직 중에서 영국에 있는 폴란드 망명 정부에 소속된 국내군(AK)이 가장 규모가 크고 강력했습니다. 이밖에도 소련과 우호적인 연합 관계를 맺을 것을 주장하며 공산당에 의해 주도되던 농민대대와 인민군의 활약도 두드러졌습니다. 또한 다양한 정당들에 소속된 다른 조직들도 많이 있었습니다.

1943년 봄에 독일은 아직 바르샤바 게토 지역에 남아있던 유대인들을 몰살하려고 작정했습니다. 하지만 유대인들이 무기를 들고 일어나서 독일

국내군 로고 PW: P–Polska, W–Walcząca, 즉 Fighting Poland

바르샤바 게토 폐쇄 - 1943년

바르샤바 게토를 파괴하는 독일군 - 1943년

군에 맞서 최후까지 싸웠습니다. 이 싸움에 많은 폴란드인이 합세했습니다.

1942년에서 1943년으로 넘어가는 시기에 붉은 군대가 스탈린그라드 전투에서 독일군을 상대로 대승을 거뒀습니다. 이제 전세가 소련 쪽으로 유리하게 기울기 시작했습니다. 런던에 있는 폴란드 망명 정부는 머지않아 붉은 군대가 폴란드로 진군해올 것이며 전후 소련이 전전 폴란드 동쪽 국경선을 인정해주리라 믿었습니다.

카티인 학살 포스터

카티인 - 1943년

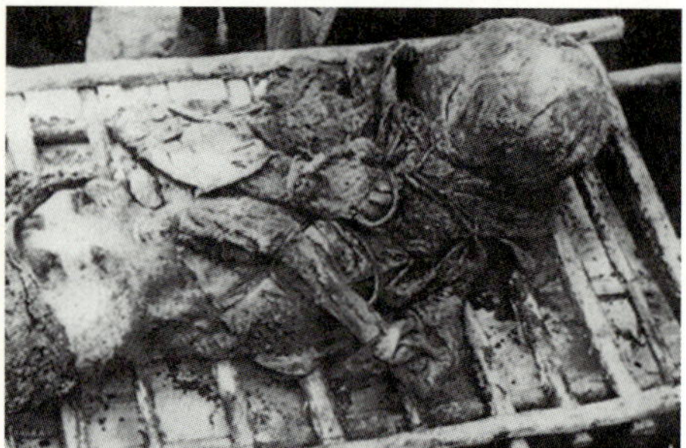

뒤로 손이 묶인 채 카티인에서 발굴된 유해

그러나 소련은 이런 폴란드의 믿음에 동의하지 않았습니다. 동부 국경선을 둘러싸고 소련과 폴란드 사이에서 관계가 악화되기 시작했습니다. 그러는 와중인 1943년 봄에 독일이 놀라운 소식을 발표했습니다. 전쟁 중에 소련이 사살한 1만5천명의 폴란드 장교들을 벨로루시의 카티인(Katyń) 숲속에서 발견했다는 것입니다. 전후 동유럽 전체를 공산화시킬 계획이던 스탈린이 장차 소련의 적이 될 폴란드 장교들을 대량 학살한 것입니다. 폴란드 정부가 해명할 것을 소련 정부에 요구합니다. 그런데 소련 당국은 적반하장으로 카티인은 독일군 짓이라고 발뺌하며 폴란드와 외교 관계를 단절한다고 발표했습니다. 하지만 공산주의가 붕괴된 후인 1992년에 모스크바를 방문한 폴란드 바웬사 대통령에게 러시아의 옐친 대통령이 스탈린이 서명한 카티인 사살 승인 문서를 넘겨주며 결국 만천하에 그 진실이 드러나게 됩니다. 카티인 학살이 드러난 지 얼마 지나지 않아 폴란드 망명 정부의 수반인 브와디스와프 시코르스키 장군이 원인을 알 수 없는 비행기 추락 사고로 목숨을 잃었습니다.

1943년에 모스크바에서 소련의 사주 하에 폴란드애국자동맹이 결성됐

카티인 학살 지도

레니노 전투 _ Michał Bylina

코시치우쉬코 군단 선서식 _ Stanisław Poznański

습니다. 이 동맹은 폴란드가 동쪽 영토를 소련에게 양도할 것을 주장했습니다. 그리고 두 번째 폴란드 군대를 창설하는 동의를 소련 당국으로부터 받아냈습니다. 소련 내에는 아직도 많은 폴란드인들이 남아있었기 때문입니다. 그로부터 얼마 뒤에 지그문트 베를링(Zygmunt Berling) 장군의 지휘아래 타데우쉬 코시치우쉬코의 이름을 딴 폴란드 제1사단이 창설됐습니다. 이 사단은 1943년 10월에 벨로루시의 레니노(Lenino) 전투에 참전해 독일군과 치열한 격전을 치렀습니다.

1943년에 무장한 우크라이나 민족주의자들이 폴란드 남동부 지역에 나타났습니다. 이들은 우크라이나 독립을 위한다며 투쟁을 선포했습니다. 하지만 이들의 진짜 목표는 이 지역에 살고 있던 폴란드 사람들을 모두 없애는 것이었습니다. 독일이 이들의 활동

몬테카지노 전투 당시 능선을 오르는 폴란드 제2군단

을 도우며 무기를 공급해줬습니다. 폴란드인들이 우크라이나인들의 공격에 맞서 싸우지만 수천 명의 폴란드인이 목숨을 잃고 많은 사람들이 고향을 등져야만 했습니다.

소련에서 새로운 폴란드 군대가 창설될 때 폴란드는 연합국인 영국 그리고 미국과 함께 이탈리아에서 전투를 치르고 있었습니다. 연합군의 수차례 공격에도 함락되지 않고 있던 독일군 요새인 몬테카지노 산 위의 수도원을 탈환하면서 폴란드 군대가 명성을 떨쳤습니다. 이 전투에서 전사한 폴란드 군인들의 묘지로 오늘날에도 많은 폴란드인들이 참배하러 오고 있습니다. 지휘관 안데르스 장군이 사랑하는 부하들과 함께 잠든 몬테카지노 묘지는 제2차 세계대전 당시 폴란드 군대가 보여준 영웅적인 무공을 대표하고 있습니다.

몬테카지노 전투 당시 보이텍(Wojtek)이라 불리는 곰이 폴란드 군대를 도왔다는 일화가 전해집니다. 이 이야기의 시작은 다음과 같습니다. 안데르스 군대가 소련을 탈출하는 도중에 이란에서 곰을 파는 소년 하나를 만났습니다. 소년은 젖도 못 땐 어린 곰을 서커스에 팔려고 내놓았습니다. 폴란드 군인

몬테카지노 전투 _ Stefan Garwatowski

몬테카지노에 휘날리는 폴란드 국기

몬테카지노의 폴란드 군인 묘지

1944년 – 폴란드 군인과 보이텍

제22보급중대 로고

들이 소년으로부터 곰을 사서는 보이텍이라고 이름을 붙였습니다. 그리고는 군인들이 병에 우유를 담아 먹이며 어린 곰을 애지중지 키웠습니다. 그래서 이때부터 보이텍은 병으로 된 마실 것을 좋아했다고 합니다. 보이텍은 제22보급중대에 소속돼 이라크-시리아-팔레스타인-이집트를 거쳐 이탈리아까지 동행하게 됩니다. 폴란드 군인들과 함께 먹고 자란 보이텍은 과일과 단것을 무척이나 좋아했습니다. 그리고 말을 잘 들을 때면 상으로 받던 맥주를 아주 즐겼습니다. 보이텍의 덩치가 커지며 나무로 지은 우리에서 따로 살게 됐습니다. 하지만 보이텍은 혼자 있는 것을 싫어했습니다. 그래서 밤이면 몰래 우리를 빠져나와서는 막사로 들어와 폴란드 군인들을 껴안고 함께 자곤 했습니다. 사정을 모르던 외국 군인들이나 민간인들은 이런 모습을 보고 깜짝 놀라기 일쑤였습니다. 보이텍은 군인들과 레슬링하길 좋아했습니다. 인간 대 동물의 레슬링 시합은 언제나 곰의 승리로 끝나고 그러면 보이텍은 누워있는 패자의 얼굴을 혀로 핥아주곤 했습니다. 몬테카지노 전투 당시 보이텍은 포탄이 든 무거운 상자를 날랐고 단 한 번도 포탄을 떨어트린 적이 없었습니다. 이때부터 제22보급중대의 로고가 포탄을 나르는 곰으로 바뀌었습니다. 전쟁이 끝나고 보이텍은 폴란드 군대와 함께 스코틀랜드의 글래스고우로 후송됐습니다. 이곳에서도 보이텍은 선풍적인 인기를 끌며 화제의 중심에 섰습니다. 심지어 보이텍은 폴란드-스코틀랜드친선협회의 회원으로도 가입되고 가입되는 날 신입 회원에게 주어지는 맥주를 선물로 받기도 했습니다. 폴란드 군대가 해산되며 보이텍은 에든버러 동물원에 보내졌습니다. 1947년 11월 15일에 마침내 보이텍은 사랑하는 폴란드 군인들과 헤어졌습니다. 하지만 그런 후에도 이제 민간인이 된 폴란드 군인들은 보이텍을 보러 동물원으로 자주 찾아왔습니다. 그리고는 누구도 아랑곳 않고 보이텍과 폴란드 퇴역 군인들은 울타리를 넘어 재회의 기쁨을 누리곤 했습니다. 1963년 12월 2일에 22살의 나이로 보이텍이 생을 마감했습니다. 라디오 방송국이 보이텍의 죽음을 영국 전역에 알렸습니다.

제69장

제2차 세계대전의 종결 – 폐허를 딛고 일어서는 폴란드

1944년 초반에 붉은 군대가 독일군을 서쪽으로 밀어내며 전전 폴란드 동쪽 국경선을 넘었습니다. 이제 폴란드의 독립과 미래의 국경선은 소련 손에 달리게 됐습니다. 이와 동시에 영국에 있던 폴란드 망명 정부도 국내 상황을 장악하려 애썼습니다. 그래서 망명 정부는 국내군에게 붉은 군대가 가까이 오는 즉시 소련군을 도와 독일군을 총공격하라는 명령을 내렸습니다.

국내군 병사들은 명령을 수행했습니다. 국내군은 붉은 군대와 함께 르비우와 빌뉴스를 동시에 탈환했습니다. 하지만 독일군이 퇴각한 후 소련 정권이 르비우와 빌뉴스 양 도시에서 국내군 부대를

1944년 7월 22일 – PKWN 포고문

무장 해제시켰습니다. 심지어 빌뉴스에 있던 폴란드 국내군 병사들을 러시아 내 깊숙한 곳으로 압송해갔습니다.

1944년 여름에 들어서며 소련 군대가 폴란드 본토로 진입해 들어왔습니다. 소련에서 창설된 10만 명에 달하는 폴란드 군대도 붉은 군대와 함께 진군했습니다. 이와 동시에 소련의 사주 하에 폴란드 공산당원들이 모스크바에서 만든 폴란드민족해방위원회(PKWN)가 임시 정부를 구성한다며 헤움(Chełm)에 도착했습니다. 이 위원회는 나중에 폴란드 공산주의 정부의 모체가 됩니다. 이 위원회는 친소 세력들만으로 조직됐으며 지도 인사들은 대부분 소련에서 교육받은 사람들이었습니다. 폴란드민족해방위원회는 소련과의 우호 관계와 사회주의 개혁을 천명했습니다. 7월 22일에 민족해방위원회가 폴란드 민족에게 고하는 성명서를 발표했습니다. 그래서 전후 공산주의 시대에는 기존의 11월 11일을 대신해 7월 22일이 폴란드 독립 국경일로 행사가 치러지기도 했습니다. 해방된 지역에서는 즉시 토지를 분할해 농민들에게 분배하는 작업이 시작됐습니다. 얼마 후 이 위원회는 루블린으로 거처를 옮깁니다. 그래서 이 위원회는 루블린 정부라고도

바르샤바 봉기군

항복 후 하수도에서 나오는 봉기군

항복하는 바르샤바 봉기군

불립니다.

붉은 군대가 수도로 인접해오는 것과 맞추어 1944년 8월 1일에 런던 임시 정부의 명령으로 국내군 사령부가 독일에 대항하는 무장 봉기를 바르샤바에서 일으켰습니다. 폴란드인들은 소련 군대의 지원으로 봉기가 성공하리라 확신했습니다. 그러나 상황은 예상과 달리 진행됐습니다. 독일군을 패퇴시키며 바르샤바 건너편 비스와 강가까지 진군해온 소련군이 바르샤바 진입을 눈앞에 두고 갑자기 멈춰서버렸습니다. 전후 폴란드를 공산화할 계획을 품고 있던 스탈린은 장차 방해 세력이 될 국내군이 독일군에 의해 궤멸되도록 방치한 것입니다. 이제 고립무원에 빠진 국내군은 자체 힘만으로 봉기를 이끌어야했습니다. 봉기 초기에 국내군이 바르샤바 상당수 지역을 장악하나 곧이어 독일군이 강력한 군사력을 앞세워 역공에 나섰습니다. 이제 봉기군은 방어 태세로 전환해야만했습니다. 격렬한 전투가 63일 동안이나 계속됐습니다.

폐허가 된 바르샤바 시가지

바르샤바 봉기 기념비

1945년 – 파괴된 바르샤바 구시가지 광장

전후 복구된 바르샤바 구시가지 광장

독일군이 쉴 새 없이 바르샤바에 폭격을 가하고 전투기를 동원한 공습마저 이어졌습니다. 도심 곳곳에 불길이 타올랐습니다. 독일군은 바르샤바 시민에게 잔인한 만행을 저지르고 부상당한 반란군을 무참히 죽였습니다. 대포와 탱크 그리고 전투기로 무장한 독일군과의 싸움에서 맨손으로 맞선 봉기군은 엄청난 손실을 입을 수밖에 없었습니다. 봉기군과 함께 수많은 바르샤바 시민들이 목숨을 잃었습니다. 굶주림과 질병이 도시 전체에 번지고 무기와 약품은 턱없이 부족했습니다. 10월 2일에 마침내 힘을 다한 바르샤바 봉기군 사령부가 항복하고 말았습니다. 포로로 잡힌 봉기 군인들이 독일 수용소로 끌려가고 바르샤바 시민 전체가 수도로부터 쫓겨났습니다. 독일군 특수 부대가 그나마 남은 건물을 모조리 불 지르고 다이너마이트로 폭파시켰습니다. 군사적으로 아무런 의미도 없는 바르샤바 파괴 작전을 독일 당국이 시작한 것입니다. 봉기로 이미 초토화된 바르샤바가 며칠 사이에 폐허로 변하고 말았습니다. 아름다운 도시 바르샤바가 자랑

코워브제그 전투 _ Stefan Garwatowski

크라쿠프를 해방시킨 소련 군대 – 1945년

하던 왕궁과 구시가지 그리고 귀족 저택들과 박물관 등 고귀한 역사 유물들이 흔적도 없이 사라졌습니다. 전후 구시가지 일부는 예전과 똑같이 복구되고 그 공로를 인정받아 유네스코로부터 세계문화유산으로 인정받게 됩니다. 바르샤바 봉기 당시 25만 명의 바르샤바 시민이 사망하고 도시는 완전히 폐허가 됐습니다.

1945년 1월에 붉은 군대의 공세가 시작됐습니다. 붉은 군대와 함께 폴란드 제1군단이 바르샤바를 향해 진군했습니다. 1월 17일에 마침내 인적 없는 폐허의 바르샤바가 해방되고 곧이어 나머지 폴란드 지역들도 자유를 되찾았습니다.

전쟁이 끝나가고 있었습니다. 흑해 연안의 얄타에서 독일에 맞서 싸우던 세 강대국 지도자인 소련의 스탈린과 영국 수상인 처칠 그리고 미국 대통령 루즈벨트가 모였습니다. 세 강대국 지도자들은 부그강과 산강을 따라 소위 커즌 라인(linia Curzona)이라 불리는 선을 따라 폴란드 동부 국경선을 긋고 르비우와 빌뉴스를 포함한 동쪽 영토를 소련에게 넘겨주기로 결정했습니다. 이 대가로 폴란드는 서쪽과 북쪽에서 독일 영토를 보상받았습니다. 이제 폴란드-독일 국경선은 오드라-니사강 라인(오데르-나이세 라인)을 따라 그어졌습니다.

1945년 4월에 붉은 군대가 최후의 일격을 가하기 위해 독일로 쳐들어갔습니다. 붉은 군대와 함께 폴란드 군단 2개도 독일을 향해 진군했습니다. 두 군단 중 하나는 북부 전선에서 전투를 치렀습니다. 이 군단은 포모줴 서부 지역에서 독일 방어선을 돌파한 뒤 코워브줴그 도시를 탈환하고 베를린 함락 전투에도 참전했습니다. 다른 한 군단은 남부 전선에서 싸웠습니다. 이 군단은 격렬한 전투 끝에 우쥐체와 체코 북부 지역을 해방시켰습니다. 이제 패배가 눈앞에 온 것을 깨달은 독일은 희망 없는 방어에 나설 뿐이었습니다.

1945년 얄타회담에서 처칠-루스벨트-스탈린

얄타회담 당시 영국 외무장관 이든의 생일 기념 파티

서유럽에서는 영국과 미국 연합군이 독일에 맞서 전투를 치렀습니다. 폴란드 군대가 영미 연합국의 일원으로 이탈리아, 프랑스, 벨기에, 네덜란드 등지에서 벌어진 전투에 참전했습니다. 폴란드 군대는 여러 번에 걸친 결정적 전투에서 진정한 용맹이 무엇인가를 보여줬습니다. 전쟁 종반에 폴란드 군대가 많은 독일군을 포로로 잡았습니다.

5월 초에 들어서며 이제 베를린 시가지에서 마지막 전투가 벌어졌습니

베를린 정복 _ Stefan Garwatowski

폐허가 된 바르샤바왕궁

전후 복구된 바르샤바왕궁

다. 소련군과 함께 폴란드 군대도 베를린 함락 전투에 참전했습니다. 상황이 절망적으로 돌아가고 있음을 직감한 히틀러가 결국 자살하고 말았습니다. 5월 8일에 마침내 독일군 지휘부가 항복했습니다.

6년 전 전쟁이 시작할 당시만 해도 폴란드는 독일 군대에 맞서 홀로 외로이 싸워야만했습니다. 그 후 전쟁 기간 내내 폴란드는 나치 독일과 싸우는 것을 멈추지 않았고 이제 승전국 중의 하나가 됐습니다. 점령된 베를린 하늘에는 소련 깃발 외에 폴란드 국기도 휘날렸습니다. 동부 전선과 서부 전선에서 싸운 폴란드 군인은 모두 합해 60만 명에 이르렀고 이것은 연합국 중에서 4번째로 큰 규모였습니다.

베를린 전투중인 폴란드 군대

제2차 세계대전에서 폴란드는 막대한 손실을 당하고 그 어떤 나라들보다 가혹한 피해를 입었습니다. 전쟁 기간 동안 전체 국민의 1/6에 해당하는 6백만 명 이상의 폴란드인들이 목숨을 잃었습

베를린 하늘에 휘날리는 폴란드 국기

베를린 브란덴부르크 앞에 선 폴란드 제1군단 군인들 - 1945년 5월

니다. 특히 지식인 등을 포함한 사회 지도급 인사들이 가장 많이 희생됐습니다. 이 모든 것에도 불구하고 폴란드는 다시 태어났습니다. 하지만 그것은 폴란드인들이 전혀 원하지도 않고 예상하지도 못하던 소련이 주도하는 소비에트 블록하의 공산주의 체제였습니다. 폴란드 민족의 비극은 제2차 세계대전 이후에도 계속됐습니다. 이제 또다시 자유를 찾기 위한 폴란드인들의 끝없는 투쟁이 새로이 시작됩니다.

제70장

공산주의 시대의 폴란드 – 노동자가 선봉에 서는 연이은 자유 투쟁

전후 바르샤바

얄타회담에서 연합국 간에 정해진 대로 폴란드는 전후 소련이 주도하는 공산주의 체제하로 들어가게 됐습니다. 얄타에서 미국과 영국의 양보로 소련은 폴란드를 포함한 동유럽권에서 절대 권력을 휘두르게 됐습니다. 그 반면 전쟁 기간 내내 조국을 되찾기 위해 물불을 가리지 않고 싸운 임시 정부는 이제 폴란드를 대표하는 자격마저 박탈당할 처지에 놓였습니다. 1945년

폴-소국경선조약 체결 - 뒷줄 왼쪽 3번째부터 미코와이칙, 비에루트, 스탈린, 몰로토프, 비신스키, 서명하는 오수부카-모라프스키

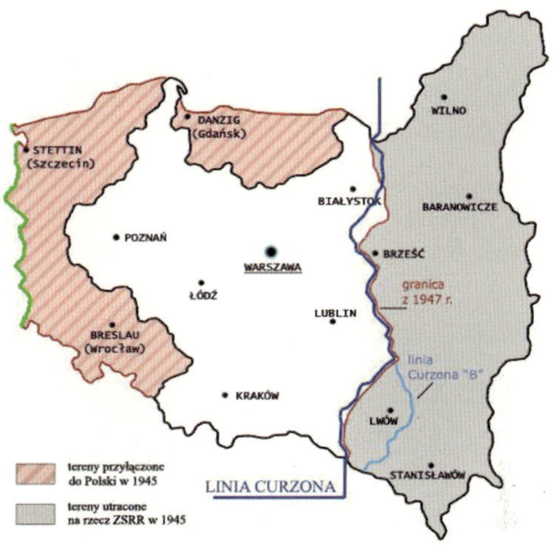

전후 폴란드 국경선: 서쪽의 오드라-니사 라인, 동쪽의 커즌 라인

6월에 바르샤바에서 공산주의자들이 주도하는 폴란드 정부가 수립됐습니다. 소련은 물론이거니와 미국과 영국마저 이 정부를 인정하며 이제 런던 망명 정부의 존재 자체가 무의미해졌습니다. 제2차 세계대전과 폴란드의 경우는 역사가 빚어내는 아이러니의 대표적인 예입니다. 도발하지도 않은 전쟁의 최대 희생자이던 폴란드가 종전 결과 오히려 국토가 줄어들며 국민 대다수가 반대하던 공산주의 체제를 강요받게 된 것입니다.

전후 국경선 변경의 결과 폴란드 영토가 서쪽으로 대거 이동하게 됐습니다. 서부

동부에서 서부 수복 지구로 이사하는 이주자 - 1946년

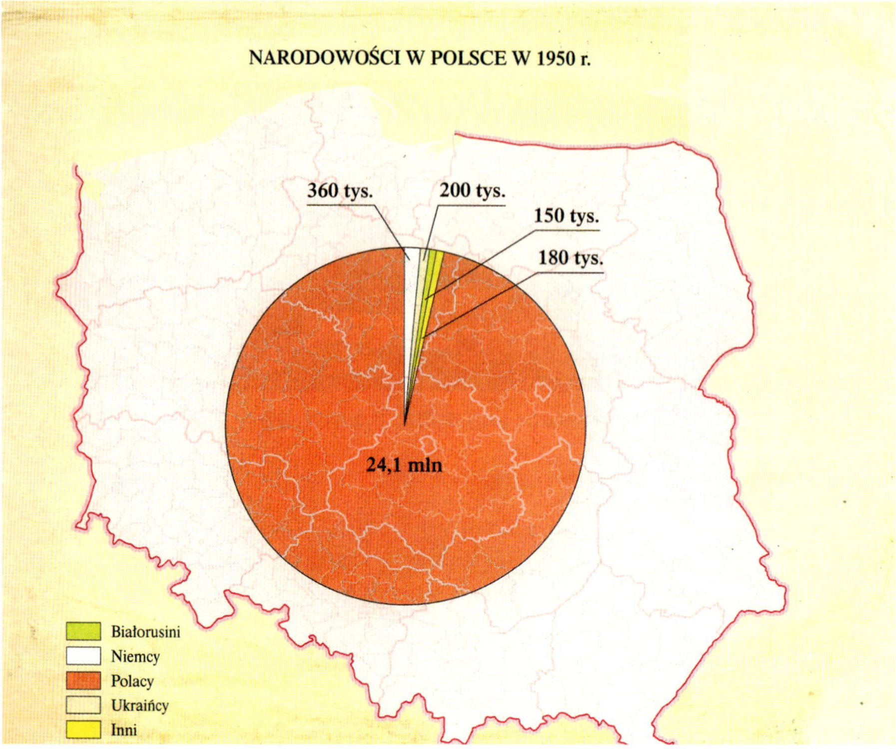

1950년 폴란드의 민족 구성

국경선이 오드라-니사 라인에 따라 새로 그어지며 폴란드는 103,000㎢에 달하는 독일 영토를 얻게 됐습니다. 이 지역에 살던 수백만 명의 독일인은 본국으로 돌아가거나 강제 이주됐습니다. 반면 동부 지역에서 폴란드는 180,000㎢에 이르는 영토를 소련에게 상실 당했습니다. 그리고 이 지역에 거주하던 폴란드인들은 독일로부터 얻은 서부 지역으로 집단 이주됐습니다. 결과적으로 폴란드 영토는 전쟁전보다 76,000㎢가 줄어들었습니다. 하지만 이런 영토 변경과 인구 이동에서 폴란드는 한 가지 유리한 점을 얻었습니다. 즉 유대인의 격감과 독일인의 강제 이주 그리고 우크라이나와 벨로루시의 분리와 이에 따른 주민 교환의 결과 폴란드는 이제 극소수의 소수 민족만을 갖는 단일 민족 국가가 된 것입니다.

돌아가는 국제 상황에 절망한 임시 정부 요인 대부분은 전쟁이 끝났지만 외국에 남을 수밖에 없었습니다. 하지만 일부 인사들은 일말의 희망을 안고 꿈에 그리던 고국으로 귀국했습니다. 런던 망명 정부의 수상이자 농민

전후 바르샤바

스타니스와프 미코와이칙

당 당수인 스타니스와프 미코와이칙(Stanisław Mikołajczyk)이 그 대표적인 예입니다. 하지만 미코와이칙은 공산주의 국가가 된 고국에서 위협을 느끼고 얼마 후 영국으로 탈출하고 맙니다. 다른 동유럽 국가들과 마찬가지로 폴란드도 전후 초강대국이 된 소련의 주도면밀한 계획에 따라 공산주의화됩니다. 하지만 스탈린조차도 곧바로 사회주의를 도입할 수 있으리라고는 엄두도 내지 못했습니다. 그래서 1948년까지 소위 인민민주주의라 불리는 단계적이고 점진적인 공산주의화 정책을 폈습니다. 1945년에 구성된 폴란드 정부는 다른 동유럽 국가들과 마찬가지로 노동당, 사회당, 농민당, 민주당 그리고 망명 정부의 일

망명지에서 귀국하는 미코와이칙 – 포즈나인 1945년

공산주의 시절 스포츠 행사

폴란드통일노동자당 전당대회

예전 통일노동자당사 - 현재 주식시장

부 세력을 포함한 연합 정부 형태로 출발했습니다. 하지만 이것은 단지 형식적인 구성일뿐이고 실제에 있어서는 노동당 즉 소련의 사주를 받는 공산주의자들이 정권을 완전히 장악하고 있었습니다. 이 당시만 해도 노동당은 폴란드 국민들로부터 지지받지 못했습니다. 게다가 런던 망명 정부의 명령에 따르던 국내군 세력이 지하에서 공산 정권에 대한 저항 투쟁을 계속하고 있었습니다. 하지만 시간이 흐르며 공산 체제에 반대하는 정치 세력이 하나둘씩 제거돼나갔습니다. 동서 냉전이 심화되면서 다른 동유럽 국가들과 마찬가지로 폴란드에도 스탈린주의 바람이 불기 시작했습니다. 소련의 주도하에

인민일보를 읽는 볼레스와프 비에루트

공산주의 시절 노동절 행사

1947년에 코민포름이 그리고 1949년에 코메콘이 창설되면서 전후 어느 정도 자유를 누리던 폴란드의 외교와 무역 정책이 이제 완전히 소련에 종속됐습니다.

1948년 12월에 마침내 노동당과 사회당이 폴란드통일노동자당(PZPR)으로 합당됐습니다. 그 이전에 브와디스와프 고무우카(Władysław Gomułka)를 선두로 하는 국내 공산당파가 볼레스와프 비에루트(Bolesław Bierut)를

진격! 경제발전6개년 투쟁으로!

폴란드의 힘을 키우자

인민의 적을 다시 보자

우두머리로 하는 소련파와의 당내 권력 싸움에서 밀려났습니다. 이때부터 비에루트를 우두머리로 하는 잔혹한 스탈린주의가 폴란드에서 맹위를 떨쳤습니다. 이듬해 2월에 제헌 의회가 소집돼 비에루트가 대통령에 당선되고 정부가 구성됨으로써 인민민주주의 단계가 막을 내리고 통일노동자당이 전권을 휘두르게 됐습니다. 이제 잔인한 숙청 바람이 불기 시작하며 권력 투쟁에서 패배한 고무우카를 선두로 하는 국내파 공산주의자들이 당에서 제명되고 심지어 공개 재판에 회부된 후 투옥되기조차 했습니다. 1952년에 사회주의 헌법 제정과 함께 치러진 선거에서 통일노동자당이 승리를 거두면서 폴란드인민공화국(Polska Rzeczpospolita Ludowa, PRL)이 선포됐습니다. 마침내 폴란드에서 공산주의 체제 건설이 완료된 것입니다.

당에 대한 충성 맹세

이제 폴란드의 모든 사회 기관들은 당에 예속되고 당의 지시에 따르지 않으면 존재조차 할 수 없는 상황이 됐습니다. 체제에 불만을 가진 사람들이 모일 수 있는 유일한 곳은 당시까지 공산 정권 영향권밖에 있던 가톨릭 성당뿐이었습니다. 공산 정권은 초기부터 교회에 적대적이었으나 국민의 97% 이상이 가톨릭 신도이고 심지어 상당수 당원마저 기독교 신자인 점 등을 고려해 직접적인 공격은

반교회 풍자 - 쉬필키(Szpilki) 1949년 9월 18일자

스테판 비쉬인스키 추기경

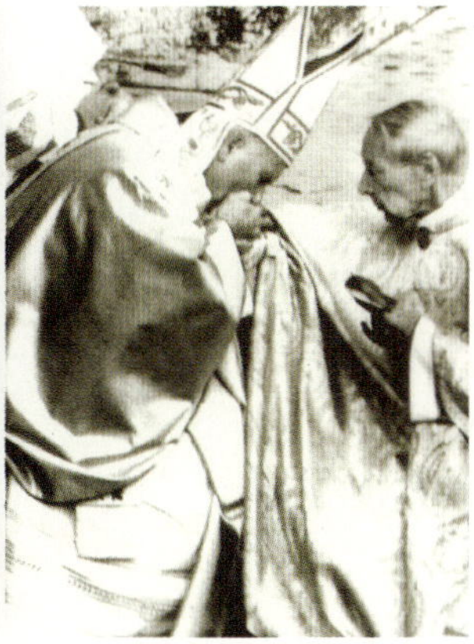

1978년 요한 바오로 2세의 교황 선출 후

1955년 10월 27일부터 1956년 10월 26일까지 수도원에 감금된 비쉬인스키 추기경

자제했습니다. 하지만 1948년에 스탈린주의자들이 당과 정부를 장악하면서 교회에 대한 탄압이 본격화됐습니다. 공산 정부는 교회 재산을 몰수하고 신부들을 구속하는 등 물리적인 방법을 동원했습니다. 1953년에는 교회의 인사권을 정부가 통제하고 공산 정부에 대한 가톨릭 신부들의 충성 서약을 강요하는 법령이 공포됐습니다.

프리마스(Prymas) 즉 폴란드 가톨릭의 수장인 스테판 비쉬인스키(Stefan Wyszyński)가 이런 조치에 반발하자 비에루트는 9월에 비쉬인스키 추기경을 구속했습니다. 교회가 일대 위기에 처한 것 같았으나 바로 이 시기에 폴란드 교회는 노동자, 농민, 지식인 등 각계각층으로부터 전폭적인 지지를 받게 되며 그 어느 때보다 권위가 더욱 증대될 뿐이었습니다. 정부의 억압적인 조치들은 오히려 국민 전체와 교회가 밀착되는 결과만을 초래했을 뿐입니다. 폴란드 가톨릭은 전후 민족 단합과 자유의 수호자로서 다른 동유럽권에서는 볼 수 없던 지도력과 위세를 자랑했습니다.

셋이 일하지만 12명 분량을 해낸다

1947년부터 실시된 경제발전3개년계획은 전후 파괴된 제반 시설의 복구와 사회

주의 경제로의 개편 그리고 산업을 국유화하는데 목표를 두었습니다. 특히 전란으로 무너진 역사 유물과 도시를 재건하는 작업이 본격화됐습니다. 그중 전전 모습으로 완벽히 복원시킨 바르샤바 구시가지의 복구 사업은 아주 유명합니다. 1950년부터 시작된 경제발전6개년계획은 후진 농업국에서 선진 공업국으로 폴란드를 전환시키는 것이 목표였습니다. 이 과정에서 중공업 분야인 제철, 조선, 자동차, 전기, 화학 등과 같은 산업에 대한 집중 투자가 실시됐습니다. 한때 공업 생산고가 급증하기도 하나 소비재 생산을 희생으로 시행된 이런 중공업 우선 정책의 강행은 결국에 가서 경제 불균형을 초래하는 결과만을 낳고 맙니다. 정부가 경제 전반을 통제하는 중앙계획 경제는 이후 계속되는 공산 정권에게 커다란 짐이 되고 맙니다. 이 기간에 농업 집단화 정책도 개시되나 농민들의 거센 저항에 부딪혀 모든 농지를 국유화하려던 계획은 부분적인 성공에 그치고 맙니다.

벽돌을 다오 _ Aleksander Kobzdej

청년 돌격대 _ Helena Krajewska

노동자 _ Andrzej Feliks Szumigaj

1953년 3월에 스탈린이 사망했다는 소식이 전해지며 스탈린주의자 일색인 폴란드 정부와 당 지도부가 엄청난 충격을 받았습니다. 그로부터 3년 뒤인 1956년 2월에 열린 소련공산당 제20차전당대회에서 흐루시초프는 스탈린 독재 체제를 비판하고 앞으로 대내 정책은 물론 대외 정책에도 일대 전환이 있으리라 시사했습니다. 특히 동유럽 각국이 '통일속의 제한된 다양성'으로 소련 방식과는 다른 독자적인 노선을 취할 수 있다고 말했습니다. 흐루시초프의 이 같은 탈 스탈린주의 선언이 알려지면서 폴란드 국민들이 당과 정부에 강력한 개혁을 요구하기 시작했습니다. 당시 폴란드 국민의 가장 큰 불만이던 생활수준의 저하와 중앙 계획 경제에 대한 비난의 목소리가 이제 표면위로 급부상하기 시작한 것입니다. 그러던 와중 소련공산당전당대회에 참석 중이던 폴란드 공산당 제1서기장인 비에루트가 3월 12일에 모스크바에서 급작스레 사망했습니다. '폴란드의 스탈린'으로 불리던 비에루트의 갑작스런 죽음으로 개혁과 자유에 대한 폴란드인들의 기대는 더욱 커져만 갔습니다.

농민에게 토지를 _ Juliusz Krajewski

비에루트 60회 생일기념행사 – 1952년

비에루트의 사인은 아직까지도 명확히 밝혀지지 않고 있습니다. 크렘린 의사들에 따르면 비에루트는 독감과 폐렴 상태로 실려 왔다고 합니다. 그래서 소련 의사들이 이에 따른 치료를 했는데 비에루트의 아들은 이는 오진이며 잘못된 치료로 인해 사망한 것이라고 주장했습니다. 공식 발표에 따르면 비에루트의 사인은 폐동맥색전이었습니다. 반면 다음날인 3월 13일에 폴란드 라디오 방송은 비에루트의 사인을 심근경색이라고 전했습니다. 그래서 비에루트의 사인을 둘러싸고 여러 가지 설들이 나돌게 된 것입니다. 심지어 비에루트가 독살되거나 아니면 자살했다는 루머마저 떠돌았습니다. 이외에도 거의 신빙성은 없으나 바르샤바 또는 크렘린 당국의 사주를 받은 폴란드 공산당 정치국원이자 소련 스파이가 암살했다는 주장마저 있습니다. 한편 폴란드 국민들 사이에서는 스탈린 격하 운동이 시작되며 이제 걸림돌이 된 비에루트를 소련 당국이 제거했다는 소문이 널리 퍼졌습니다. 하지만 이런 소문들 중에서 현재까지 사실로 밝혀진 것은 아무것도 없습니다. 공식 사인에 대한 의문은 계속 남아 폴란드 공산당 회의에서 공식 의제로 다루어질 정도였습니다. 실상에 있어 비에루트의 사인은 오래전부터 앓아오던 동맥경화증, 폐렴, 신장병 등과 같은 지병이 갑자기

비에루트 장례식 – 바르샤바 1956년 3월 14일

악화된 것으로 보입니다. 한편 폴란드 국민들은 당시 사망으로 끝난 비에루트의 모스크바 방문에 대해 다음과 조롱했습니다. 비에루트가 "모피입고(프 푸테르쿠, w futerku) 가더니, 상자 속에(프 쿠페르쿠, w kuferku) 담겨 돌아오네", "자랑스럽게(둠므니에, dumnie) 가더니, 관 속에(프 트룸니에, w trumnie) 담겨 돌아오네", "특별 기차를(프 살론체, w salonce) 타고 가더니, 봄 외투를(프 예시온체, w jesionce) 걸치고 돌아오네", "(맛있는) 크림 케이크가 아니라 (독이 든) 크렘린 케이크를 드셨네."

비에루트는 생전에 많은 경호원을 대동했습니다. 소련 정보부 요원들로 구성된 비에루트의 경호대는 세 차례에 걸쳐 암살 시도를 막아냈습니다. 이중 한번은 암살범이 현장에서 사살되기도 했습니다. 스탈린을 본 따 비에루트도 어린이들과 함께 하는 것을 좋아했습니다. 비에루트가 어린이들과 함께 찍은 사진들 중에는 나중에 세계적으로 유명해지는 영화감독인 아그니에쉬카 홀란드(Agnieszka Holland)를 안고 있는 장면도 있습니다. 이외에도 1952년 7월 22일의 공산주의 건국일 행사에서 얀 리티인스키(Jan Lityński)라고 불리는 어린 소년이 비에루트 서기장에게 화환을 바치기도 했습니다. 이 소년은 나중에 자라서 자유노조 활동을 하다가 체포되기도 하는 재야 민주 인사로 성장해서 지금은 저명한 정치인이 됐습니다. 폴란드의 수도인 바르샤바에서 가장 높은 건물은 문화과학궁전이라 불립니다. 전형적인 사회주의 건축 양식으로 지어진 이 건물은 전후 폴란드를 달래려고 스탈린이 선물한 것입니다. 그래서 문화과학궁전은 한때 폴란드 사람들이 가장 증오하던 건물이기도 합니다. 그런데 바르샤바에 문화과학궁전이 세워진 것이 비에루트 덕분이라고 합니다. 원래 스탈린은 비에루트에게 신도시나 지하철 아니면 궁전을 제안했다고 합니다. 그런데 비에루트가 문화과학궁전을 선택한 것이지요. 소련에서 스탈린을 숭배하듯이 공산주의 폴란드 시대에도 비에루트에 대한 숭배 풍조가 있었습니다. 그 예로 모드로보(Modrowo)라고 불리던 마을 이름을 비에루트의 이름을 따서 볼레스와보보(Bolesławowo)로 바꾼 사실을 들 수 있습니다. 이외에도 전후 폴란드 영토가 된 예전 독일 마을(Brückenberg)을 비에루도비체(Bierutowice)라고 개명하기도 했습니다. 지금도 벨로루시에 가면 볼레스와프 비에루트의 이름을 딴 거리가 있습니다.

정보부가 촬영한 사진 중에서 – 포즈나인 1956년 6월 28일

비에루트의 후임으로 에드바르드 오합(Edward Ochab)이 당 제1서기장에 선출됐습니다. 시대의 변화를 거스를 수 없음을 깨달은 오합이 민족적 공산주의자라는 이유로 박해받던 고무우카를 비롯해 10만 명에 달하는 정치범을 석방하는 등 대대적인 사면 조치를 단행했습니다. 하지만 근본적인 개혁을 수반하지 못한 오합의 단편적인 유화 조치만으로 폴란드 국민들로부터 지지를 얻기에는 턱없이 부족했습니다. 게다가 극심한 생필품 부족에 허덕이던 노동자들의 불만은 더욱 커져만 갔습니다.

빵을 달라 – 포즈나인 1956년 6월 28일

1956년 6월 28일에 포즈나인에서 노동자들이 처우 개선을 요구하며 파업과 함께 시위를 벌이기 시작했습니다. 수십 명으로 시작한 시위는 시민들이 참여하며 어느덧 10만 명으로 불어

군중 앞에서 취임 연설하는 고무우카

브와디스와프 고무우카

폴란드인민공화국 건국15주년기념식을 맞아 폴란드를 방문하는 흐루시초프, 그 옆 오른쪽으로 기에렉과 고무우카 – 1959년 7월

집단농장을 방문하는 흐루시초프와 고무우카

났습니다. '빵과 자유를'이란 구호가 쓰인 플랜카드를 앞세우며 시위대가 거리를 행진했습니다. 초기의 평화적인 시위는 경찰이 발포하면서 유혈 사태로 번져갔습니다. 동료가 쓰러지는 것을 보고 격분한 시위대가 당 건물과 경찰서를 점령하고 무기를 탈취하기 시작했습니다. 군대가 투입되면서 이틀 만에 시위는 진압됐지만 70명 이상이 목숨을 잃었습니다. 그 외에도 수백 명이 부상하고 7백 명에 달하는 사람이 체포됐습니다. 이 같은 대규모 저항은 공산 정부 수립이후 최초로 일어난 것입니다. 한편 소련의 거듭된 경고에도 불구하고 10월에 열린 제8차폴란드통일노동자당 중앙위원회전체회의에서 강경파를 누르고 중도 온건파가 득세하며 자유화 정책이 채택됐습니다. 이 결의이후 폴란드 전역은 걷잡을 수없는 자유화 물결에 휩싸였습니다. 폴란드에 주둔하는 소련 군대가 수도를 향해 이동 중이라는 소문이 나도는 가운데 10월 19일에 예고도 없이 흐루시초프의 인솔하에 소련의 고위 실력자들이 대거 바르샤바에 도착했습니다. 다음날 흐

루시초프는 공산주의 기본 노선을 위배하지 않는 범위 내에서 폴란드 공산당이 자국 실정에 맞는 사회주의를 채택하는데 동의했습니다. 이와 동시에 폴란드측이 요구한 고무우카의 석방과 집권 요구도 받아들였습니다. 당시 헝가리 부다페스트에서 진행 중이던 반공산주의 유혈 혁명을 염두에 둔 소련과 폴란드 양측이 모두 한발씩 물러나 타협한 것입니다. 공산 체제 수립이후 최초로 국내 사안에서 소련의 반대를 극복하고 자신들의 요구를 관철시켰다는 사실에 폴란드 국민은 열광했습니다.

1956년 10월 21일에 국민들의 전폭적인 지지 속에 브와디스와프 고무우카가 폴란드 최고 실력자로 등장합니다. 고무우카가 집권한 후 처음 몇 주는 정치 해빙기를 맞아 매우 활기찼습니다. 이러한 분위기속에서 국민들은 더 많은 자유와 민주 그리고 생활수준의 향상 등을 요구했습니다. 그러나 폴란드가 정치, 경제, 군사적으로 소련과 밀접하게 연결된 동구 사회주의 진영의 일원이란 점 때문에 이런 요구들이 실현되기란 사실상 불가능했습니다. 결국 시간이 흐르면서 사회주의로 가는 폴란드만의 독자적 노선이라 불리던 고무우카 정권도 급속도로 경직돼갔습니다. 초기의 개방적인 자유주의 성격이 사라지고 1960년대에 들어오면서 폴란드는 또다시 억압적이고 침체적인 분위기속으로 빠져 들어갔습니다. 처음에만 해도

폴란드를 방문하는 흐루시초프와 고무우카

폴란드 국민들은 자신들이 지지한 고무우카가 파탄에 이른 경제를 부흥시키고 절망 상태에 빠진 생활수준을 향상시키리라 믿어 의심치 않았습니다. 하지만 지난날의 활기차고 개혁적이던 고무우카도 어느덧 무사안일을 추구하는 행정 관료로 변하고 말았습니다.

바르샤바대학교 점검 농성 – 1968년 3월

억압적인 고무우카 체제에 가장 먼저 반항을 보인 것은 지식인 계층이었습니다. 1968년 3월에 아담 미츠키에비츠의 <지아디> 연극이 반소 내용을 담고 있다는 이유로 당국에 의해 공연이 금지되자 바르샤바대학교 학생들이 항의 시위를 벌였습니다. 이 시위를 구실삼아 당국은 공산 정권에 비판적이던 지식인과 학생

1968년 3월 거리 시위

1968년 3월 거리 시위

1968년 3월 거리 시위

공산당이 조직한 노동자들의 반유대 시위 – 1968년 3월

프라하의 봄 진압에 항의하여 분신하는 리샤르드 시비에츠(Ryszard Siwiec) – 바르샤바 10주년스타디움 1968년 9월 8일

그리고 유대계 시민 수천 명을 투옥하거나 징병 또는 국외로 추방하는 등과 같은 강경 조치를 취했습니다. 이 사건은 1968년의 3월사태라 불립니다. 이 당시 체코슬로바키아에서 벌어진 프라하의 봄을 소련이 무력으로 진압하면서 폴란드 사태가 진정되는데 결정적인 영향을 미쳤습니다. 하지만 이미 돌이킬 수 없던 고무우카 정권이 붕괴하는 것은 이제 시간문제일 뿐이었습니다.

3월사태 당시 공산 정부가 펼친 반유대주의 운동으로 폴란드가 국제무대에서 심각한 이미지 손상을 입었습니다. 게다가 학자나 문화계 인사들을 포함한 유대인들을 대거 해외로 강제 망명시키면서 이런 이미지는 더욱 나빠졌습니다. 1968년부터 1972년까지 대략 1만5천명 이상의 유대인들이 강제 출국된 것으로 조사되고 있습니다. 당시 유대인들이 출국하기 위해서는 폴란드 국적을 포기하는 각서를 제출해야만했습니다. 그러는 경우에 한해 공산 당국이 여권이 아닌 출국허가서를 발급해줬습니다. '본 허가증을 보유한 자는 폴란드인이 아니다'라고 기재된 이 허가서는 오직 출국만을 허락했을 뿐으로 이제 더 이상 폴란드로의 입국은 불가능했습니다. 이 모든 것들로 인해 폴란드는 반유대주의 국가로 낙인찍히는 지경에

1970년 12월사태 – 쉬체친 거리 투쟁

까지 이르렀습니다. 1968년 3월사태가 가져온 긍정적인 결과가 하나있습니다. 당시 시위 주동자들은 공산주의 체제를 바꿀 수 없다는 점을 잘 알고 있었습니다. 하지만 이런 와중에 상당수에 이르는 젊은 지식인들의 의식에 커다란 변화가 찾아왔습니다. 그리고 그 결과는 10년이 지나 결실을 맺게 됩니다. 3월사태에서 적극적인 활동을 펼친 젊은 세대가 자라서 장차 1980년에 탄생하는 자유노조의 주춧돌이 된 것입니다.

1970년 12월 12일에 공산당국이 생필품 가격을 대폭 인상한다고 발표하자 발트해 연안도시에서 노동자들이 파업과 함께 시위를 벌이기 시작합니다. 14일에 그다인스크 레닌조선소에서 시작된 시위는 인근 그디니아와 엘브롱그 그리고 쉬체친으로 퍼져나가며 점점 더 격렬해져갔습니다. 노동 조건 개선과 최저 생활 보장을 요구하는 노동자들에게 맞서 고무우카는 경찰과 군대를 동원하며 무력으로 대응했습니다. 22일까지 진행된 시위 와중에 최소한 44명이 사망하고 천여 명이 부상을

불타는 공산당사 – 쉬체친 1970년 12월

시위 희생자 – 그다인스크 1970년 12월

1970년 시위희생자추모비 제막식
– 그다인스크 1980년 12월 16일

"야넥 비시니에프스키가 쓰러졌다" – 1970년 12월 17일

입었으며 3천여 명이 체포됐습니다. 이외에 경찰과 군인 측에서도 10여 명이 목숨을 잃고 수십 명이 부상을 입었습니다. 비등하는 여론과 당내로부터의 비난과 압력에 굴복해 결국 12월 20일에 고무우카가 권좌에서 물러났습니다. 이 사태는 1970년 12월사태라 불립니다.

1970년 12월사태는 우리나라 민주화 운동과도 인연을 맺고 있습니다. 바로 <가자 노동 해방>이란 노래를 통해서입니다. <가자 노동 해방>은 우리나라의 수많은 노래패들이 1980년대 민주화 시위 현장에서 즐겨 부르던 불후의 명곡이지요. 이 노래의 원제는 <야넥 비시니에프스키에 대한 발라드(Ballada o Janku Wiśniewskim)>입니다. 이 곡은 1981년 칸영화제에서 황금종려상을 받은 안드쥐이 바이다(Andrzej Wajda) 감독의 영화 <철의 인간(Człowiek z żelaza)>의 주제가로 삽입되며 유명해진 노래입니다. 이 영화 속의 몇몇 장면은 어쩌면 그렇게도 우리나라 5·18 당시를 떠올리게 하는지요. 이 곡의 노랫말은 크쥐쉬토프 도프기아워(Krzysztof Dowgiałło)가 짓고 1980년에 미에치스와프 홀레바(Mieczysław Cholewa)가 곡을 붙였습니다.

<야넥 비시니에프스키에 대한 발라드>는 1970년 12월사태 당시 정확히 말하면 12월 17일 그디니아에서 시위를 진압하던 경찰이 쏜 총탄에 사

망한 즈비쉑 고들레프스키(Zbyszek Godlewski)란 18세 노동자에 관한 노래입니다. 파업 다음날 아침 일찍 출근하던 그디니아조선소 노동자들은 갑자기 무자비한 총탄 세례를 받습니다. 그리고 바로 이날 고들레프스키가 그디니아 근교 기차역에서 총알을 맞고 말았습니다. 고들레프스키가 쓰러지자 분노한 시위대는 옆 건물의 문짝을 떼어내 식어가는 시신을 얹고 시내 중심가를 향합니다. 이미 고들레프스키 즉 야넥 비시니에프스키는 그 시대 노동자들의 치열한 저항과 희생의 상징이 된 것입니다. 이제 노동 열사가 된 젊은 노동자의 장례 행진은 거대한 민주화의 물결로 변합니다. 그리고 이 장면은 폴란드 현대사의 기념비적인 상징 중의 하나로 자리매김을 합니다. 이런 분위기속에서 노래가 만들어진 것입니다. 당시 사망한 젊은 노동자의 이름을 모르던 작사자가 임의로 야넥 비시니에프스키라고 불렀습니다. 이렇게 해서 노래 제목이 탄생한 것입니다. 1989년 사회주의 체제가 무너지고 민주 정권이 들어선 이후 장례 행렬이 지나갔던 그디니아 거리 중의 하나는 야넥 비시니에프스키로 이름을 바꾸게 됩니다.

아래는 폴란드 원곡 가사와 우리나라에서 번안된 노랫말입니다.

<원곡 가사: 야넥 비시니에프스키에 대한 발라드>

그라보벡에서 온 젊은이들 힐로니아에서 온 젊은이들
오늘 백골단이 우리에게 무기를 들이댔다
하지만 우리는 용감히 맞서 열심히 돌을 던졌다
야넥 비시니에프스키가 쓰러졌다

문짝에 시신을 얹고 시비엥토야인스카 거리를 따라 행진한다
경찰에 맞서 탱크에 맞서
조선소의 젊은이들이여 너희 형제의 복수를 하라
야넥 비시니에프스키가 쓰러졌다

최루탄이 날아다닌다 가스가 퍼진다
노동자들을 향해 주먹세례가 빗발치듯 쏟아진다

어린아이들이 노인들이 여자들이 쓰러져간다
야넥 비시니에프스키가 쓰러졌다

누구는 부상당하고 누군가는 죽어갔다
12월의 새벽 아침은 그렇게 피로 넘쳐흘렀다
정권이 노동자들을 향해 총을 쏘아댄다
야넥 비시니에프스키가 쓰러졌다

그디니아조선소의 노동자들이여 그다인스크조선소의 노동자들이여
이제 집으로 돌아가라 투쟁은 끝났다
세상은 모든 걸 알게 되었지만 아무런 말도 하지 않았다
야넥 비시니에프스키가 쓰러졌다

어머니들이여 울지 마세요 이 모든 것이 헛된 것만은 아니랍니다
검은 리본을 단 깃발이 조선소위로 솟구쳐 오르잖아요
빵과 자유 그리고 새로운 폴란드를 위해
야넥 비시니에프스키가 그렇게 쓰러져갔다

<국내 번안 가요: 가자 노동 해방>

아흔아홉 번 패배할지라도 단 한번 승리 단 한번 승리
바리게이트 넘어서 넘어 마침내 노동 해방
멈출 수없는 우리의 투쟁 아무도 우릴 막을 수 없어
노동자 자본가 사이에 결코 평화란 없다
위대한 노동 그 억센 주먹 기계를 멈춰 열어라 역사를
피 묻은 깃발 노동자 군대 가자 노동 해방

멈출 수없는 우리의 투쟁 아무도 우릴 막을 수 없어
노동자여 일어나거라 빛나는 해방을 위해

시련을 통해 넘어선 동지여 그 억센 주먹 불타는 눈동자
진정한 역사의 주인이여 노동 해방 그 날을 위하여

아흔아홉 번 패배할지라도 단 한번 승리 단 한번 승리
바리게이트 넘어서 넘어 마침내 노동 해방
멈출 수없는 우리의 투쟁 아무도 우릴 막을 수 없어
노동자 자본가 사이에 결코 평화란 없다
위대한 노동 그 억센 주먹 기계를 멈춰 열어라 역사를
피 묻은 깃발 노동자 군대 가자 노동 해방

멈출 수없는 우리의 투쟁 아무도 우릴 막을 수 없어
노동자 자본가 사이에 결코 평화란 없다
위대한 노동 그 억센 주먹 기계를 멈춰 열어라 역사를
피 묻은 깃발 노동자 군대 노동 해방 그 날을 위하여

아흔아홉 번 패배할 지라도 단 한번 승리를 위하여
바리게이트 넘어서 넘어 마침내 올 노동 해방 새 세상을 위하여

카토비체(Katowice) 당 사무총장으로 지역 경제 발전에 탁월한 능력을 발휘하며 유명해진 에드바르드 기에렉(Edward Gierek)이 고무우카의 후임으로 당 제1서기장으로 선출됐습니다. 새로운 경제 발전과 사회 민주주의 회

에드바르드 기에렉

브레즈네프 – 야루젤스키 – 기에렉

1976년 6월사태

KOR

복이라는 실용주의 기치아래 출범한 기에렉 정부와 함께 폴란드는 새로운 시대를 맞이하게 됩니다. 기에렉 정권은 당의 지도적 역할 그리고 소련과의 우호 관계 유지 등과 같은 사회주의 체제 근간에 대해서는 그 어떤 비판도 허용하지 않으나 국민 일반 생활에 대해서는 실용적이고 유연한 태도를 보여줬습니다. 무엇보다 서구에서 유입한 대대적인 차관 덕분에 기에렉이 집권한 초기 몇 년간 경제기 부흥되며 폴란드는 전례 없는 풍요를 누렸습니다. 하지만 이런 호황은 자력으로 일궈낸 경제 개혁에 의한 것이 아니고 전적으로 외국 자본의 유입으로 이뤄진 것이기 때문에 곧 그 한계에 부딪히고 맙니다. 1973년에 전 세계를 강타한 오일 쇼크는 폴란드 경제에도 치명적 영향을 끼쳤습니다. 경제 사정이 악화되고 국민 불만이 커져가면서 정부의 사회 통제가 점점 더 어려워져갔습니다.

1976년 6월 24일에 정부가 대폭적인 물가 인상을 발표하자 노동자들이 또다시 파업과 시위를 벌이기 시작했습니다. 특히 라돔(Radom)과 우르수스(Ursus)에서 시작된 격렬한 노동자 시위인 6월사태에 맞서 기에렉 정부가 경찰을 동원하며 무자비하게 진압했습니다. 이 소식을 접한 폴란드 전국 백여 개 공장에서 7만 명 이상의 노동자들이 파업에 동참했습니다. 이 과정에서 결국 2명의 노동자가 목숨을 잃고 190명 이상이 부상을 입었습니다. 이외에도 2천여 명이 체포되고 천여 명의 노동자가 직장에서 해고됐습니다. 이런 와중에 해고되거나 투옥된 노동자와 그 가족을 보호하기 위해 지식인들을 중심으로 하는 노동자보호위원회(KOR)가 탄생했습니다. 이때부터 공산 정권에 맞서 싸우던 노동자들의 투쟁에 지식인들이 합세하기 시작했습니다. 노동자보호위원회의 설립과 함께 이제 폴란드 노동 운동에 새로운 장이 열리게 됩니다. 장차 이 노동자보호위원회는 저 유명한 자유노조가 발아하는 밀알로 자라나기 시작합니다.

제71장

교황 요한 바오로 2세 선출, 바웬사와 자유노조 그리고 마침내 공산주의 체제 붕괴

요한 바오로 2세

1970년대도 저물어가는 어느 깊은 가을 저녁, 연이은 자유화 운동이 실패로 돌아가며 희망을 잃고 한없는 시름에 빠진 폴란드 전역에 놀라운 소식이 전해집니다. 1978년 10월 16일 월요일 오후에 크라쿠프 추기경인 카롤 보이티와(Karol Wojtyła)가 로마에서 교황 요한 바오로 2세로 선출된 것입니다. 공산주의 체제가 도입된 이후부터 끝없이 시도된 민주화 투쟁이 계속 진압되면서 폴란드인들은 깊은 실의에 빠져있었습니다. 이런 와중에 종교를 인정하지 않는다는 공산주의 국가 출신의 추기경이 전 세계 기독교의 수장에 선출된 것입니다. 이처럼 도저히 믿기지 않는 소식을 접한 폴란드인들은 말할 수없는 감격과 함께 커다란 자부심을 느꼈습니다. 이와 동시에 폴란드인들은 무언가 모를 한줄기 희망을 발견했습니다. 이듬해부터 시작된 요한 바오로 2세의 고국 방문은 폴란드 국민을 하나로 단합시키는 계기가 됐습니다. 교황의 설교는 폴란드인들에게 용기와 희망을 일깨우며 이제 요한 바오로 2세를 구심점으로 똘똘 뭉친 폴란드 국민들이 다시 한 번 자신의 힘

1978년의 교황 요한 바오로 2세 선출

요한 바오로 2세

바웬사의 교황청 방문을 환영하는 요한 바오로 2세 – 1981년 1월 15일

그다인스크 조선소에서 레흐 바웬사
- 1981년 가을

구금에서 풀려난 후 가족과 함께 자택에서 가족과 함께 하는 바웬사

조선소 정문에서 연설하는 레흐 바웬사

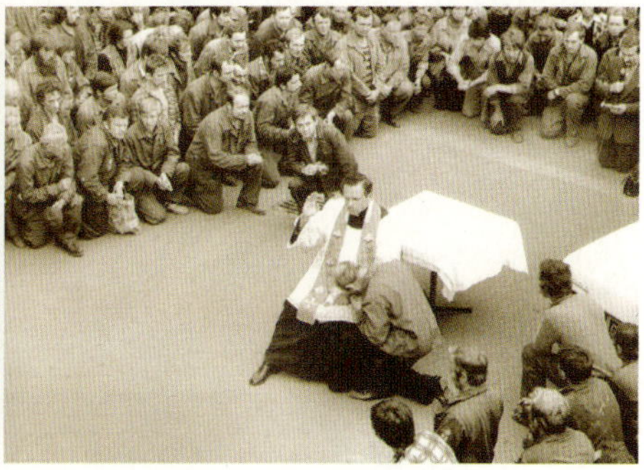

파업 도중의 야외 미사 - 1980년 8월

을 자각하기 시작했습니다.

1980년 초에 폴란드 경제는 이미 파탄 상태에 이르렀습니다. 생활필수품이 절대 부족한 상황에서 정부는 국고 보조금을 삭감하고 물가를 인상할 수밖에 없었습니다. 7월 1일에 단행된 정부의 육류 가격 인상 발표는 또다시 노동자들의 파업을 유발시키는 원인으로 작용합니다. 하지만 이번 파업은 이전과는 다른 양상으로 전개됐습니다.

레흐 바웬사 - 1980년

폴란드 노동자들은 과거 1956년과 1970년 그리고 1976년의 경험을 통해 개별적인 공장 단위 행동과 무력시위는 결국 자신들의 희생만 초래하리란 점을 잘 알고 있었습니다. 이에 대한 대안으로 이제 노동자들은 전

국적인 조직망을 구축하는 동시에 경찰과의 충돌을 피하기 위해 공장 밖으로 나가지 않고 협상 테이블로 당국을 끌어들이는 방법을 채택했습니다. 1980년 8월 14일에 그다인스크조선소를 중심으로 시작된 파업은 빠른 속도로 폴란드 전국으로 퍼져나갔습니다. 노동자들은 임금 인상과 함께 과거 해직된 동료들의 복직을 요구했습니다. 바로 이날 11시경 4년 전에 해직된 전기공인 레흐 바웬사(Lech Wałęsa)가 조선소 담장을 뛰어넘어 들어와 파업연합노조위원회(MKS)의 지도자로 선출됐습니다. 파업을 계속하자는 바웬사의 연설에 노동자들이 동조했습니다. 자유노조 설립과 파업권 그리고 표현의 자유 등과 같은 21개 요구 조항이 조선소 정문에 내걸렸습니다. 폴란드 전국 6백 개 이상의 사업장에서 헤아릴 수없이 많은 노동자들이 열광적으로 파업에 동참했습니다. 타데우쉬 마조비에츠키(Tadeusz Mazowiecki)를 선두로 하는 노동자보호위원회가 조선소에 도착하면서 지식인들도 파업에 합세하기 시작했습니다.

베를린 장벽과 바웬사가 뛰어넘은 벽

8월타협 조인식

8월타협 조인식 후 동료들의 환영을 받는 레흐 바웬사

자유노조의 법원 등록 – 바르샤바 1980년 9월

자유노조 로고

자유노조창립전국대의원총회 – 그다인스크 1981년 9월

이전과 달리 전국적으로 전개되는 총파업 사태에 직면한 정부는 결국 굴복할 수밖에 없었습니다. 8월 21일에 바르샤바 당국에서 파견한 협상 대표단이 조선소에 도착했습니다. 8월 30일과 31일 그리고 9월 3일에 걸친 협상 끝에 마침내 정부 대표단과 파업위원회가 21개 조항 대다수를 수용하는 소위 8월타협이라 불리는 문서에 서명했습니다. 이 문서에 근거해 9월 17일에 폴란드 전국의 노동자 대표들이 그다인스크에 모여 독립자치노동조합 솔리다르노시치(NSZZ Solidarność) 즉 자유노조 연대를 결성하고 바웬사를 위원장으로 선출했습니다. 국민들의 열화와 같은 전폭적인 지지 속에 자유노조가 결성된 지 3개월 만에 조합원이 천만 명으로 늘어났습니다. 당시 폴란드 전체 인구가 3천5백만 명을 조금 넘었던 점을 상기하면 이는 실로 상상을 초월한 숫자입니다.

1980년 8월부터 1981년 12월까지 자유노조는 대규모 시위를 주도하며 파탄 직전의 경제를 되살리기 위한 협상을 정권에 요구했습니다. 하지만 9월 5일에 해임된 기에렉을 대신해 집권한 스타니스와프 카니아

텅 빈 정육점

화장지를 배급받기위해 선 줄

(Stanisław Kania) 정권은 공약을 남발하며 시간만 끌뿐이었습니다. 이런 와중에 경제는 걷잡을 수없이 계속 추락하고 있었습니다. 임금 인상에도 불구하고 생필품 품귀 현상과 치솟는 물가 인상으로 생활수준은 점점 더 악화되어가기만 했습니다. 심지어 식료품 상점에는 단지 식초만 진열되는 경우마저 있었습니다.

텅 빈 상점

이 당시 폴란드 정부는 모스크바로부터 심한 압박을 받았습니다. 소련은 만약 폴란드 정부가 계속해서 유화적인 태도만을 보인다면 자신들이 직접 나서 무력으로 해결하겠다고 위협했습니다. 탱크를 앞세운 소련 군대가 폴란드 국경 근처에서 군사 훈련을 하며 무력시위를 벌였습니다. 이를 빌미로 보이치에흐 야루젤스키(Wojciech Jaruzelski) 장군이 정권을 장악하기로 마음먹었습니다. 자유노조를 선두로 하는 저항에 맞서 야루젤스키는 무력으로 강력히 응징하기로 결심했습니다. 동장군이 맹위를 떨치던 1981년 12월 13일 일요일 아침 어린이 방송 프로그램 대신에 야루젤스키가 TV에 등장하면서 그 누구도 예상치 못한 계엄령이 선포됐습니다. 자

1981년 12월 13일 – 모스크바 극장과 지옥의 묵시록

폴란드 자유노조 지지 행렬 – 미국 뉴욕

프랑스 파리 거리에 나붙은 반 야루젤스키 포스터

바르샤바조약기구 회원국 국방장관 회의
- 바르샤바 1980년

야루젤스키 장군과 브레즈네프 서기장
- 모스크바 1981년 11월

계엄령을 선포하는 야루젤스키

시내로 진주하는 계엄군 탱크

바르샤바 - 1981년 12월 13일

제철소 시위를 진압하기위해 출동하는 탱크들
- 카토비체 1981년 12월

수감 중인 재야민주인사들

바르샤바왕궁 광장 - 1982년 5월 3일

노바 후타 - 1982년 8월 31일

루블린 - 1982년 8월 31일

시위도중 타살당한 그줴고쉬 프쉐믹 장례식,
가운데 포피에우쉬코 신부
- 바르샤바 1983년 5월

바르샤바 - 1983년 5월 1일

바르샤바 - 1983년 5월 1일

노벨 평화상을 대신 수상하는 바웬사 부인과 아들

유노조 지도자들이 대거 체포되며 정보부의 엄중한 감시아래 구금됐습니다. 그런 후 경찰이 파업 준비 중인 노동자들을 무자비하게 진압했습니다. 그러던 와중인 12월 16일에 파업 중이던 부옉(Wujek) 광산의 시위대를 향해 발포 명령이 내려지면서 9명이 사망하고 21명이 총상을 입었습니다. 다음날 그다인스크에서 벌어진 자유노조 시위 현장에서 또다시 경찰이 발포하며 1명이 사망하고 2명이 부상을 입었습니다. 12월 28일까지 폴란드 전역에서 모든 파업이 완전 진압됐습니다. 천만 명의 회원을 자랑하던 자유노조의 꿈은 처참히 무너져버렸습니다. 하지만 민주화를 향한 폴란드인들의 굽힐 줄 모르는 투쟁은 이제부터 다시 시작됩니다. 전 세계 여론이 폴란드 정권의 계엄령 선포를 비난하며 자유노조를 지지했습니다. 미국 대통령인 로날드 레이건도 폴란드에 경제 제재를 가하며 투쟁중인 자유노조 노동자들을 적극 지원했습니다.

이제 불법 단체로 규정된 자유노조가 1982년부터 지하 활동을 조직하며 반정부 투쟁을 벌여나갔습니다. 자유노조 지하 조직원들과 정보부와의 쫓고 쫓기는 싸움이 계속됐습니다. 계엄령 선포로 폴란드 국민의 기본권이 심하게 제한받으며 당국의 통제 하에 들어갔습니다. 통금이 실시되고 통신은 도청되며 영장 없는 가택 수사가 자행됐습니다. 모든 집회가 금지되고 언론도 철저한 사전 검열을 받아야만했습니다. 암울한 사회 분위기가 폴란드 전국을 뒤덮고 있었습니다. 야루젤스키 정권은 비록 국민을 통제하는 데에는 성공하나 생필품 부족 등과 같은 경제 위기를 극복할 그 어떤 방법이나 수단도 갖고 있지는 못했습니다. 산업 생산량이 계속 하락하고 소비재 품귀 현상은 더욱 가속화됐습니다. 이런 와중에도 군사 정권에 대한 노동자들의 저항은 끊임없이 계속됐습니다. 삼엄한 조치에도 불구하고 산발적인 파업과 시위가 폴란드 곳곳에서 조직됐습니다. 국내외로부터 대대적인 저항과 압박에 부딪힌 군사 정권이 마침내 1983년 7월 22일에 계엄령을 해제했습니다. 바웬사를 비롯해 구금된 자유노조 지도자들이 대거 석방됐습니다. 그해 10월 5일에 오슬로가 노벨 평화상을 바웬사에게 수여한다고

예쥐 포피에우쉬코 신부

바웬사와 포피에우쉬코 신부

바르샤바의대 점거농성 대학생들을 위한 미사에서
포피에우쉬코 신부 - 1981년 2월

포피에우쉬코 신부 장례식
- 바르샤바 1984년 11월 3일

포피에우쉬코 신부 묘지를 방문하는
요한 바오로 2세 - 1987년 7월 14일

발표됐습니다. 하지만 군사 정권은 바웬사에게 여권 발급을 거부했습니다. 결국 바웬사 부인과 아들이 노벨 평화상을 대신 받았습니다.

야루젤스키와 고르바초프 1986년

공산 정권과 군사 독재의 서슬이 시퍼렇던 1984년에 폴란드 사회를 경악과 함께 슬픔으로 몰아넣는 충격적인 사건이 일어납니다. 1984년 10월 19일에 예쥐 포피에우쉬코(Jerzy Popiełuszko) 신부가 미사를 마치고 돌아가는 길에 3명의 비밀 요원에게 납치되어 잔인하게 살해된 것입니다. 포피에우쉬코 신부는 1980년부터 자유노조와 관계를 맺고 계엄령 선포 이후 군사 정권을 공공연하게 비난하며 노동자들을 격려하는 미사를 주도했습니다. 납치 과정에서 탈출한 운전기사의 증언으로 공산 정권의 만행이 백일하에 드러났습니다. 자유노조의 신부라 불리던 포피에우쉬코 장례식은 군사 정권의 만행을 규탄하는 거대한 시위로 발전했습니다.

1982년 11월에 모스크바에서 브레즈네프 공산당 서기장이 사망했습니다. 이후 선출된 고령의 서기장 2명이 연속적으로 사망하면서 1985년 3월에 젊은 미하일 고르바초프가 권력을 승계했습니다. 신사고에 바탕을 둔 고르바초프의 글라스노스트(개방)와 페레스트로이카(개혁) 정책은 소련 외에도 동유럽 전체에 커다란 영향을 미치며 일대 혁신을 가져왔습니다. 이제 동유럽 공산 정권은 국내 문제 해결에 있어 더 이상 소련으로부터 무력 지원을 기대할 수 없게 됐습니다. 국민들로부터 지지받지 못하고 국제적으로 고립된 상황에서 오직 모스크바 지원에만 전적으로 의지하던 야루젤스키 정권은 이제 막다른 골목으로 내몰리게 됐습니다.

1988년 여름에 폴란드 전국에서 노동자 파업이 다시 불붙기 시작했습니다. 고립무원에 빠진 공산 정권은 자유노조에 대화를 제의할 수밖에 별

다른 도리가 없었습니다. 공산 정권과 재야 세력은 총체적인 국가 위기를 타개하기위한 협의를 원탁회의에서 갖기로 약정했습니다. 정부와 재야간 막후 협상에 가톨릭이 중간 다리 역할을 했습니다. 원탁회의에 나설 대표단을 만들고자 1988년 12월에 백 명으로 구성된 시민위원회가 자유노조 산하에 조직됐습니다. 시민위원회는 1980년 당시 바웬사의 고문단이던 노동자보호위원회 출신들과 자유노조 지도부로 구성됐습니다. 15개 분과로 나뉜 시민위원회는 원탁회의에서 가질 공산 정권과의 대화를 준비하기로 즉 다시 말해 정부에 대한 재야의 주장과 요구를 준비하는 임무를 맡았습니다. 당시 자유노조와 재야 일부에서는 정권과의 대화를 거부하고 공산주의 체제를 붕괴시키는 혁명을 일으키자는 주장이 제기되기도 했습니다. 하지만 바웬사를 선두로 하는 자유노조와 재야인사 대다수는 공산주의 체제의 급격한 붕괴를 커다란 정치적 모험으로 생각했습니다. 그래서 노조의 합법화와 점진적인 민주화를 가져올 공산 정권과의 대화에서 출구를 찾았습니다. 또다시 발생할지도 모를 유혈 충돌을 피하고 대화를 통한 평화적인 방법을 선택한 것입니다. 1999년 2월 6일에 마침내 56명으로 구성

체포된 재야인사 석방을 촉구하는 유인물 살포 시위 – 브로츠와프 1985년

포즈나인 - 1986년

포즈나인 - 1986년

바르샤바대학교 시위 - 1988년 5월

시민위원회

원탁회의

된 정부 대표단과 자유노조를 포함한 재야 대표단이 원탁회의에서 마주보고 앉았습니다. 4월 5일까지 계속된 역사적인 원탁회의에서 다음과 같은 사항들이 합의됐습니다. 자유노조가 다시 합법화되고 6월 4일에 부분적인 민주 선거를 치른다. 460명으로 구성되는 하원 의석의 35%인 161석은 자유선거로 뽑고 나머지 299석은 정권에 일임한다. 반면 부활되는 100석의 상원 의석 전체는 자유선거로 선출한다. 국가수반인 대통령은 상하원 합동 선거에서 뽑는다. 이런 타협으로 공산 정부는 대통령을 비롯한 정권을 유지하는 보장책을 확보했다고 생각했습니다.

gazeta WYBORCZA

Lech Wałęsa:

„Żeby było inaczej i lepiej musimy te wybory wygrać"

Drodzy Czytelnicy

Nie ma wolności bez Solidarności

PZPR: Będą nas skreślać

ZSL: Wymiana dachu

Ostry start kampanii wyborczej

PRYMAS POLSKI

rozmawia z Wałęsą o wyborach

Gruzja chce znać prawdę

1 GAZETA 8 maja '89

가제타 비보르차 창간호

5월 8일에 가제타 비보르차(Gazeta Wyborcza) 우리말로는 선거일보라 불리는 신문이 창간됐습니다. 이 신문의 편집장은 바웬사의 측근이던 아담 미흐닉(Adam Michnik)입니다. 선거에서 자유노조를 지지하기위해 창간된 이 신문은 현재까지도 폴란드에서 가장 많이 읽히는 일간지로 성장하게 됩니다. 자유노조 후보자 모두는 자유노조 로고를 배경으로 바웬사와 같이 찍은 포스터를 앞세우며 선거 유세에 나섰습니다. 6월에

아담 미흐닉

1989년 6월 4일 하이 눈 – 자유노조 선거 포스터

전후 동구권 최초의 비공산계 총리 타데우쉬 마조비에츠키 – 1989년 8월 24일

실시된 선거에서 여론 조사를 완전히 되짚는 결과가 나와 공산 정권과 자유노조 모두를 경악에 빠트렸습니다. 자유선거로 뽑는 하원 161석 전체 그리고 상원 100석 중 단 1석을 제외한 99석에 자유노조 후보가 당선된 것입니다. 집권 공산 여당의 철저한 패배는 자유노조를 포함해서 그 누구도 전혀 예상하지 못한 놀라운 결과였습니다.

브로니스와프 게레멕(Bronisław Geremek)을 의장으로 하는 자유노조 원내 대표가 좌파 계열의 농민당(ZSL) 그리고 민주당(SD)과 함께 연립 정부를 구성했습니다. 폴란드를 좌지우지하던 통일노동자당이 이제 한낱 야당으로 전락하고 말았습니다. 7월 19일에 상하원을 합친 국민회의에서 보이치에흐 야루

바웬사와 측근들 – 좌–마조비에츠키, 우–게레멕

젤스키가 대통령으로 선출됐습니다. 반면 8월 24일에 의회는 바웬사의 측근인 타데우쉬 마조비에츠키를 국무총리로 선출했습니다. 1945년 공산화이후 동유럽권에서 최초로 민주계 국무총리가 탄생한 것입니다. 12월 29일 의회에서 헌법 수정안이 통과됐습니다. 헌법 전문에서 당이 지도적 역할을 한다는 문구가 삭제되고 폴란드인민공화국(Polska Rzeczpospolita Ludowa, PRL)에서 인민(Ludowa) 단어가 빠진 폴란드공화국(Rzeczpospolita Polska, RP)으로 국명이 개칭되며 국가 문장의 독수리 머리위에 예전 왕관이 되돌려졌습니다. 이렇게 해서 제3공화국이 탄생한 것입니다. 마조비에츠키가 말한 대로 이제 공산주의가 자신의 정권과 함께 '커다란 마침표'를 찍으며 역사의 뒤안길로 사라져버렸습니다.

제72장

제3공화국 시대의 폴란드 그리고 지금 현재

레쉑 발체로비츠

얀 크쥐쉬토프 비엘레츠키

마조비에츠키 정부의 최대 당면 과제는 경제 위기 극복이었습니다. 자유노조 계열의 신임 재무상인 레쉑 발체로비츠(Leszek Balcerowicz)가 충격 요법이라 불리는 급진적인 경제 개혁안을 내놓았습니다. 발체로비츠의 개혁안은 크게 3가지 - 국가 재무 개혁과 균형적인 재정 확보, 시장 경제 체제 도입, 민영화를 포함한 소유 구조 변화로 구성됐습니다. 사회주의에서 자본주의로 가는 길고도 험난한 길에 폴란드 경제가 들어섰습니다. 하지만 도입 초기의 혼란과 어려움을 극복하고 폴란드는 시장 경제로의 전환에 성공하며 이후 지속적인 발전을 계속합니다.

바웬사 대통령 취임 - 1990년 12월 22일

1990년 5월부터 바웬사와 측근들 사이에 소위 상부 전쟁이라 불리는 재야 민주 세력의 내분이 시작됩니다. 이때부터 공산 정권 붕괴를 위해 힘을 합치던 바웬사와 측근들 사이에서 권력 분배를 둘러싸고 심각한 내부 분열이 일어납니다. 그중 하나가 국민 투표로 대통령을 새로 뽑자는 사안이었습니다. 마조비에츠키를 선두로 하는 일부 세력의 반대에도 불구하고 바웬사는 자신의 주장을 강력히 밀어붙였습니다. 그리고는 마침내 1990년 11월에 대통령 선거가 치러졌습니다. 이 선거에서 레흐 바웬사가 대통령에 당선돼 12월 22일에 취임식을 치르고 제3공화국의 국가수반으로 업무를 시작했습니다. 선거후 사임한 마조비에츠키를 대신해 얀 크쉬쉬토프 비엘레츠키(Jan Krzysztof Bielecki)가 국무총리에 임명됐습니다.

얀 올쉐프스키

1991년 10월 27일에 치러진 최초의 자유 총선에서 마조비에츠키를 당수로 하는 자유노조 계열의 민주연합(UD)이 12.31%의 득표율로 하원 62석, 상원 21석을 차지하며 최대 정당이 됐습니다. 반면 노동자당의 후신인 민주좌파동맹(SLD)이 11.98%의 득표율로 하원 60석, 상원 4석을 차지하며 2번째 정당으로 부상했습니다. 민주 우파 계열의 극심한 이합집산과 분열 속에 백여 개 정당이 난립하는 혼란스런 선거전 끝에 29개 정당이 원내로 진출하게 됐습니다. 이 선거로 폴란드 민주화 과정이 최종적으로 종료됐습니다. 이번 선거에서 드러난 가장 커다란 특징은 우파의 분열과 함께 좌파의 회생이었습니다. 선거 후 얀 올쉐프스키(Jan Olszewski)를 국무총리로 하는 연립 정부가 탄생했습니다. 하지만 과반수를 차지하는 정당 없이 많은 정당이 원내로 진출하면서 안정적인 정부를 구성하기란 불가능했습니다. 어수선한 정국 혼란 끝에 올쉐프스키가 사임하고 한느나 수호츠카(Hanna Suchocka) 내각이 구성됐습니다.

한느나 수호츠카

하지만 결국에 가서 바웬사가 의회를 해산하면서 1993년 9월 19일에

발데마르 파블락

유젭 올렉시

브워쥐미에쉬 치모쉐비츠

다시 총선이 실시됐습니다. 자유노조 계열의 권력 다툼과 체제 전환 과정에서 야기된 극심한 혼란에 실망한 국민들이 이번에는 좌파 쪽으로 기울어졌습니다. 선거 결과 민주좌파동맹이 20.41%의 득표율과 함께 하원 171석, 상원 37석을 차지하며 최대 정당으로 급부상했습니다. 또 다른 좌파 계열인 농민당은 15.40%의 득표율로 하원 132석, 상원 36석을 차지하며 2위를 차지했습니다. 기존 여당인 민주연합은 10.49%의 득표율로 하원 74석, 상원 3석을 얻는데 그쳤습니다. 좌파의 승리로 끝난 선거후 농민당 출신의 발데마르 파블락(Waldemar Pawlak)이 연립 정부의 국무총리로 임명됐습니다. 이후 민주좌파동맹 출신의 유졔 올렉시(Józef Oleksy)와 브워쥐미에쉬 치모쉐비츠(Włodzimierz Cimoszewicz)가 국무총리 직을 이어받았습니다.

1995년 11월 5일에 치러진 민주화이후 2번째 대선 1차 투표에서 레흐 바웬사가 민주좌파동맹의 알렉산데르 크바시니에프스키(Aleksander Kwaśniewski)에게 2% 차이로 뒤졌습니다. 이어 치러진 2차 결선 투표에서 51.72%를 얻은 크바시니에프스키가 결국 바웬사를 근소한 차이로 누르고 신임 대통령으로 당선됐습니다. 이후 크바시니에프스키는 차기 대선에서도 승리를 거두며 2005년까지 재임합니다.

알렉산데르 크바시니에프스키

크바시니에프스키 대통령 취임식

마리안 크샤클레프스키

예쥐 부젝

1989년부터 계속된 열띤 논쟁과 토의 끝에 1997년 4월 2일에 상하원 연합의 국민회의에서 폴란드공화국의 헌법이 가결됐습니다. 이 헌법에 따라 삼권 분립 - 입법부(상원과 하원)와 행정부(대통령과 국무총리) 그리고 사법부로 구성되는 정치 구조가 최종 결정됐습니다. 경제 체제의 기본은 자유스런 경제 활동과 사유권에 근거하는 두는 시장 경제로 정해졌습니다. 이어 5월 25일에 치러진 국민 투표에서 과반수의 찬성으로 헌법이 발효됐습니다.

1997년 9월 21일에 치러진 총선에서 자유노조 위원장인 마리안 크샤클레프스키(Marian Krzaklewski)가 이끄는 자유노조선거운동(AWS)이 승리를 거뒀습니다. 33.83%의 득표율과 함께 하원 201석, 상원 51석을 차지한 자유노조선거운동 소속의 예쥐 부젝(Jerzy Buzek)이 연립 정부의 국무총리로 취임했습니다. 부젝 정부 당시인 1999년 3월 12일에 폴란드는 오랜 숙원이던 북대서양조약기구(NATO)에 체코 그리고

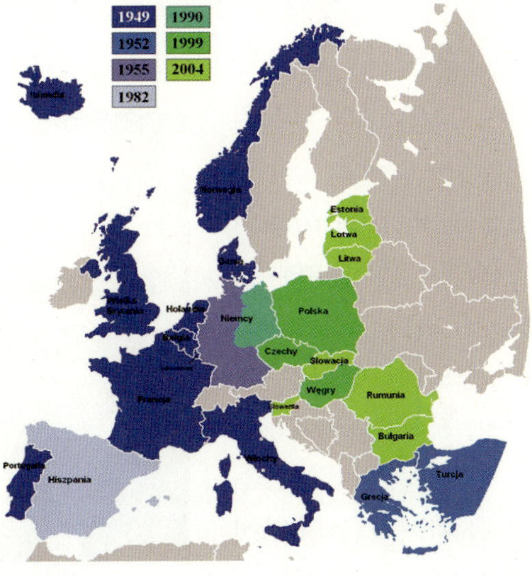

NATO 확대

북대서양조약기구 가입 문서에 서명하는 게레멕 외무장관 - 브뤼셀 1999년 3월 12일

헝가리와 함께 가입합니다. 이제 폴란드는 외부 위협으로부터 국가 안위를 보장받게 됐습니다.

2001년 9월 23일에 치러진 총선에서 폴란드 국민이 다시 좌파 쪽으로 마음을 돌렸습니다. 민주좌파동맹과 노동당(UP) 연합이 41%의 득표율로 승리를 거두고 레쉑 밀레르(Leszek Miller)가 새로운 국무총리에 임명됐습니다. 이 정부 당시인 2004년 5월 1일에 폴란드는 또 다른 숙원이던 유럽연합(EU)에 체코, 슬로바키아, 헝가리, 슬로베니아, 리투아니아, 라트비아, 에스토니아, 몰타, 사이프러스와 함께 가입합니다. 이제 폴란드는 계속되는

레쉑 밀레르

마렉 벨카

경제 발전에 확실한 후원자를 얻게 되고 자신들이 말하는 것처럼 유럽으로 복귀하게 됐습니다. 다음날 밀레르 정부가 사임하고 마렉 벨카(Marek Belka)가 신임 국무총리에 취임했습니다.

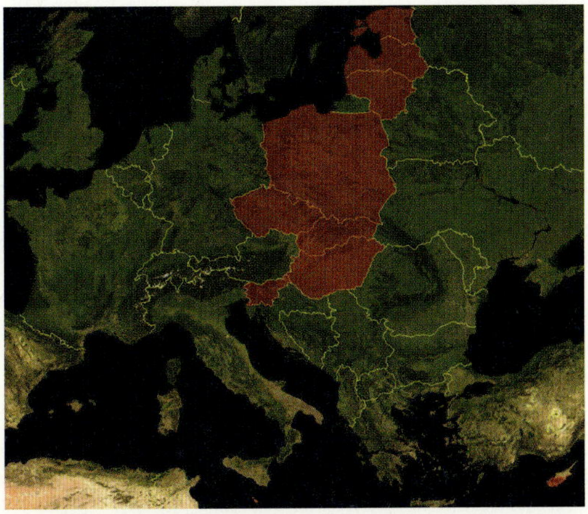

2004년 EU 확장

좌파 연립 정부의 계속된 정치, 경제 스캔들에 시달린 폴란드 국민들이 2005년에 치른 총선과 대선에서 다시 우파 쪽으로 기울어졌습니다. 9월 25일에 실시된 총선에서 우파 계열의 법과정의당(PiS)이 26.99%의 득표율과 함께 하원 155석, 상원 49석을 차지하며 최대 정당으로 부상했습니다. 그리고 이 정당 출신의 카지미에쉬 마르친키에비츠(Kazimierz Marcinkiewicz)를 국무총리로 하는 연립 내각이 구성됐습니다. 이번 선거의 가장 커다란 특징은 법과정의당과 경쟁 관계인 또 다른 우파 정당인 시민강령당(PO)이 2위를 차지한 점입니다. 두 당은 모두 자유노조의 맥을 잇고 있어 이번 총선으로 사회주의 시대가 완전히 막을 내리게 됐습니다. 이어 10월 9일과 23일에 치러진 대선에서도 법과정의당이 예상 밖의 승리를 거두며 쌍둥이 형제로 유명한 레흐 카치인스키(Lech Kaczyński)

유럽연합 가입을 축하하는 폴란드 – 2004년 5월 1일

가 신임 대통령에 선출됐습니다. 사전 여론 조사에서 줄곧 당선이 점쳐지던 시민강령당 후보인 도날드 투스크(Donald Tusk)가 대선 1차 투표에서 3% 포인트 차로 카치인스키에 앞섰으나 결선 2차 투표에서 8% 포인트 차로 낙선한 것입니다. 동생인 레흐 카치인스키가 12월 23일에 폴란드 대통령에 취임하고 형인 야로스와프 카치인스키(Jarosław Kaczyński)는 다음해인 2006년 7월 10일에 국무총리에 임명됩니다. 카치인스키 형제는 얼굴 모양, 은갈색 헤어스타일, 작은 체구, 친화력 있는 음성 등에서부터 정치 성향까지 거의 구분이 안 될 정도로 똑같았습니다. 유일한 차이는 형인 야로스와프가 독신인 반면 동생인 레흐는 왼쪽 볼과 코에 점이 있고 결혼해 딸 하나를 두고 있다는 점입니다.

카지미에쉬 마르친키에비츠

카치인스키 형제는 세계 정치사상 최초로 쌍둥이 형제가 대통령과 총리에 오르는 기록을 세우며 인기를 끌었습니다. 하지만 카치인스키 형제는 지나친 국수주의 태도와 반 유럽연합 성향으로 논란을 일으키며 비난받기도 했습니다. 특히나 친 가톨릭적인 성향과 낙태 금지 강화 등과 같은 우경화 정책을 강화하는 한편 유로화 도입 반대 등 유럽연합 안에서 고립적인 외교 정책을 펼치며 민심을 잃었습니다. 카치인스키 형제는 독일과 러시아에게 계속 되풀이해서 싸움을 거는 등 공격적인 성향으로 유럽연합 안

레흐 카치인스키 대통령 취임식

카치인스키 쌍둥이 형제

카치인스키 대통령과 투스크 총리
- 브뤼셀 2009년 3월 19일

투스크에게 총리 신임장을 주는 카치인스키 대통령

에서 골칫거리로 취급되며 외톨이가 됐다는 평가를 받기도 했습니다. 결국 카치인스키 국무총리는 연립 정부 각료를 모두 해임한 뒤 2년 앞당겨 실시한 2007년 총선에서 참패하고 맙니다. 10월 21일에 치러진 조기 총선 결과 카치인스키 형제가 이끄는 집권 우파 법과정의당은 32.11%에 득표에 그쳐 41.51%를 얻은 중도 우파 야당인 시민강령당에게 제1당 자리를 내주고 말았습니다. 말 많고 탈 많던 카치인스키 총리가 1년여 만에 물러나게 됐고 새로운 국무총리에는 친 기업, 친 유럽 성향의 시민강령당 당수인 도날드 투스크가 오르게 됐습니다. 2007년 11월 16일에 출범한 투

스몰렌스크 비행기 추락 참사

브로니스와프 코모로프스키

스크 정부는 2011년 10월 9일에 치른 총선에서도 승리하며 재선에 성공합니다. 39.18%의 득표율로 하원 207석과 상원 63석을 차지한 시민강령당은 2011년 11월 8일에 2번째 내각을 구성했습니다. 기업에 우호적이면서 개방 정책을 펴온 시민강령당이 정권을 이어감에 따라 친유럽연합 외교 노선이 그대로 유지하게 됐습니다. 폴란드에서 집권당이 총선에서 재차 승리한 것은 1989년 체제 전환 이후 이번이 처음입니다. 그 이전 2010년에 폴란드에 비극적인 사건이 하나 벌어졌습니다. 2010년 4월 10일에 카티인 숲 학살70주년추모행사에 참석하러 가던 레흐 카치인스키 폴란드 대통령 부부와 정부 고위 인사 등 96명이 탄 특별기가 학살 현장에서 멀지 않은 러시아 스몰렌스크 인근에서 추락하며 탑승자 전원이 사망하는 참사가 일어난 것입니다.

스몰렌스크 비행기 추락 사고로 당초 2010년 10월로 예정됐던 대선이 앞당겨 실시됐습니다. 6월 20일에 실시된 1차 투표에서와 마찬가지로 7월 4일에 실시된 결선 투표에서도 시민강령당의 브로니스와프 코모로프스키(Bronisław Komorowski)가 접전 끝에 6%의 차이로 야로스와프 카치인스키를 누르고 승리를 거두었습니다. 8월 6일에 폴란드 제3공화국의 5번째 국가수반으로 취임식을 치른 후 코모로프스키 신임 폴란드 대통령이 업무를 시작했습니다.

최근에 있은 2015년 대선에서 재선이 확실시되던 여당의 코모로프스키 대통령이 패배하고 말았습니다. 5월 10일에 치른 1차 선거에서 예상과 달리 법과정의당 후보인 안드쥐이 두다(Andrzej Duda)가 34.76%를 얻으며 33.77%를 득표한 코모로프스키를 근소한 차이로 앞섰습니다. 두 대선 후보가 모두 1차 투표에서 과반을 얻지 못해 결선 투표에서 최종 승리자를 가리게 됐습니다. 5월 24일에 있은 2차 결선 투표에서도 두다 후보가 51.55%를 얻으며 48.45%에 그친 코모로프스키를 누르고 새로운 대

안드줴이 두다 대통령

베아타 쉬드워 국무총리

통령에 당선됐습니다. 안드줴이 두다는 43세의 최연소 대통령으로 2015년 8월 6일에 취임했습니다. 같은 해에 치러진 10월 25일 총선에서도 야당인 법과정의당이 37.58%를 득표하며 8년 만에 정권 교체를 이루어냈습니다. 법과정의당은 235석의 의회 의석을 확보하며 1989년 체제 전환 이후 최초로 단일 정당이 단독으로 내각을 구성할 수 있는 과반 의석을 차지했습니다. 특히나 이번 총선에서는 좌파가 단 1석도 차지하지 못하며 전멸하고 말았습니다. 보수 우파인 법과정의당이 총선과 대선을 모두 승리하며 11월 16일 베아타 쉬드워(Beata Szydło) 정부가 출범했습니다.

폴란드는 2004년 유럽연합에 가입한 이후 활발한 외국인 투자, 안정적인 재정 운영, 탄탄한 내수 시장과 같은 긍정적 요인 덕분에 지속적인 플러스 성장을 이룰 수 있었습니다. 2009년 세계 금융 위기 당시 유럽연합 내에서 유일하게 플러스 성장을 한 국가가 바로 폴란드입니다. 2011년 유로존 재정 위기 당시에도 탄탄한 내수 시장과 폴란드 화폐인 즈워티의 약화 등으로 사회 인프라가 발전하고 역내 수출이 증대하면서 유럽연합 평균 성장률인 1.6%를 훨씬 뛰어넘는 4.3%를 기록했습니다. 또한 2012년 우크라이나와 공동으로 UEFA 유로 2012를 개최하면서 인프라 시설을 확대하고 한시적으로 고용이 증가하는 동시에 소비자 소비 심리가 상승하면서 2%의 경제 성장을 이루어냈습니다. 바로 이처럼 폴란드가 높은 경제 성장을 이룰 수 있는 유리한 요인들로 안정된 정치-경제 환경, 서유럽 주요 시장으로의 용이한 접근성, 풍부한 노동력에 비해 서유럽의 절반 수준에 달하는 인건비, 중동부 유럽 국가 중 가장 큰 경제 규모 및 내수 시장 등을 들 수 있습니다.

2014년은 폴란드에게 있어 기념비적인 해입니다. 2014년은 폴란드에서 공산주의 정권이 무너지고 민주주의로 체제가 전환(1989년)된 지 25주년 되는 해이자 북대서양조약기구에 가입(1999년)한지 15주년 그리고 유럽연합의 일원(2004년)이 된지 10주년이 되는 해이기 때문입니다.

체제 변화기의 혼란과 난관을 슬기롭게 극복한 폴란드는 지금 착실한 성장 가도에 들어섰습니다. 이 과정에서 폴란드 국민들은 자신들까지도 놀라게 하는 활발한 역동성을 전 세계에 유감없이 보여줬습니다. 오랜 투쟁 끝에 되찾은 자유를 굳건히 지키려는 국민들의 합심 덕택으로 폴란드는 선진 문명국의 정식 일원이 됐을 뿐만 아니라 유럽연합의 능동적인 창조자가 됐습니다.

찾아보기

숫자

ㄱ

ㄴ

ㄷ

ㄹ

ㅁ

ㅂ

ㅅ

ㅇ

ㅈ

ㅊ

ㅋ

ㅌ

ㅍ

ㅎ

이야기 폴란드사

초판 1쇄 발행 2013년 4월 10일
초판 2쇄 발행 2016년 9월 22일

지은이 김용덕
발행인 김인철
총괄 · 기획 가정준 Director, University Press
편집장 신선호 Executive Knowledge Contents Creator
도서편집 김민정 Contents Creator
진수연 Contents Creator
전자책편집 최인우 Chief e-Contents Creator
마케팅 곽용창 Chief Marketing Creator
재무관리 김은혜 Managing Creator
발행처 한국외국어대학교 지식출판원
02450 서울특별시 동대문구 이문로 107
전화 02)2173-2493~7
팩스 02)2173-3363
홈페이지 http://press.hufs.ac.kr
전자우편 press@hufs.ac.kr
출판등록 제6-6호(1969. 4. 30)
디자인 · 편집 (주)이환디앤비 02)2254-4301
인쇄 · 제본 (주)에스제이씨성전 031)955-8800

ISBN 978-89-7464-829-9 93920 정가 25,000원

*잘못된 책은 교환하여 드립니다.

HUEBOOKS는 한국외국어대학교 지식출판원의 인문학도서 Sub Brand이다. 한국외대의 영문명인 HUFS, 사람을 위하는 Humanism, 교육의 Education, 색조의 Hue의 다의적인 뜻으로 해석할 수 있으며, 인문학도서 출판에 대한 의지가 담겨있다.